THE POWER OF IMPOSSIBLE THINKING

TRANSFORM THE BUSINESS OF YOUR LIFE AND THE LIFE OF YOUR BUSINESS

Yoram(Jerry)Wind, Colin Crook with Robert Gunther

インポッシブル・シンキング

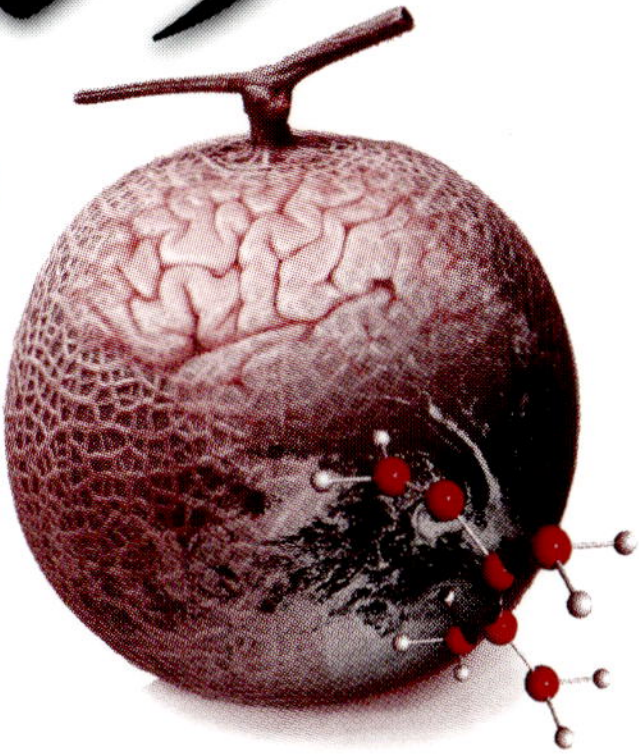

最新脳科学が教える
固定観念を打ち砕く技法

ヨーラム“ジェリー”ウィンド
コリン・クルック
ロバート・ガンサー
高遠裕子――訳

日経BP

オープニングに代えて

変わりたいと思っていながら、どうしても変われない

仕事で行き詰まっていないだろうか。
組織は停滞していないだろうか。
イノベーションで競争相手に遅れをとっていないだろうか。
ダイエットやエクササイズが思うようにいかない、ということはないだろうか。
情報に振り回されていないだろうか。

これらが当てはまるようなら、メンタルモデルを変える必要があるかもしれない。

メンタルモデルを変えれば、ありえないと思えることを考え、障害を乗り越えて、生活や仕事、そして社会を変えることができるだろう。本書でその方法を示そう。

深夜、あなたの背後に

数ブロック先に止めた車へと歩いていると、背後に足音がする。振り返らずに足を速める。つい数週間前、近くでナイフを持った強盗が出たことを思い出す。足を速めるが、背後の足音も速くなる。

ひたひたと迫ってくる。

交差点の街灯の下まで来ると、足音はぴたりと背後についた。その瞬間振り向くと、顔見知りの同僚だった。同じ駐車場へと急いでいたのだ。ホッとため息をついて挨拶を交わし、一緒に歩き出した。

頭の中で何が起きていたのだろう？

現実の状況は何も変わっていない。だが、同僚の顔に気づいた途端、心の世界は一変した。後をつけて来る暴漢の像が、友人の像に変わった。状況は変わらないのに、それに対する見方がこれほど大きく変わるのはなぜだろう。

第一に、深夜に背後に迫る足音というわずかな情報から、全体像を作り上げた。わずかな手がかりから、最近の事件や恐ろしい経験を思い出し、暴漢かもしれないというイメージを作り上げた。こうした状況判断を基に行動を変え、暴漢から逃れるために足を速めた。素晴らしい生存本能と言えなくもないが、この場合は、存在しない暴漢から逃げていたわけだ。

次の瞬間、街灯の明かりでもう少し情報が得られ、イメージは完全に覆る。一瞬にして同僚の顔に気づく。ここでも、判断の基になったのは、かすかな手がかりだ。顔をじっと見つめたわけでも、深く考えたわけでもない。この状況では、ほかの可能性がなかったわけではない。暴漢が同僚の顔の仮面を被っているかもしれない。同僚が暴漢かもしれない。だが、こうした可能性はかぎりなく低く、考えもしなかった。そんな可能性まで考えていたら、いざというときに逃げる時間がなくなる。顔を見た途端、足音は「敵」から「味方」へと変わった。

この一連のドラマのうち、路上で起きたのは、ごく一部にすぎない。ほとんどは、頭の中の出来事。

すべてメンタルモデルのなせる業《わざ》

我々は、世界的な大企業の経営者とともに組織の変革に取り組む中で、シンプルだが奥深い教訓に気づいた。自分を取り巻く世界を変えるには、まず自分の考え方を変えなければならない、ということだ。脳科学の研究によって、人間の脳は、受け取った感覚的な刺激のほとんどを捨てていることがわかっている。目に見えているものは、頭の中にあるものなのだ。違う見方ができれば大きな機会が生まれることは、サウスウエスト航空、フェデックス、チャールズ・シュワブなどを見ればわかる。だが、世界が変わりつつあることを理解する能力が低下すれば、成功をもたらしたメンタルモデルもいずれ檻《おり》のごときものになる。大手航空会社は格安航空のライアンエアの脅威を完全には理解できなかったし、レコード会社はCD販売しか頭になく、音楽ファイルの配信の機会と脅威を見逃した。

個人の健康づくりから、企業の成長促進、世界的なテロとの戦いにいたるまで、人生のあらゆる場面で、各人の反応は、メンタルモデルに規定されている。メンタルモデルを深く理解し、効果的に活用するにはどうすればいいいか。本書で示す具体的な見解や戦略は、メンタルモデルの役割を理解し、それをいつ変えるべきかを知り、組織や世界を変えるのに役立つはずだ。

確かに人間の心は融通がきかない。しかし、何が目に見えているかは、
やはり、わかっているのではないだろうか。
そう思われるかもしれない

では、ディズニーランドでバックスバーニーに会ったかどうか、尋ねてみよう

ワーナー・ブラザーズの「いたずらウサギ」が、ライバル会社のディズニーランドで、ミッキーマウスやドナルドダックと一緒にはしゃいでいたら、大騒ぎになるだろう。だが、ディズニーランドで観光客がバックスバーニーと握手している合成写真を被験者に見せたところ、四〇パーセントの人が自分もディズニーでバックスバーニーに会ったことを思い出した。[*1] この「記憶」は、ありえないことだ。このウサギのトリックを見破れない点で、多くの人たちは、いつもバックスバーニーのカモにされているエルマー・フッドと大差ない。

ディズニーランドでバックスバーニーと握手したと思い込むのと同様なことが、日常生活でどのくらい起こっているのだろうか。

テーマパークではごまかされても、
身近にある重要なシグナルなら見逃さないと思われるだろうか

それなら、ビデオでゴリラを見落とすのはなぜか？

被験者にバスケットボールのビデオを見せて、白いシャツの選手が何回ボールをパスしたか数えるよう指示した。ほとんどの被験者は、白いシャツの選手ばかり見ていて、ゴリラが画面を横切り、真ん中で胸をたたいたことに気づかなかった。自分のやることに夢中で、ゴリラが目に入らなかったのだ。[*2]

あなたにとって、仕事に夢中な時、視界を横切っているのに気がつかないゴリラとは何だろうか。そのせいで、四〇〇キロのゴリラに、いつか仕事をめちゃめちゃにされないだろうか。

「ありえないもの」を見て、目の前のものを見ていない

ディズニーランドのバックスバーニーのように「ありえないもの」を見たと思い込んだり、視界を横切るゴリラが目に見えなかったりするのと同様に、どんな機会に気づき、どんな脅威を感じとるかは、メンタルモデルが決めている。

変化するためには、まず可能性に気づかなければならない。メンタルモデルの力と、それを変えるプロセスを理解することによって、ありえないことを考えられるようになる。それができれば、ビジネスのやり方を変え、生活の仕方を変えることができる。以下では、「ありえないと思い込んでいることを考える力」（インポッシブル・シンキング）をいかにして解き放つか、そのプロセスを探っていこう。

ウサギとゴリラの話に興味をもっていただけただろうか。あなたの意識していないメンタルモデルが重要なことを決めている

メンタルモデルは、人生のあらゆる側面を形作る。仕事で行き詰まっているとき、企業の成長が頭打ちになったとき、障害になっているのは背景にあるメンタルモデルかもしれない。イノベーションで競争相手に遅れをとっているとき、創造性を抑えているのはメンタルモデルかもしれない。情報量に圧倒されているなら、既存のメンタルモデルが、情報の溢れる現代社会で必要な情報を選び出し、その意味を理解するという課題に合わなくなっているのかもしれない。ダイエットやエクササイズ、健康管理がうまくいっていないなら、これらの活動を理解するメンタルモデルを変えることで、劇的に効果が上がり、生活の質が大きく向上するかもしれない。人間関係がうまくいっていないなら、問題の根は、自分と相手のメンタルモデルにあるかもしれない。社会を、そして世界を変えたいのであれば、自分にとっての世界観を形作っているメンタルモデルに注目し、見直さなければならない。

自分自身のことであれ、属する組織のことであれ、生活の中で変える必要を感じている場面では、メンタルモデルが中心的な役割を果たしている。だが、自分がどんなメンタルモデルをもっているのか、見えるもの、できることをメンタルモデルがどう決めているかは、ほとんど意識されていない。メンタルモデルはシンプルで、目に見えないものだが、常にそばにあり、我々の生活に大きな影響を与えている。

我々が住んでいる世界は、外にあるのではなく、本当は心の中にある

このことに気づくまでは、人は絶えず幽霊から逃げ、幻想を追いかけることになる。ビジネスでもプライベートでも、世界を理解する方法に枠をはめてしまっているため、真の脅威と真の機会に気づかない場合が少なくない。

本書の目的は、読者の頭の中に忍び込み、世界の見方を揺るがすことにある。本書を読めば、人は、外部の世界のごく一部しか使わず、残りを自ら補完して理解していることがわかるだろう。メンタルモデルが、何を見るか、何をするかを決めている。このプロセスの仕組みがわかれば、自分の思考と行動の様式を見直すのに役立つはずだ。

この考え方はシンプルでわかりきったことだと思えるかもしれない。確かにその通りだ。だが、本書を読み進んで、その影響力を真剣に考えれば、強力な武器になる。このように考え方を一変させるところから、生活や組織や社会のあらゆる改革が始まる。「ありえないと思い込んでいること」を考える能力を獲得すれば、改革を進める力が得られるのだ。

さて、背後に足音が聞こえてきた。
今度、あなたの頭の中に浮かぶものは？

カーテンコール風のまえがき

本の書き出しがこれでいいのだろうか。早い段階で草稿を読んでくれた人の中には、読者を核心に引き込めるという意味で、この書き出しを気に入ってくれた人がいた。「メンタルモデル」の異なる人たちからは、本の要約と、要点を示したダイアグラムを冒頭に持ってきた方がいいと言われた。さらに、もっと学術論文に近い書き方をして、この分野の文献を取り上げた方がいいという人もいた。

この際、指摘しておきたい。読者自身の反応は、以上に書かれていた内容に劣らず、それらを読む時に使われたメンタルモデルに左右されている。膨大な脚注のついた学術書と大衆小説では、「本」の概念はまったく異なる。ピーター・ドラッカーもスティーヴン・キングも「本」を書いているにはちがいないが、文字を使っているという事実以外は、「本」の意味はまったく違う。

この本を手に取ったときに何を期待しただろう。共著者の一人が大学教授なので、もっと学術的なものを期待していただろうか。あるいは、もう一人の著者が大企業の元最高技術責任者なので、企業の第一線の話を期待しただろうか。学術的な話も企業の逸話も後で出てくるが、書き出しの狙いは、読者の今の考え方に挑戦し、本書のアイデアを受け入れてもらいやすくすることにあった。

本書の基本的なメッセージは、どんな状況でも、目に見えるものは、頭の中にあるものによって決まる、ということである。本書から何を読み取るかも例外ではない。読者には、我々著者とともに、本書のアイデアの意味を明らかにするプロセスに参加してもらう。そして、このプロセスから何を引き出すかは、我々が書いた内容以上に、読者自身の経験やメンタルモデルによって決まる。

先の書き出しに違和感をもたれた読者には、今のメンタルモデルを棚上げし、ぜひ我々に説得する時間を与えてほしいとお願いしたい。我々も読者の反応を知り、我々自身のメンタルモデルを見直したいと思っているのだから。

本書のロードマップ（工程表）が欲しいと思われる読者のために、下にダイアグラムを示しておこう。

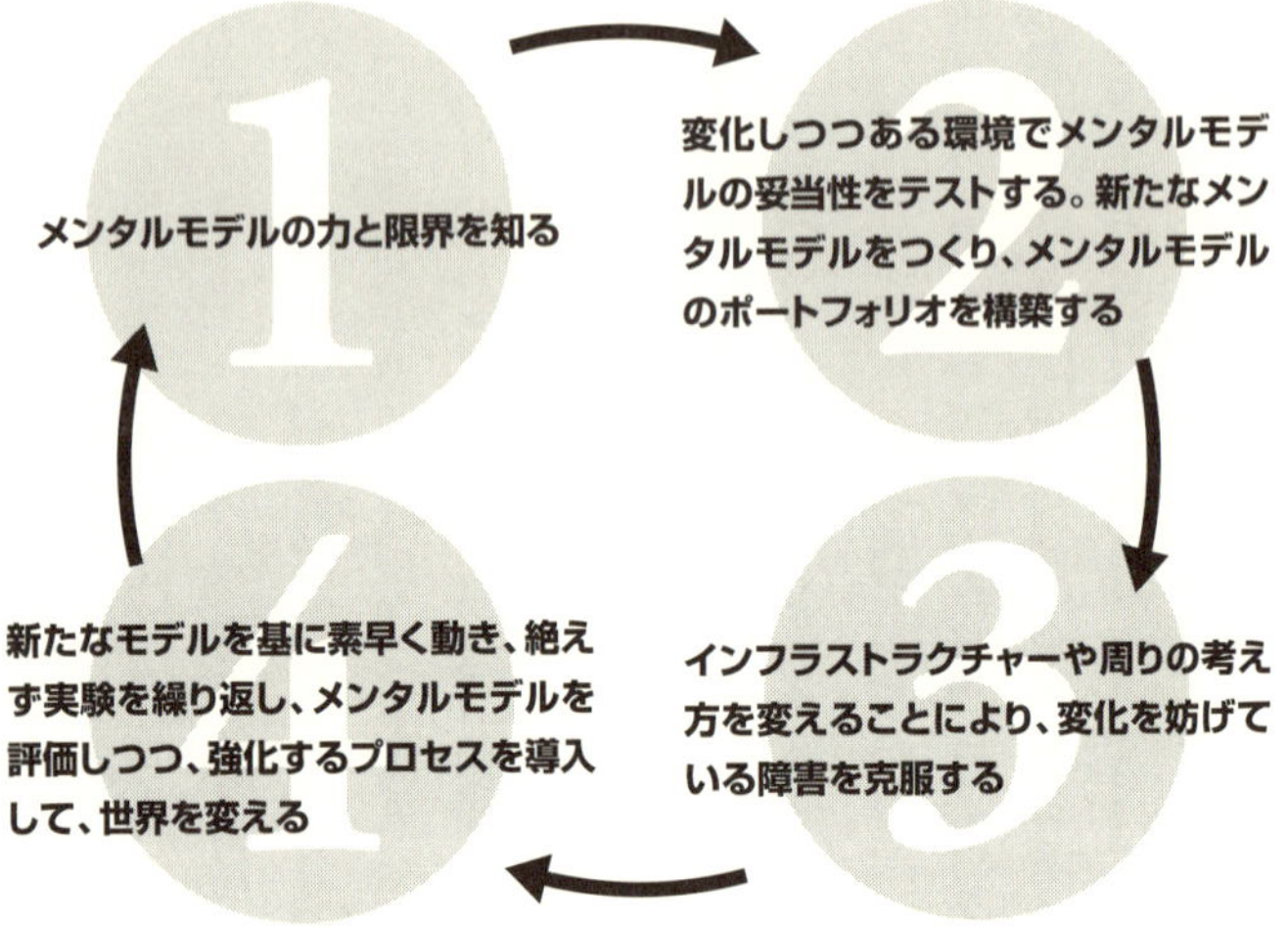
1
メンタルモデルの力と限界を知る
2
変化しつつある環境でメンタルモデルの妥当性をテストする。新たなメンタルモデルをつくり、メンタルモデルのポートフォリオを構築する
3
インフラストラクチャーや周りの考え方を変えることにより、変化を妨げている障害を克服する
4
新たなモデルを基に素早く動き、絶えず実験を繰り返し、メンタルモデルを評価しつつ、強化するプロセスを導入して、世界を変える

注

1. Braun, Kathryn A., Rhiannon Ellis, and Elizabeth F Loftus. "Making My Memory: How Advertising Can Change Our Memories of the Past." *UW Faculty Server*. January 2002. http://faculty.washington.edu/eloftus/Articles/BraunPsychMarket02.pdf;Gould, Ann Blair. "Bugs Bunny in Disneyland? " Radio Nederland. 7 May 2002. http://www.rnw.nl/science/html/memories020507.html.
2. Taylor, John G. "From Matter to Mind." *Journal of Consciousness Studies*.9:4(2002), pp.3-22. この実験は他にも多数の論文で取り上げられている。

『インポッシブル・シンキング』目次

序章

心のハイジャック

メンタルモデルなどというと、抽象的で取るに足らないもの、人間の頭の中にある錯覚やゲームのたぐい、あるいは学問的興味の対象にすぎないと思うかもしれない。そこで、まず、メンタルモデルは、人生の質や方向に影響を与え、企業の損益を左右し、生死すら分けるものであることを説明しよう。

情報の解釈を縛ったメンタルモデル

九・一一の同時テロ以降のアメリカの情報機関をめぐる議論は、今日の複雑な環境の中で、物事の意味を読み解くことがいかに難しいかを示している。

議会の調査特別委員会は、誰がいつ何を知ったのかという点、つまり情報は重視したが、もっと重要な問題――その情報をどう処理するかを決めるメンタルモデル――は重視しなかった。情報の時代と呼ばれる現代ではいつもそうなのだが、悲劇をもたらしたのは、そもそもデータの不足ではない。旅客機をミサイル代わりに使った攻撃の可能性を示すデータはいくらでもあり、そうした事件を起こしかねない人物の情報すらあった。複数の機関で、もっと具体的な情報を収集・共有できた可能性がないわけではないが、問題があった点のうち、間違ったデータ収集はごく一部でしかない。情報そのものに問題があったわけではない。問題のうち少なくとも一部は、収集した情報の解釈にあった。

収集した情報は、テロとハイジャックに関する既存のメンタルモデルのフィルターを通された。例えば、身なりが整い、何不自由なく見えるミドルクラスの若いビジネスマンは、自爆テロの実行犯にありがちな、若い狂信者というプロフィールとは重ならなかった。このため、一見、穏やかな男たちが、航空免許を取得するために学校に通ったり、農薬散布について質問したりしても、テロの可能性があるとは考えられもしなかった。

ハイジャックが起きた時も、既存の思考様式に従って解釈された。通常のハイジャックでは、乗員・乗客を人質に、目的地とは別の場所に行った後に、犯人が何らかの要求をするのが一般的だ。乗員・乗客の安全を確保するため、パイロットは、何の抵抗もしないのが最善の行動だと教えられていた。九・一一では、情報がこうしたメンタルモデルを通して処理されたため、実際に何が起きているのかを把握するのが困難になり、把握できた時には手遅れになっていた。

だが同時に、九・一一の出来事は、メンタルモデルの転換がいかに力をもつかを、鮮やかに示してもいた。四番目の旅客機、ユナイテッド航空九三便の乗客の中には、家族や友人からワールド・トレード・センターに旅客機が突っ込んだことを携帯電話で聞き、普通のハイジャックではないことをすぐに理解した人たちがいたのだ。自分の乗っている旅客機が、標的を攻撃するミサイルとして使われようとしていることに気づいた人たちは、ただちにメンタルモデルを転換し、勇敢にも犯人を捕まえようとした。

その結果、機体は標的に達することなく、ペンシルベニア州西部の草むらに墜落した。悲劇ではあったが、一部の乗客が事態に気づき、犯人を止めようとしていなければ、もっと悲惨なことになっていただろう。ユナイテッド航空九三便の乗員・乗客は、その日の早い時間に起きたハイジャックに似た状況に直面していた。しかし、瞬時に、他の便の乗客とは異なるメンタルモデルをつくり上げた。何が起きているのかをすぐに把握し、新たな認識の基に行動できた。そして、それがすべての違いを生み出したのだ。

メンタルモデルが世界を解釈する

人間の幻想のうち、かなり古くから存在し、恐らく人の能力を最も強く制約しているのは、目に見えている世界が現実の世界であるという観念だろう。人間は、必要に迫られないかぎり自分のメンタルモデルに疑問を抱くことはない。かつて、インターネットの魅力は尽きることがなかった。マイナス面など何もない。立派で素晴らしいもの、そう考えられていた。ところがすぐに、評判倒れで、ひどいものだと考えられるようになった。プラス面など何もない、と。

絵の方は何ひとつ変わっていないのに、魅力的な若い女性に見えるときもあれば、次の瞬間、そのイメージは頭から否定される。いったい何が起きているのか。下の絵は「ゲシュタルトの絵」と呼ばれるものだ。線や点は同じなのに、まったく

反転する「ゲシュタルトの絵」：絵が変わったわけではない。だが、最初は若い女性に見え、次には老婆に見える。W.E.Hill,『妻と義母』

違う絵に見える。何が変わったのか。絵が変わったわけではない。変わったのは人間の解釈の方だ。目の前にあるものは変わらない。目の奥のものが変わったのだ。そして、同じ絵が、まったく違う解釈を生み出す。

我々は、「メンタルモデル」（あるいは、「マインドセット」）という言葉を使って、世界を解釈する際の脳の働きを説明する。ここ何十年かの科学・技術の進歩によって、脳の働きを直接観察できるようになった。その結果、哲学や脳科学が変わり始めている。考えるとはどういうことなのかを、頭の中で考えるのではなく、考えている時の脳の働きを直接観察できるのだ。この分野の研究では、膨大な実験データが生み出されている。想像を絶する脳の複雑さに直面し、脳科学の分野では、頭の中で何が起きているのかを説明するために、様々な理論が登場している。企業などの組織においては、自分なりのメンタルモデルをもっている個人同士が、集団の意思決定や交渉を介して影響を受けるため、事情はさらに複雑になる。この際、思考の柔軟性や選択肢を狭めかねないグループ・シンク（集団思考）にも陥りやすい。

我々は、ウォートン・スクールやシティコープで変革を推進し、様々な企業に改革について助言する中で、こうしたメンタルモデルが、変革プロセスにとっていかに重要かに気づくようになった。本書の狙いは、メンタルモデルの意味を探求し、それを企業や個人の生活、社会の変革に役立ててもらう点にある。本書は、脳科学の様々な理論のうちの単一のものに基づいているわけではないが、脳は複雑な内部構造をもち、遺伝的に決まっている部分と経験によって形成される部分がある、という認識を出発点にしている。

人間が世界を理解する方法は、大部分は自分の心によって決まるのであり、外部の世界によって決まる度合は低い。ニューロン、シナプス、神経化学物質、電気的活動が、いかに機能しているかについては、明確にわかっているわけではないが、こうした複雑な内部構造こそが「メンタルモデル」だといえる。一人ひとりの頭の中にあるモデルが、世界と自己を描出している（本書を支える考え方に影響を与えた脳科学の進展については、巻末の補論で詳しく説明している）。

メンタルモデルは、技術革新やビジネスモデルよりも幅広い概念である。メンタルモデルは世界をどう見るか、その方法を示すものだ。メンタルモデル、あるいはマインドセットと呼ばれるものは、技術革新やビジネスの革新に反映されることもあるが、小さな変化がすべて、メンタルモデルが変わったことを示しているわけではない。例えば、ソフトドリンクがダイエット向けにシフトしたのは、市場では大きな変化だが、メンタルモデルではごくわずかな変化にすぎない。メンタルモデルとは、はるかに深いもの、時として目に見えないほど奥深いものなのだ。

意思決定や組織学習の主要テーマに

メンタルモデルという概念は、人間の認知や思考の中心的な構成要素として、意思決定や組織学習、クリエイティブ・シンキングに関する議論で頻繁に取り上げられている。論者の筆頭がアイアン・ミトロフであり、ハロルド・リンストンとの共著、『Unbounded Mind（境界のない心）』[*1]をはじめ何冊もの本で、ビジネスにおけるクリエイティブ・シンキングにメンタルモデルが与える影響を探っている。ミトロフらは、「旧来型思考」から新しい「境界のないシステム思考」へ移行する際に、基本的な前提を疑ってかかる必要があると論じている。ピーター・センゲは『最強組織の法則』などの著書の中で、メンタルモデルが組織学習の限界にもなり、寄与もすると論じているし、ジョン・シーリー・ブラウンは、世界の変化に応じて「かつて学んだことを捨てる」必要性を検証している。[*2] J・エドワード・ルッソとポール・J・H・シューメーカーは、『Decision Traps（意志決定の罠）』や最近の『勝てる意思決定の技術』で、意思決定におけるフレーミングと過信の演ずる役割を強調している。[*3] ラッセル・エイコフは、『Creating the Corporate Future（企業の未来を拓く）』[*4]などの中で、基本的なモデルを検証する計画立案の重要性を強調し、望ましい最終目標を決めて、そこに到達する上での目標を逆算する「理想設計」のプロセスを提唱している。さらに、こうしたテーマについては、もっと厳密で学術的な考察もある。ポール・クレイドルファー、ハワード・クンルーサー、ポール・シューメーカーによる『意思決定科学』[*5]や、クリス・アージリスによる組織学習に関する研究[*6]が挙げられる。これら以外にも、なんらかの形でメンタルモデルに触れた本や論文は少なくない。

メンタルモデルについて、既に多くが語られているのに、なぜ、また新たに本を書こうとするのか。第一に、これまで我々が直感的に理解していたことが、最新の脳科学の研究によって裏付けられてきたからだ。こうした研究によって、メンタルモデルの中身が具体的になるとともに、説得力が高まっている。目には見えないという性格を考えれば、これは重要な進展だといえる。第二に、本書はメンタルモデルが与える影響について幅広く検証し、組織の意思決定や学習のみならず、個人や組織、社会の変革にどのように関わり、どのような意味をもつかを検証することを目指している。最後に、メンタルモデルについて書かれたものが少なくないにもかかわらず、いまだにメンタルモデルが考え方や行動にどのような影響を及ぼしているかを理解していないために深刻な過ちを犯したり、機会を逃したりしている場合が多いのである。この点については、学び続けることができる。本書は、この点を初めて取り上げたものであり、個人や企業が応用する方法を模索するものである。

目に見えているものは頭の中にある

ビジネス上の動きにしろ、個人の決断にしろ、「見えている」と思っているものは、実際に目で「見ている」ものではない。「見えている」ものは、頭の中にある。人間は大抵、自分の目で見たことや、五感で感じたことを信じるものだ。だが、研究によって、外の世界から取り入れる感覚的な情報はほとんど活用されていない事実がわかってきた。大部分が捨てられているのだ。外の世界を見る時、目で見た結果入ってくる画像は、頭の中の世界から別の経験を呼び起こすのに使われている。これは、外部の世界が存在しないことを意味するのではなく（そう主張する哲学者もいるが）、そのほとんどを人間が無視している、ということである。

目に見えているもののほとんどは、頭の中にあるものなのだ。

現実をつくり出す点で、いかに脳が大きな力を持っているのかを示しているのが、事故や手術で手足を失った人たちが経験する「幻肢」である。現実には手足を失っているにもかかわらず、当人はまだあるような感覚をもつ。有名な実験で、ソーク研究所の神経科学者、ラマチャンドラン博士が、綿棒で患者の顔に触れたところ、患者は実際にはない手にさわられたような反応を示した。脳の中のボディマップ（遺伝子の発現地図）では、手と顔は隣り合っていることが明らかになった。

　事故で腕を失うと、腕に連動したニューロンが隣にある顔と連動したエリアに移って、刺激を感じ取る。こうした脳の働きによって、失った手にさわられたという感覚になるのだ。ラマチャンドラン博士がBBCのシリーズで語ったように、脳は、「モデルをつくる装置」であり、人間は、世界について「仮想現実のシミュレーション」を行ない、それに基づいて行動しているのである。[*7]

　普通は「幻肢」を経験することはないが、信じ

人間は外部のわずかな情報（左）から、全体像（右）を作り上げる

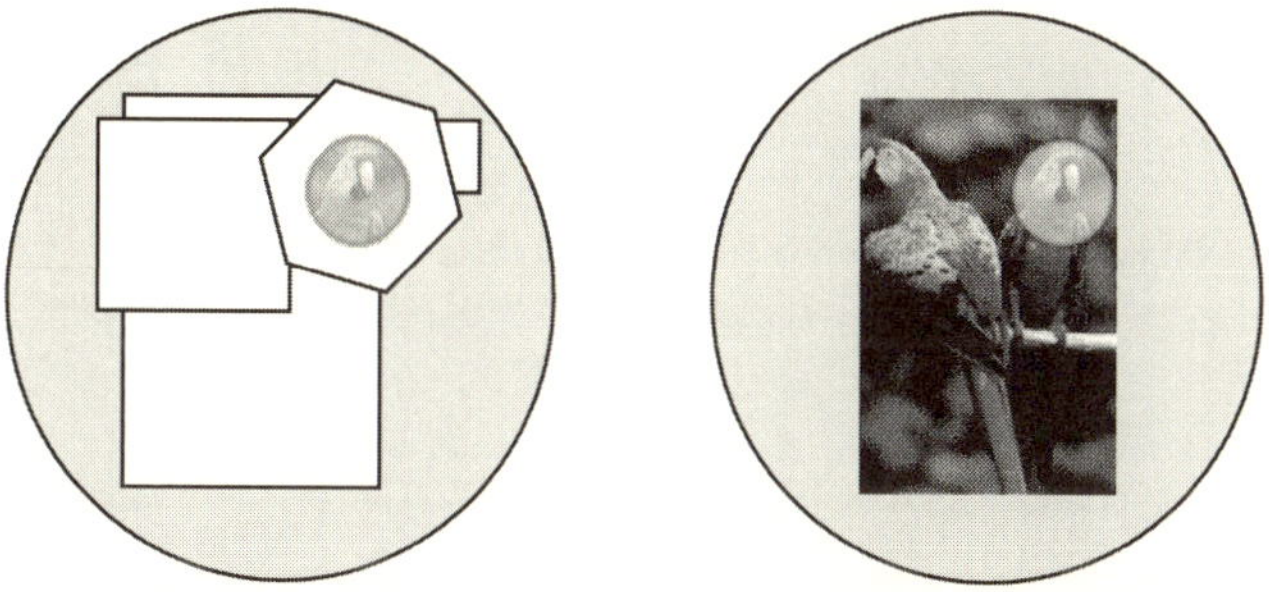

ていた点が間違っていたことに突然、気づいた経験なら誰にもあるはずだ。マジシャンのトリックは、この点を突いている。何かを見せられている間に、実はまったく違うことが起きている。よくできたドラマ、小説や実体験での不思議さも、このような仕掛けによる場合が多い。見方が変わるとこうも違って見えるものなのかと、驚き、あきれることになる。

●見えることと、わかること

見えることと、それが理解できることとは違う。スキーの滑降で有名なマイク・メイは、三歳で盲目になったが、四十六歳の時に手術を受けて、いくらか視力を取り戻した。日記に、初めて外の世界を見た体験を綴っている。*8

視力を取り戻してから、初めて飛行機に乗り、窓の外を見た時、メイは目に映るものが何なのかわからなかった。茶色と緑色の地面の上に伸びる白い線を見て、山だと思った。隣の席の乗客に事情を説明し、「下に見えているのが何なのか説明してくれませんか」と頼んだ。

隣の女性は、白い線は靄だと説明し、さらにその下に広がる谷や草原、道路を指差しながら教えてくれた。夜になって空を見た時、「白い点がいっぱい。こんなにたくさん白い点がある」と思ったのだが、後になって星だったのだとわかった。

メイが視力を取り戻すプロセスは、新たに視覚情報をどう認識するかを学ぶプロセスの第一歩にすぎなかったのだ。

メンタルモデルの重要性

メンタルモデルは、個人、企業、そしてもっと大きな社会のあらゆる側面に影響を与えている。幾つかの例を考えてみよう。

■個人――健康

我々は、日々、医学の研究結果など、様々な情報にさらされている。ある食べ物や活動が、健康に良いという研究もあれば、悪いという研究もある。中には矛盾する結果もある。権威ある医学雑誌に掲載された論文でも、後になって結果が覆されたり、当初、マスコミを騒がせたほど決定的なものでなかったりする場合もある。エイズや狂牛病、西ナイル熱、SARSなど、脅威になりうる病気に関する情報も入ってくる。我々は、危険をどのように判断して適切な行動を取ればいいのだろうか。

また、健康に対する考え方は、もっと根本的な問題に直面している。例えば、従来のように、病気にかかった後の治療を重視する方法もあれば、食事やサプリメント（栄養補助食品）、エクササイズによって、病気の予防に力を入れることもできる。あるいは、二つの方法を組み合わせてもいい。アロパシー（逆症療法）や、ホメオパシー、鍼灸、自然療法に頼ってもいい。病気の治療に関する意思決定は、世界観と大いに関係している。あるダイエット法で体重を落とそうとすると、正反対の別のダイエット法が耳に入ってくる。それらをどう判断するかによって、寿命や生活の質が大きく変わってくる。選択肢をどう判断すればいいか。自分の健康について、数ある選択肢を評価し、判断する力を向上させるには、どうすればいいのだろうか。

■企業――成長

多くの企業は、典型的な成長戦略を立ててきた。マクドナルド、コカ・コーラ、スターバックスといった企業は、国内市場で成長し、その後、海外市場や新たな流通チャネルを開拓することによって成長を維持してきた。合併や買収で成長した企業もある。だが、成長へと駆り立てられると、ブランドの価値をおとしめる可能性がある。スターバックスのコーヒーが、ガソリンスタンドやスーパーマーケットで売られたらまったくの別物になる。とはいえ、投資家への公約に縛られて、企業は成長依存症になっている。ブランド価値を高め（顧客減を抑え、顧客の生涯価値を最大化し、市場シェアを獲得し、新たな市場に参入し、新たな流通チャネルを加えるなど）、ブランドを新たな商品や市場に拡大したり、新たなブランド（新たな成長エンジン）を作り出したりする健全な成長戦略を構築するには、どうすればいいだろうか。他社はこれ以外のどのようなモデルを使って、事業を構築し、維持してきたのだろうか。そのモデルを自社に応用することはできるのだろうか。

■社会――多様性、アファーマティブ・アクション（積極的差別是正措置）

メンタルモデルは、社会が抱える課題について議論する際にも、重要な役割を果たしている。例えば、マイノリティや女性など、差別を受けてきた人たちの処遇については、昔から議論があるが、何が最善の策なのだろうか。アメリカではひとつのメンタルモデルに基づいて、アファーマティブ・アクション計画ができ、過去の差別に対する補償の正式な枠組みが作られた。リンドン・ジョンソン大統領は、ハワード大学での講演でこう述べている。「何年も鎖につながれていた人を解放し……『さあ君は自由になったのだから、ほかの人たちと競争しなさい』と言って、それこそが公正だと思うのは間違っている」。だが、反対派は別のメンタルモデルをもっている。アファーマティブ・アクションといった政策自体が差別的であり、克服すべき差別意識を強化し、増幅していると考える。ジョージ・W・ブッシュ大統領は、ミシガン大学の講演で、アファーマティブ・アクションは、「不和を招くものであり、不公正で、アメリカ合衆国憲法と両立しえない」と語った。[*9] どちらのモデルを選択するかによって、法制度、社会、そして個人に深刻な影響が及ぶ。注目を集めた幾つもの裁判で、見方の対立が鮮明になっている。

いずれの例でも、メンタルモデルが、行動や考え方を大きく左右している。メンタルモデルによって目に見えるものが決まり、それによって行動の可能性が広がったり、狭められたりする。個人や企業、社会が直面するジレンマの具体例については、第12章で詳しく取り上げることにする。

インポッシブル・シンキングの技法を学ぶ

ありえないと思えることを考えるには、どうすればいいだろうか。この章の末尾に、そのプロセスの概観を掲げた。

第一に、メンタルモデルの重要性を認識し、メンタルモデルがいかにして限界あるいは好機を生み出しているのかを理解しなければならない。この点は第1部で述べていく。次にメンタルモデルを常に適切なものにし、いつ新たなモデルに転換するのかを認識し（一方でモデルのポートフォリオの中には古いモデルも加えておきながら）、新しい見方がどこにあるのかを知り、ズーム・インやズーム・アウトによって複雑な状況を理解する方法、継続的に実験を行なう方法を考える。この点は第2部で取り上げる。

考え方を変えたいと思っていても、我々を古いメンタルモデルに閉じ込める壁があることを知っておかなければならない。生活の基盤や暮らし方そのものも変化の足枷となるし、周りの人々が適応するのにも時間がかかるのだ。第3部では、変革や戦略の妨げとなるこれらの障害を取り上げ、その対処法を考える。最後に、メンタルモデルとは、迅速な行動を起こすためのものであることを認識し、直観によってメンタルモデルにアクセスし、世界の見方を変える方法を探っていく。

変化への選択

●メンタルモデルの力と限界を知る

・メンタルモデルがどのように自分の世界を形成しているのか理解する

・メンタルモデルによって、行動の範囲が狭められたり、逆に広がったりしていることを認識する

●メンタルモデルを常に妥当なものに保つ

・いつ馬を替えるべきかを知る

・パラダイムシフトは双方向であることを知る

・新しい見方を知る

・ズーム・インとズーム・アウトによって、複雑な世界を理解する

・実験を試みる

●変化への障害を克服する

・古い秩序を壊す

・共通基盤を探して、適応的断絶を埋める

●自分の世界を変える

・直観を磨き、迅速に動く

・考え方を変え、行動を変える

注

1. Mitroff, Ian., and Harold A. Linstone. *The Unbounded Mind: Breaking the Chains of Traditional Business Thinking.* New York: Oxford University Press, 1993.
2. Brown, John Seely. " Storytelling: Scientist's Perspective." *Storytelling: Passport to the 21st Century.* <http://www.creatingthe21stcentury.org/JSB3-learning-to-unlearn.html>.
3. Russo, J. Edward, and Paul J. H. Schoemaker. *Decision Traps: Ten Barriers to Brilliant Decision-Making and How to Overcome Them.* New York: Doubleday, 1989; Russo, J. Edward, and Paul Schoemaker, *Winning Decisions: Getting It Right the First Time.* New York: Doubleday, 2001.
4. Ackoff, Russell L. *Creating the Corporate Future: Plan or Be Planned For.* New York: Wiley, 1981.
5. Kleindorfer, Paul R., Howard C. Kunreuther, and Paul J. H. Schoemaker. *Decision Sciences: An Integrative Perspective.* Cambridge and New York: Cambridge University Press, 1993.
6. Argyris, Chris. *On Organizational Learning,* 2nd ed. Blackwell Publishers, 1999.
7. Ramachandran, Vilayanur S. " Neuroscience: The New Philosophy." *Reith Lecture Series 2003: The Emerging Mind.* BBC Radio 4. 30 April 2003.
8. Sendero Group, " Mike's Journal, " March 20, 2000, http://www.senderogroup.com/mikejournal.htm>.
9. Greene, Richard Allen. " Affirmative Action: History of Controversy." *BBC News World Edition.* 16 January 2003. http://news.bbc.co.uk/2/hi/americas/2664505.stm>.

PART 1

RECOGNIZE THE POWER AND LIMITS OF MENTAL MODELS

第1部

メンタルモデルの力と限界を知る

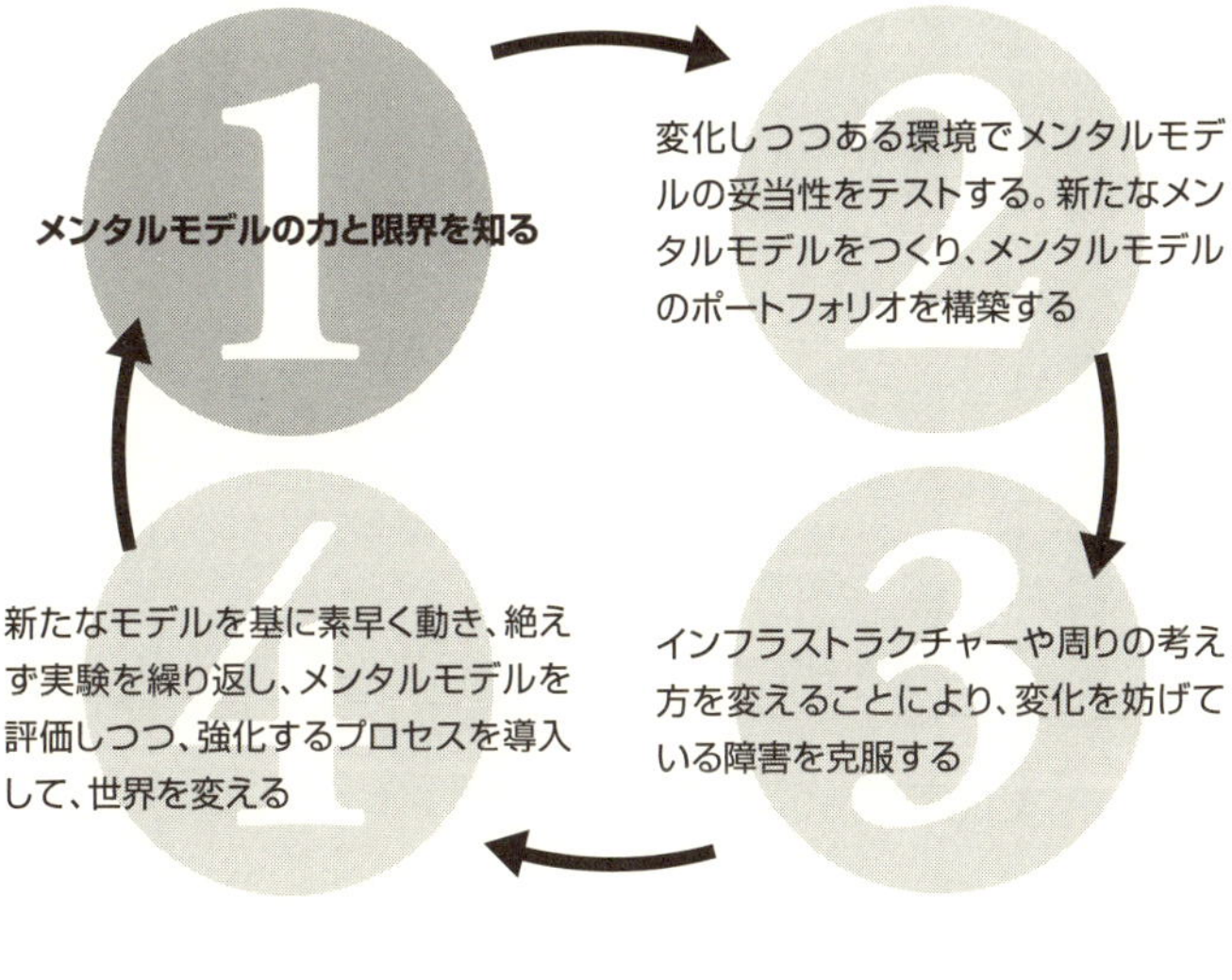
1
メンタルモデルの力と限界を知る
2
変化しつつある環境でメンタルモデルの妥当性をテストする。新たなメンタルモデルをつくり、メンタルモデルのポートフォリオを構築する
3
インフラストラクチャーや周りの考え方を変えることにより、変化を妨げている障害を克服する
4
新たなモデルを基に素早く動き、絶えず実験を繰り返し、メンタルモデルを評価しつつ、強化するプロセスを導入して、世界を変える

第1章

メンタルモデルが世界を決める

古い世界のマネジャーは製品を作り、新しい世界のマネジャーは物事の意味を理解する。

ジョン・シーリー・ブラウン[*1]

深夜、アパートの階下の部屋から大音量のラジオが聞こえてきた

先週、その部屋に住んでいた物静かな老人が亡くなり、次の住人が気になっていた。どんな人が入ってくるのか、まったくわからない。大学の友人からゾッとする話を聞いたことがある。同じアパートに変な奴がいたら、生活がめちゃめちゃになりかねない。

最悪の不安が現実のものになった。ロック音楽が延々と鳴り続けている。寝返りをうって時計を見る。午前零時半。もう少しだけ様子をみることにする。新しい住人がとんでもない奴だとしても、初対面で言い争いをしたくない。だが、一時になっても、ラジオの音は一向にやまない。パーティーでもやっているのか。こっちは朝から仕事だ。どうして、こう無神経でいられるのか。こうなったら、下に降りていって、愚か者に礼儀を教えてやるしかない。ドアをたたくと、大きく開いた。空っぽの部屋を見て唖然とする。新しい住人が入居した気配はない。それどころか、家具すらない。中に入ってみる。奥の部屋に、布とペンキの缶が転がっていた。電気をつけると、ぎっしり詰まった工具箱が目に入った。

住人はいなかった。うっかり者のペンキ屋がラジオを消し忘れて帰っただけだ。新しい住人は入居してもいない。騒音を耳にして、頭の中で作り上げた無神経な隣人は幻と消えたが、腹立たしさは収まらない。住人は自分の頭の中にしか存在しないのに、その人に対する怒りが収まらず、落ち着いて

眠ることもできない。騒音の理由を説明するために、はた迷惑な隣人という像を作り上げたわけだが、それが独り歩きした。下に降りてドアをたたかなければ、この亡霊と何日も暮らす羽目になっていただろう。

メンタルモデルが、ものの見方を決める。外部から入りこんでくる騒音が何なのかを即座に理解する際に役立つが、半面、本来の姿を見えなくすることもある。メンタルモデルとは、隣人のように常に共にあり、大いに助けてくれることもあれば、根拠のない不安や怒りで眠らせてくれないこともある。

メンタルモデルとは何か。それは、どのように個人の考え方を形成し、世界の見え方を決めているのだろうか。

誤ったメンタルモデルの悲劇

アメリカでは、宗教上の理由から親が治療を受けさせなかったために亡くなった子どもが、過去二十五年間で百五十人以上に上る。[*2] 一般的な医療行為を否定し、信仰があれば治ると説く宗教が二十あまりあり、親がこうした宗教を信仰していたのだ。その結果は往々にして悲惨なものになる。

一九八六年四月、マサチューセッツ州ボストンで二歳児のロビン・トゥイッチェルが腸閉塞で亡くなった。クリスチャン・サイエンスの信者である両親は、ロビンを教会に連れて行ったが、実践士がただ祈るだけだった。ロビンの容態は悪化した。食べることも寝ることもできず、体を震わせ、胃の中のものを吐いた。発病から五日後、反応がなくなった。両親と実践士は、死の瞬間まで治るはずだと信じて祈り続けていた。両親は一九九〇年七月、殺人罪で起訴された。

裁判では、ロビンの症状なら、腸のねじれを元に戻すという単純な手術で助かった可能性がかなり高いと、専門家は証言した。だが、両親は、病気を手術で治す方法を検討しなかった。その背景には、病気の原因と治療に関するメンタルモデルがある。ある意味で、ロビンの死は、両親の世界観によってもたらされたといえる。

この逸話を持ち出したのは、悲劇的な決断を下した両親を裁くためでも、その信仰を非難するためでもない。ひとつの決断が、異なるメンタルモデルではどれほど違って見えるのか、例を示したかったのだ。異なるモデルとは、両親の信仰と、裁判所が判決の根拠とした医学的見解である。裁判所は、両親のメンタルモデルに従った結果、医学的モデルに従った場合よりもはるかに悪い結果になった可能性が高い、との判断を下した。

この事例ほどはっきりしている例はそうないが、メンタルモデルは、個人の生活やキャリアや人間関係、企業の繁栄や社会における生活の質に影響を与える。ある意味で、人生のあらゆる面が、世界をどう理解するかによって決まってくるといえる。考え方や行動は、各人のメンタルモデルに左右される。メンタルモデルは限界を設けることもあれば、機会を広げることもある。メンタルモデルは強力で普遍的だが、普通は目に見えない。メンタルモデルの存在は意識されていない。

人は、目に見えるものが現実であり、自分の頭の中で作り上げたものだとは思わない。ロビン・トウィッチェルの両親は、息子を治せるのはクリスチャン・サイエンスの実践士しかいないと信じていた。両親にとっては、それが現実だった。ロビンの手術をしたかもしれない医師は、まったく異なる目で見ていた。裁判所の見方も違っていた。メンタルモデルは抽象的で非実用的なもの、錯覚のように研究と説明の対象として面白いだけのものと思うかもしれないが、この事例をはじめ多くの場合、メンタルモデルは非実用的なものではまったくない。メンタルモデルは、何を見て、世界をどう認識するかを決めるだけでなく、その中でどう行動するのかを決める。頭の中にあることが実は目に見えるのであり、目に見えるものは頭の中にあることなのだ。

メンタルモデルによって、ひとつの思考様式にとらわれたり、目の前にある解決策が見えなくなったりするのは、どのような原理が働いているのか。今のメンタルモデルの欠点は何だろうか。メンタルモデルを変更して、生活の質を向上するにはどうすればいいのだろうか。

IBMが挑んだ研究モデルの再考

ビジネスにおいても、メンタルモデルによって機会は狭まったり、広がったりする。一九九〇年代初め、IBMの研究部門の責任者、ジム・マクグロディが、当時シティコープで最高技術責任者を務めていた著者の一人、コリン・クルックの元を訪ねてきた。マクグロディは深刻な課題に直面していた。IBMは毎年、巨額の赤字を出していたのだ。経営再建のために、研究部門は何ができるのか、と彼は尋ねた。

クルックは、シティコープがIT開発に当たって指針としている「情報技術の価値連鎖（バリュー・チェーン）」について話した。この価値連鎖は、三つの層から成っている。最下層は基礎研究、中間層は記憶装置やディスプレイ、半導体などの技術、そして、最上層が顧客ソリューションだ。何より重要なのは、最上層の顧客ソリューションへの取り組みであり、シティコープが他社と差別化できている点は、まさにそこにある、とクルックは説明した。

IBMの研究部門で顧客ソリューションが無視されてきたことに、マクグロディは気づいた。重視していたのは、最下層の基礎研究や中間層の技術だった。IBMは次第に内向きになり、製品だけに関心を奪われて、顧客との接点を無くしていた。この点を自覚したIBMは研究部門を再編し、新たな戦略分野として、サービス、アプリケーション、顧客ソリューションを重視するようになった。IBM再建の牽引役となったのはこれらの分野の研究であり、その割合は、一九九〇年のほぼゼロから、二〇〇一年は二五パーセントを超えるまでになった。この取り組みは、新CEOのルイス・ガースナーが打ち出したグローバル・サービス・イニシアチブにぴたりと合致し、サービス部門は、IBMで最も成長率が高い分野となった。[*3]

IBMにその認識はなかったかもしれないが、研究部門を突き動かしていたのは、技術万能というメンタルモデルだった。このメンタルモデルが意識され、見直された時、新たな機会が見え、組織が再編され、事業を再構築できるようになった（言うまでもなく、再編は研究開発よりはるかに広い範囲に及んだ）。研究開発の問題だと思われていたことが、マーケティングの観点から見直された。技術上の難しい問題だと思われていたことが、事業の設計の問題だととらえ直されるようになった。

ビジネスとプライベートの峻別

最近、成功している女性経営者と話す機会があった。新しい人材が必要なときには必ずヘッドハンターに頼るが、プライベートでのパートナー探しは、偶然の出会いに期待しているという。性格や相性の合う適切な人を見つけるという意味で、目的は似ているのに、まったく違った方法をとるのは、ビジネスとプライベートでメンタルモデルが異なるからだ。独身者専用バーで、マーケティング担当副社長にふさわしい人物に偶然出会えるとは思わないが、プライベートなら出会えるかもしれないと思う。こうして自分で壁を作り、柔軟な発想ができていないために、ビジネスでは、主要なポストに難なく有能な人材を起用できているのに、プライベートでパートナーの席を埋めるのに成功していない。

ここで可能性を狭めているのは、ビジネスとプライベートは別物だという考え方だ。ビジネスとプライベートの世界は重なっている。テレビドラマで、個人の生活を描くのに職場を舞台にする例がいかに多いことか。ビジネスとプライベートの境界線があいまいだからこそ、両者の考え方は交換できる。一方のメンタルモデルを借りて他方で応用することで、仕事でもプライベートでも考え方を変えることができる。

国内の新興市場

可能性を狭めているメンタルモデルの例として、企業が、インナーシティ（旧市街地）市場をどうとらえているかをみてみよう。インナーシティは低所得者が多く、犯罪率が高く、リスクが高く、コストがかさむ――要するに、市場としては最悪だととらえている。大企業が世界中の眠れる新興市場を掘り起こしにかかっている今も、インナーシティ市場はほとんど無視されている。だが、マイケル・ポーターが指摘しているように、これらの市場をよく見れば、明らかな優位性があり、機会が埋もれていることがわかる。[*4] 所得は低いが、人口密度はかなり高いので、「面積当たりの支出」は、所得の高い地域に匹敵する。戦略的に重要な場所に位置しており、人口構成をみても、将来の成長に不可欠なセグメントがあることが多い。

インナーシティを「国内の新興市場」と定義し直せば、どんな可能性が開けてくるだろう。中国やインドなどの新興市場で活用している戦略のうち、アメリカなど先進国の都市で活用できるものはどれか。このように、インナーシティに対する見方を少し変えるだけで、新たな戦略を導入し、成長できる可能性が生まれる。

自社や業界に対して持っているメンタルモデルが、いかに機会を見逃し、組織の価値の最大化を阻んでいるのかについて考えた方がいい。

頭の中の並行宇宙

人間の脳の重量は一・五キロほどにすぎないが、その構造と機能は複雑で、解明され始めたばかりだ。様々な推計があるが、脳には約千億のニューロンがあり、恐らくは数百兆もあるシナプスを通して信号を伝え合っている。脳全体に神経化学物質が充満し、目や耳、鼻、口、皮膚からの膨大な感覚信号が脳に送り込まれると、電気の信号が点滅する。

人間は思考力をもつということだけでも驚異的だが、脳はそれ以上のことをしている。逐次処理のコンピューターなら、これほどの刺激の洪水を処理すると、恐らくパンクするだろう。脳はまったく違う。点滅する信号の洪水から意味を理解する。人間の脳は、マジック界のスーパースター、ディヴィッド・カッパーフィールドが子どもだましに見えるほどの手品を日々演じている。最近の脳科学の研究によって、人間は、見えることの一部しか使わず、大部分は頭の中にあるパターンを使って物事を理解していることがわかってきた。

脳は、外部の世界の一部をあえて無視することによって、物事を理解しているようだ。アメリカの神経生理学者、ウォルター・フリーマンは、感覚刺激による神経活動が皮質で消滅することを発見した。目や耳は絶えず情報を集めているが、脳はそのすべてを処理するわけではない（コラムの『無意味なものから意味をくみとる』を参照）。刺激が脳に入ると、内部で関連するパターンが現れ、それを活用して外部の世界を描き出す。

●無意味なものから意味をくみとる

ルイス・キャロルが、『鏡の国のアリス』でジャバーウォッキーの詩で示したように、人間にはほんの少しコンテクスト（文脈）がわかれば、「わけのわからない言葉」から意味を引き出す、素晴らしい能力がある。以下の文章は、この点を明らかにしてくれるはずだ。研究や大学の名前はわからないが、言葉がどれほど乱れていても、意味はおのずとわかるはずだ。

イリギスの大学の研究によれば、さしいょと最後の文字が正けしれば、そられ以外の文字のじんばゅんは関係ない。残りがめちゃくちゃでも、もだいんなく読める。これは一文字ずつ読でんいるわけではなく、単語をぜたんいとしてみているからだ。

自分に聞いてみよう。身の回りに、自分が見ていない穴が幾つもあるのではないだろうか。

脳は五感を通して情報を取り込むが、その大半を捨て、脳の中にある並行宇宙を呼び覚ます。各人の脳には固有の世界があり、内部で一貫し、完結している。知覚とは、情報を取り入れ、処理し、蓄積し、呼び出すという直線的なプロセスではない。きわめて複雑で、双方向的で、主体的で、再現的なプロセスである。

たとえるなら、来客が玄関のベルを押しているとき、ドアを開けずに、覗き穴から覗いただけで、来客の人物像をつくるようなものだ。人は、他人を即座に判断できる能力があり、この判断が時折間違うことがあることも経験から知っている。だが、このプロセスはきわめて効果的、効率的である。だからこそ、ドアに覗き穴があるのだ。生まれたばかりの赤ん坊が世界について知ろうとするのとは違い、新しい情報を逐一理解しようとする必要はない。数本の線があれば、それをつないで全体像を描くことができる。目で見たことに直観的に反応するこの能力は、迅速な思考や行動に欠かせないものだ（第10章では、直観のパワーと限界について論じよう）。

脳の成り立ち

人間の脳は、進化の過程で発達し、変化してきた。脳が層構造になっていることが、何よりの証拠だ。一番奥が最も古い「爬虫類脳」、その上に「大脳辺縁系」があり、さらに上に、合理的な行動をつかさどる「新皮質」がある。

各人の脳も、年月の経過とともに変化し、進化する。ニューロンが絶えず死滅し、再生し、シナプスが壊れ、再生される。脳は特定のシナプスを強化したり、弱めたりして、複雑な神経構造をつくり、それによって思考がつくられる。こうした「神経モデル」は、その後の経験や教育、訓練によってつくり変えられていく。

生まれたばかりの子どもには、信号の意味を理解する能力が、基礎的で未発達な形で備わっている。

これは、恐らく遺伝的なものである。この遺伝的な基礎の上に、経験が積み重なる。子どもにとって、第一の緊急課題は、複雑な信号の意味を理解する能力を発達させることだ。この能力は大抵二歳までに発達する。発達の過程で、刺激がどこから来ているのかを理解し、信号を一般的なパターンの一種として分類するようになる。陰影と色の組み合わせを、ボールとして認識する。自分を覗き込んでいる顔は、母親と認識する。だが、モデルが洗練されるまで、似通った顔はみな母親だと認識される。子どもは細部にこだわることなく、全体的な意味を把握できる。カギとなるのは、カテゴリー化である。こうした経験は、記憶の形でも保持されている。脳に偏在する複雑なパターンは、具体的な形で存在するのではなく、他のパターンや外部の刺激によって再構成されるのである。

子どもの内なる世界が豊かになるにつれて、外の世界は影を潜めていく。フリーマンの実験が示しているように、バランスの重心は外から内へ変化する。脳のモデルが、外部から入力された信号に代わって使われるようになる。新たな経験をしたとき、脳は、その経験に一番近いと思える複雑な神経活動、つまり「メンタルモデル」を呼び起こす。子どもがごく単純な経験に驚いているのを見ると、それに近いモデルをもっていなかったことがわかる。大人が日常の決まりごとや退屈な生活を嘆いているのを見ると、メンタルモデルが形成されていることがわかる。メンタルモデルの発達は、ある意味で、子どもと大人を分ける境界線だといえる。大人はだんだん世界に慣れてくる。その世界は、恩寵《おんちょう》のごとき幻想だと思える。恩寵《おんちょう》というのは、それによって我々が世の中を上手に泳いでいけるからだ。だが、いずれにしても幻想であることに変わりはない。

やがて、これらの「メンタルモデル」が、実は頭の中でつくられた幻想である、ということを完全に忘れる。メンタルモデルを外部の現実として受け止め、現実であるかのように働きかける。優れたモデルなら、たいていの場合、外部の現実を適切に扱えるものになっているのだが、ここに危険が忍び込む。世界が大きく変化したとき、メンタルモデルが状況にまったく合わなくなることがある。普段着のまま、船のデッキから海に投げ出されるようなものだ。必要なのは、ウェットスーツと救命胴衣なのに。

メンタルモデルはどのように形成されるのか

たゆまぬ訓練によって「メンタルモデル」はつくられ、洗練される。ジャズ・ミュージシャンや現代芸術家と、科学者やエンジニアとでは、世界の様々な面についての見方が大きく違っているだろう。だが、訓練だけでは、メンタルモデルの成り立ちを完全に説明しきれない。一口にミュージシャンやエンジニアと言っても見方は一様ではない。物理学に革命を起こしたアルベルト・アインシュタインは、同じ科学者よりも、現代芸術家に通じるところが多いだろう。科学者でも独創性を発揮して限界を超えようとする者がいれば、専門領域の中でしか研究しない者もいる。CFO（最高財務責任者）でも、リスクを回避しようとする者がいれば、あえて危険を冒す者もいる。個々人の姿勢は、本人の個性（遺伝）、教育、訓練、他人の影響、その他の経験によって、形作られる。

メンタルモデルについては、それがどのように形成されたのかに注目することによって、見方を深めることができる。思考を形成する上で、「生まれ」と「育ち」のどちらが重要か、という議論は昔からある。現時点では、遺伝子という形で「生まれ」が果たす役割が大きい、と考えられるようになってきた。言語能力など、脳の基本的な機能の多くは、親から受け継ぐ遺伝子によって、生まれながらに決まっていると考えられている。

人間には生まれながらにいわば、〝ハードウエア〟が備わっており、それらが世界の見方に影響を与えているのは明らかだ。情緒障害は、これらの神経化学物質や遺伝子の違いによって、世界観が大きく変わることを示す極端な例だ。遺伝子研究や薬物投与で、脳の機能や神経化学物質を変える方法が生まれているが、メンタルモデルへの正確な影響はわからない。メンタルモデルを変える薬や遺伝子治療があればいいと考えている人もいるが、今のところ実現していない。だが、科学が発達すれば、どこかの時点で、可能性が出てくるかもしれない。また、人間の心には、生まれつきの限界を克服する柔軟性があるようだ。

「自分が何者で、何ができるか」、という基礎的な部分は遺伝子がつくるが、その後は、経験が大きな役割を果たす。経験によって能力のある部分が強化され、別の部分が弱くなる。つまり、幾つもの「育ち」の要素で、「メンタルモデル」がつくり変えられていくのである。そうした後天的な要素を以下に挙げよう。

■教育

教育は、メンタルモデルを幅広く形成し、世界観の基礎をつくっている。科学者は、ジャズ・ミュージシャンとは違う方法で、世界を見ることを学ぶ。こうした広い意味での教育は、メンタルモデルを形成する要因の中で、最も目に見えにくいものだ。人は同じような教育を受けた者に囲まれて生活する。一般教養とは、様々な点で、活動の基盤としての共通言語と共通の世界観を与えることを目的としている。こうした基礎があれば、カメレオンが岩と同化するように、環境に溶け込むのが容易になる。ある科目の知識を深めるのも学習だが、メンタルモデルについて学ぶのは、別の種類の学習である（コラムの『もう一つの学習』を参照）。

■訓練

教育に関連するが、変化に対応したり、仕事内容が変わったりしたときに受ける訓練がある。コンピューター・プログラマーはプログラミング言語を学び、芸術家は彫金を学ぶ。こうした訓練は、教育よりも具体的で目に見えやすい。そして簡単に変えることができる。それでも、訓練の過程で型にはまったやり方に陥り、環境が大きく変わったにもかかわらず、そこから抜け出せないことが少なくない。

■他人の影響

人は誰でもメンター（経験を積んだ指導者、助言者）や専門家、家族や友人から影響を受けている。何か問題にぶつかったときに、どう対処するかは、こうした人たちの人生哲学や問題への対処方法に強く影響されて決める。本からも影響を受ける。H・G・ウェルズの小説を全巻読んだ子どもは、それに影響されて科学者になるかもしれない。身近な人からも影響を受ける。最初は親や友達、先生が、大人になってからは上司や同僚が、新たな方向に導き、もっと頑張るよう励まし、自己評価を点検してくれる。一九六〇年代の若者を見ればわかるが、社会の大きな潮流からも影響も受ける。そして、我々の住む世界の大衆文化の影響も受ける。ＭＴＶは数時間のうちに、ファッションの流行を世界中に伝えている。

■報酬とインセンティブ

メンタルモデルと行動は、それを維持することによって受け取る報酬に左右される。報酬には、金銭的報酬のように目に見えるものから、社会的な認知などのように、見えにくいものもある。

■個人的な体験

独学で画家や科学者になった人たちは、個人的体験から独自のスタイルを生み出しているので、主流派の人々とは違った考えをする。徒弟制度は、自分自身で経験して学ぶ方法とメンターや親方から学ぶ方法を組み合わせている。

教育を受ける中で、具体的な知識を学ぶとともに、学び方を学んでおり、これが経験を理解するのに役立つ。自分自身の成功や失敗によって、世界観が大きく変わることがある。人との出会いで、人生観やある分野の考え方が大きく変わることもある。失敗にどう対処し、成功にどう学ぶかで、新たな課題に直面したときの取り組み方が変わる。強制収容所に収容されるとか、子どものころに虐待されるなど、つらい体験をすれば、生涯、その影響を引きずることもある。不幸な運命によって自分の世界が壊され、狭まったと考える人もいれば、それをバネに奮起して、目の前のハードルを飛び越えるだけでなく、はるかに高いレベルで成功を収める人もいる。

今日、経験したことは、すぐに明日の方法論となる。功成り名を遂げた将軍たちが直前の戦争を戦っているのが多いのはこのためだ。彼らは過去の装備や戦略に基づいて作戦を立てる。その際、今の戦争には直接役立たないと知った上で、最後の戦争の報告から注意深く教訓を引き出すのである（もっとも、世界が変わるということを認識していれば、事後調査から貴重な見識が得られる）。経験は両刃の剣になりうるのである。

状況によって変わるメンタルモデル

メンタルモデルには、国民や政党、宗教団体などに支持される大きなものもあれば、ごく限られた地域やグループの間で支持されるものもある。民主主義や共産主義といった大きなモデルは、支持者のメンタルモデルに影響を与える。その影響は、個人の信条や行動にも、社会構造や経済の体制にも及ぶ。だが、モデルはこれほどスケールの大きいものばかりではない。我々の考え方は、教育や信念に左右されるが、状況に応じたモデルも活用している。状況に固有のメンタルモデルの例が、消防訓練や航空機からの脱出訓練だ。教育や訓練、経験に関係なく、誰もが一番近い出口を探し、天井から降りてきた酸素マスクをつけ、救命胴衣を膨らます。

この場合、緊急事態の対策として最善と思える共通のモデルを全員に与えることが、訓練の目標になる。だが、九・一一の旅客機の乗客は、座席の背もたれに差してあるパンフレットには載っていない状況に遭遇したため、スポーツや軍事訓練、本や映画など過去の経験を基に、メンタルモデルをつくらねばならなかった。

ある状況にどう対応するかは、多くの場合、各自の教育や経験によって決まる。一九八二年、ジョンソン・エンド・ジョンソンの鎮痛剤、タイレノールにシアン化合物が混入され、シカゴを中心に七人が死亡するという事件が起きた。この時、ジョンソン・エンド・ジョンソンが全商品を回収するという決断を下したことはよく知られているが、この行動は、同社の「企業理念」に表現された価値観に根ざしたものだった。「企業理念」に基づき、中核的なメンタルモデルに見合った行動の針路が設定されていた。そして、そのメンタルモデルは、顧客をはじめとする利害関係者を第一に考えれば、株主の利益はおのずとついてくる、というものだった。

個別の問題への対応が、大きなメンタルモデルを変えてしまうことがある。長年、大きな政府に反対してきたアメリカの共和党の場合をみてみよう。新世紀に入ってまもなく、同時多発テロとウォール街の不正スキャンダルが相次ぎ、国の経済の安定が揺るがされる事態になって、共和党政権は政府の人員、予算、権限を拡大した。政府の縮小を訴えていた共和党が、実際には拡大したわけだ。当座の問題に対処する目的でとった行動が、大きなモデルを損うことになった。

このようにメンタルモデルを状況別に見るのとは対照的に、性格検査のマイヤーズ・ブリッグス・タイプ指標などでは、各人の性格から意思決定の方法を読み取ろうとする。認知様式の違い（能動的か受動的か、分析的か直観的か）を意識するのは重要だが、こうした方法をいつも使うとはかぎらない。個別の問題に取り組んだり、個別の状況に対処したりするとき、個人は様々な様式を試すことがあるものだ。

●もう一つの学習

ピーター・センゲらが言う「学習する組織」を作り出すことの重要性については、多くの議論がある。個人の成長のため、スティーヴン・コヴィーのいう「刃を研ぐ」行為を続けていくことが大事なのはわかる。だが、こうしたアイデアをビジネスや個人の生活に応用するとき、二種類の学習の区別をつけていないことが少なくない。

第一種の学習は、既存のメンタルモデルや専門分野の中で、知識を深めるものであり、ごく一般的で、達成するのも簡単だ。

第二種の学習で重視するのは、新しいメンタルモデルやメンタルモデルの転換だ。あるモデルの知識を深めるのではなく、モデルの外の世界に注目し、その広い世界を理解するために、新しいモデルを導入したり、開発したりする。刃を「研ぐ」必要はなく、刃を捨てて、電動工具を手にしなければならない場合もある。刃を研ぐことだけに一生懸命になっていると、仕事のやり方に革命を起こす技術に気づかない可能性がある。道具箱の中のとがった刃は、新たなメンタルモデルに基づく新手法の力にかなわないかもしれない。

本書は、基本的にこの第二種の学習を重視している。目の前の仕事をうまくやるだけでなく、それが正しいやり方なのか、やり方を変えるにはどうすればいいのかを問題にする。エンジニアが、百回目のエンジニアリング研修から得るものではなく、初めてジャズの講義を受けるようなもので、自分が抱える問題をまったく違う視点から見ることができる。新たなメンタルモデルについての学習は、高度で難しいが、めまぐるしく変化し、先が読めない状況では、決定的に重要である。

自らのモデルの陳腐化に気づく

一九九〇年代初め、シティコープでは厳しいレイオフとリストラが行なわれ、以下のような不幸な光景が見られた。四十代の有能なコンピューター・プログラマーは、自分が得意とするコボル言語が陳腐化したため、会社に必要とされなくなったことを知りショックを受けた。優秀なプログラマーだったため、解雇は青天の霹靂だった。優秀だったが、変化に追いついていなかったのだ。それだけではなかった。職探しをして、自分の技術を評価してくれる企業が、どこにもないことに気づいて愕然とした。周りの変化に気づかずにキャリアを重ね、気づいたら、崖っぷちに立たされていたのだ。

時代遅れのメンタルモデルにとらわれていなければ、このプログラマーはしかるべき備えができていただろうか。解雇されるのは仕方ないとしても、その後にうまく転進できたのではないか。

世界が動いていなければ、自分のモデルに無頓着でも幸せでいられる。原始時代の狩猟・採集民のように、基本的な本能と経験だけで比較的短い人生を生きられる。だが、変化が加速している現代では、モデルを変えるべきか、どうやって変えるのかを知る必要がある。素早く動き、他の人のモデルに影響を与えるには、自分自身のモデルを知らなければならない。

前述のプログラマーの例のように、手遅れになるまで変化の必要性に気づかない場合は少なくない。解雇通知を受け取ったり、離婚を切り出されたり、訴訟を起こされたり、心臓発作に襲われたりして初めて、古いメンタルモデルが通用しないことに気づく（意外だが、こうしたショックですら気づかない場合もある）。

だが、必ずこうなってしまうわけではない。メンタルモデルを変えざるを得ない状況に追い込まれる前に、意識して自ら変えることはできる。シティコープでは、人員削減を生き延びた人たちなど、一部の人々が意識的に外の世界に触れる努力をした。新しいプログラミング言語などの技術を学び、自分の仕事に新しい視点を取り入れた。自分自身や周りのメンタルモデルを積極的に見直した。会社にとって役立つメンタルモデルの開発を続けた。そして、シティコープの再建に必要な変革のリーダーとなった。

世の中の見方というものは、いつでも選択できる。だが、普通は、こうした選択肢があることに気づいていない。教育や経験によって身に付けてきたメンタルモデルは、手遅れになるまで見えないことが多いのだ。

変化する環境の中で、人は自分を変えるのか、変わるよう強制されるのか、どちらの道を選ぶこともできる。日々の仕事や生活の中で実感しているはずだが、痛い思いをする前に、自分で変わることはできる。だが、生活を変えるには、まず、自分の心を変えなければならない。何を見、何をするのかを決めるのは、メンタルモデルなのだ。

「内なる野獣」こそ最大の危険

現代社会はリスクも多いが、機会も多い。ビュッフェで好きなものをとるように、新旧の最高のものを組み合わせ、新しい視点をもち、異なる知識の分野とつながる機会にかつてないほど恵まれている。とはいえ、古いメンタルモデルを捨ててしまうのは危険だ。ここ数年、宗教観や家族観、組織、資本主義への信頼といった伝統的な考え方が侵食されつつある。その結果、肯定できる面もあるにせよ、伝統的な考え方が崩れてできた空白の部分に混乱が起こっている。ビジネスや個人の生活で、確固とした大地を離れれば、常軌を逸した考えや一時的な流行といった逆風や逆流が押し寄せてくる。だが、新たなメンタルモデルへの航路を進んでいけば、豊かな可能性を秘めた新世界を発見する機会が訪れるだろう。

この章の冒頭で引用した言葉でジョン・シーリー・ブラウンが指摘している通り、我々の真の仕事は、物事の意味を理解することである。経営幹部のみならず、ビジネスや政治に携わる人、日常生活を送るすべての人が、そうすべきなのだ。探偵小説の主人公のように、我々は時間と戦い、故意にか偶然にか、ニセの手がかりを残して追跡者を惑わせようとする相手と戦っている。この複雑な世界、雑多な情報が溢れる世界では、物事を理解するという仕事が、かつてないほど難しくなり、重要になっている。探偵小説では最後に答えを教えてくれるが（犯人は執事だ！）、我々は自分で答えを見つけるか、つくるしかない。そこには結末すらない。

今日、目にしている世界は、明日は、「ゲシュタルトの絵」のように意味が反転するかもしれない。物事を理解するというプロセスは、もっとうまくできる。最初のステップは、そもそもプロセスがある、ということを知ることだ。

既に世の中はあまりに複雑過ぎて理解などできるはずがない、と主張する人もいる。そうした人たちは、ずっとうつむいたまま、足元にある線路だけを見つめて、歩き続けろ、と言っているようなものだ。ある程度までは、それでうまくいくかもしれない（線路を通る貨物列車がやって来るまでは）。だが、人間の強みは物事を理解し、驚くほど複雑な世界に適応し、現実的な行動を即座に決断できる能力にある。氷河期のサーベルタイガーの時代から、こうして生き残り、進歩してきた。複雑な現代社会でも、この方法で乗り切れるはずだ。

今日の複雑で不透明な環境で、最大の危険は、外から迫ってくる野獣ではない。危険は心の中にある。自分自身の限界を知らないこと、違う見方ができないことである。本書で理解を深め、飼いならせないまでも、共存する方法を学ぼうとしているのは、この内なる野獣である。

インポッシブル・シンキングの技法

- 自分の思考を形成しているメンタルモデルは、どのようなものか。そのメンタルモデルは、ほかの人とどう違うだろうか。
- 仕事やプライベートで下した最近の決断の中で、問題を理解し、解決策を練るのに、メンタルモデルの役割を特定できたものは何か。
- 自分のメンタルモデルは、教育や経験からどのような影響を受けているだろうか。
- 自分のメンタルモデルや経験で盲点となりそうなのは、どのような点か。
- 既存のモデルを見直したり、変更したりする助けとして、新たな視点や経験を身に付けるには、どうすればいいだろうか。

注

1. Address to Complexity Conference in Phoenix, Arizona, February 1997.
2. "Death by Religious Exemption" *Massachusetts Citizens for Children.* January 1992. <http://www.masskids.org/pcama/religion-1cases.html>.
3. Thanks to Robert Buderi for reviving this example in "The Once and Future Industrial Research." *26th Annual Colloquium on Science and Technology Policy.* Washington, DC. 3-4 May 2001.
4. Porter, Michael E. "The Competitive Advantage of the Inner City," *Harvard Business Review* (May-June 1995), pp. 55-71.

第2章

一マイル走の奇跡

レースできついのは、いつも肉体よりも精神の方だった[*1]

ロジャー・バニスター

●トラックを走っている

ばてて来た。これ以上、前に進めそうもない。息は切れ、肺が破裂しそうだ。だが、あと少しこのペースで頑張れば、自己ベストを更新できる。

その時、ジョギング中に心臓発作に襲われた知人のことが浮かんだ。心臓発作に襲われてまで、記録を出す価値はない。そこでペースを落とした。

ブレーキをかけたのは、体だろうか。それとも心だろうか。人間にとって最大の壁は、肉体的なものだろうか、それとも精神的なものだろうか。メンタルモデルは行動を促す一方、歯止めもかける。かつて船乗りが地球は平らだと考えていたように、メンタルモデルが世界の限界を決める。逆にいえばメンタルモデルを変えれば、新世界を発見できる可能性が開けることになる。

伝説の中距離ランナー、ロジャー・バニスターに聞いてみるといい。バニスターは一マイル（約千六百九メートル）走で突破できないと思われていた四分の壁にぶつかり、その壁を突き抜けた。本章では、メンタルモデルの力と限界について検証していこう。

一九五四年まで、一マイル走で四分を切ることは、人間の力を超えたこと、達成不可能なことだった。四分を切るのは、肉体的に不可能だと考えられていた。「一マイルで四分を切ることが、……アスリートの目標であり、長年の夢だった」とイギリスの陸上選手、ロジャー・バニスターは記している。ヒラリー卿が登場するまでのエベレスト登山がそうであったように、選手は「一マイルを三分台で走るのはとうてい不可能であり、どんな選手でも無理だと考えていた」[*2]。地球の果てには巨大な滝があって海水が流れ落ちており、その先には行けないと昔の船乗りが考えていたように、一マイル＝四分は絶対的な壁に思えた。だが、それは幻想にすぎないことが明らかになる。

一九五四年五月、オックスフォード大学のトラックでバニスターがこの壁を破り、一マイルを三分五九秒四で走ったのだ。その二カ月後、バニスターのライバルで、オーストラリア人のジョン・ランディがフィンランドで三分五十八秒を出し、バニスターの「一マイル走の奇跡」は破られた。その後の三年間に、バニスターの記録を破った選手は十六人にも上った。

この三年間に何が起きたのか。人類の進化が突如として速まったのか。遺伝子工学実験で、新種のスーパー・ランナーが誕生したのか。そうではない。人間の基本的な能力が変わったわけではない。メンタルモデルが変わったのだ。それまでの選手は、一マイル＝四分は切れないというメンタルモデルに縛られていた。だが、その壁が破られた時、それまでできないと思っていたことができる、と考える人たちが出てきたのだ。

“常識”というメンタルモデルに挑戦する

進歩を止めることもあれば、加速することもある、そのような性格をもつメンタルモデルはどこから来るのか。この事例では、有力選手の間に能力に関する常識があった。多くの人たちが一マイルは四分が限界だと考えていた。だが、ロジャー・バニスターだけは違った。バニスターはそこにとどまっていなかった。第一に、四分を切るのは可能だと信じていた。第二に、当時、オックスフォード大学の医学部の学生で、後に神経学者になったバニスターは、トレーニングに科学的手法を持ち込んだ。自分のコンディションを科学的に観察し、トレーニング法を科学的なものにしたのだ。「一回一回のレースが実験だった。要因が多過ぎるので、レースの条件をまったく同じにすることはできない。同じような科学実験をしても、まったく同じ結果が出ないのと同じだ」[*3]

バニスターは、プロのコーチよりも自分自身のコンディションや選手仲間の感想を重視した。「陸上は、トレーニングのアイデアを出し合う中で発展する。走りが良くなるかどうかは、アスリート自身のたゆまない鍛錬にかかっている。レースやトレーニングでの調子をしっかり観察し、それを判断することが何より重要だ。これは自分自身で学ぶしかない」[*4]

バニスターは、スピードを強化するための新しいトレーニング法を編み出した。二分間の休憩を挟んで、四分の一マイルを四回走ることにしたのだ。記録会に向けたトレーニングでは、四分の一マイルのスプリントを六十一秒まで縮めたが、そこから伸び悩んだ。そこで数日間、トレーニングは休み、ハイキングやロック・クライミングに出かけることにした。帰ってきて走ってみると、五十九秒台が出た。

バニスターのトレーニング法は、肉体と同等に精神面のコンディションを重視するものだ。「メンタルなアプローチは何より重要だ。精神力には限界がないのだから。このエネルギーは、正しい心の持ちようによって生まれる」[*5]とバニスターは書いている。

自らのメンタルモデルに縛られ、一マイル＝四分の壁を突破できなかった選手が、バニスターがつくり出した新たなメンタルモデルによって解放され、壁を突破できたように、メンタルモデルは限界を設けることもあれば、世界を広げることもある。バニスターの課題は、――我々の課題でもあるのだが――こうしたメンタルモデルを認識し、限界を試し続けることだった。だが同時に、メンタルモデルのうちで変えることのできる柔らかい肉質の部分と、その下にある現実という骨格とを、きっちり分けて考えなくてはならない。一マイル＝四分を切れたからといって、一マイルを一分台で走れるわけではない。たとえ適切なメンタルモデルをもったとしても、である。だが、四分を切ったことで、新たな可能性が開けたのは確かだ。

仕事やプライベートで、〝一マイル＝四分を切れる〟のに、その可能性に気づいていないことが、どこかにあるのではないだろうか。メンタルモデルは、どのように各人の世界を広げたり、狭めたりしているのだろうか。

「航空運賃ゼロ」の発想

メンタルモデルが限界と機会を作り出している一例として、航空業界を見てみよう。大手航空会社が価格戦争に参戦し、多くの企業が破綻の危機に瀕した（実際に破綻した企業もある）。価格戦争はどこまで続くのか。常識的には限度があるはずだが、ライアンエアのCEO（最高経営責任者）マイケル・オリアリーは、運賃が無料になる時代を思い描いている。ライアンエアではこれまで、数千席の無料キャンペーンを行なってきたが、二〇〇四年には十回に一回のフライトは無料になり、この比率は上がり続けると、オリアリーは語っている。[*6]

オリアリーは夢でもみているのだろうか。そうではない。航空運賃とフライトの価値について、常識という壁を突き破っただけだ。オリアリーが追い求める価格モデルのひとつに、「マルチプレックス」モデルがある。これは、映画館の収益モデルに似ている。映画館では、入場料ではなく、飲み物やポップコーンで利益の大半を稼ぎ出している。旅客機の場合は、座席はただにして、衛星放送やゲーム、インターネットなどのサービスの料金を徴収する。さらにオリアリーは、旅行を奨励するために、企業や自治体が航空運賃を負担し、旅行者は無料で飛行機を利用できる時代が来ると予想している。[*7]

常識論からすれば、無料や割引運賃ばかりのライアンエアはいずれ行き詰まる、というところだろう。だが、同社は急成長を続けており、競合他社をしのぐ業績を上げている。二〇〇三年半ばの営業利益率は、ブリティッシュ・エアウェイズが三・八パーセント、サウスウエスト航空の八・六パーセントに対し、三一パーセントに達している。[*8]

メンタルモデルを変える

ビジネスにおいて、メンタルモデルを転換できる機会は少なくない。契機となるのは、技術革新ばかりではない。表に示したように、多くの要素が根本的に見直され、変化しつつある。かつて、倉庫にある在庫は資産と考えられたが、ジャスト・イン・タイム方式の登場で、負債とみなされかねなくなった。企業の目標は、豊富な在庫を持つことから、サプライ・チェーンの強化へと変わった。人材は費用とみられていたが、知識労働者の時代には重要な資産とみなされる。一般に技術は資産に計上すべきだとされていたが、変化が激しくなった今、費用とみなすべきだと考えられている。財務報告書の作成は、四半期や年単位で行なわれているが、シスコシステムズが開発した「仮想決算」システムを使えば、随時、作成できる。いずれの場合も、考え方を決めているのはメンタルモデルだった。そして、一マイル＝四分の壁を突破したバニスターのように、メンタルモデルを転換することによって、考え方や行動を変えられるようになったのだ。

　表に示したモデルのうち、正しいのはどちらだろうか。状況次第——それが答えだ。受注が安定的に増えていた一九九〇年代末なら、ジャスト・イン・タイム方式は、完璧なシステムだった。この方式で、部品やコンポーネントを抱えるコストを大幅に引き下げることができた。だが、数年後、景気がもたついてくると、受注が予想できなくなり、同じシス

メンタルモデルの転換		
在庫は資産	⟷	在庫は負債
人材は費用	⟷	人材は資産
技術は資産	⟷	技術は費用
報告は四半期か年に一度	⟷	報告は即時

テムに不都合がでてきた。十分な在庫がないので、納品に時間がかかったり、高い代金を払ったりしなくてはいけなくなったのだ。

いつでも通用する絶対的に正しいモデル、などというものはない。ある時期に正しいといえるだけだ。第4章で述べるが、宇宙の時代といわれる現代でも、馬に乗りたいと思うときはあるものだ。

旧モデルにすがりつく

環境が変わり、モデルが時代遅れになったとき、問題が起きる。ケネス・オルセンはミニコンピューターという素晴らしいモデルを基にＤＥＣ（ディジタル・イクイップメント）を設立し、情報技術の有力企業に育て上げた。だが、オルセンはこの成功モデルに固執したため、パソコンの台頭に気づかず、競争に負けることになった。

メンタルモデルは強力で目に見えず、深く浸透しているため、既存のモデルではもはや現実の動きを説明できなくなっても、現実を無理やりモデルに合わせて解釈しようとする。時代遅れになったモデルがなかなか消えず、支持者の世代が引退してようやく消滅する場合もある。また、それほど多くはないが、スムーズにメンタルモデルが変えられる場合がある。ビル・ゲイツは自社のソフトウエア事業に対するインターネットの脅威に気づき、戦略の転換を決めた時、スティーヴン・スピルバーグやチャールズ・シュワブなど、各界を代表する人たちに、インターネットの重要性を語ってもらい、そのビデオを社員に見せた。これで、インターネットが一時的な熱狂や一握りの学生のおもちゃと、片付けられなくなった。インターネットは重要であり、インターネットの時代が既に始まっていたのだ。

新たなメンタルモデルの力

パーム・パイロットは素晴らしい電子機器だ。技術が素晴らしく、マーケティングで大成功を収めたから、そう言うわけではない。その成功は、新たなメンタルモデルの勝利といえるからだ。

一九九三年、アップルコンピュータのＣＥＯ、ジョン・スカリーが最初にＰＤＡ（パーソナル・デジタル・アシスタント）構想を打ち上げ、ニュートンを投入した当時、ＰＤＡは次世代の情報技術であり、手のひらサイズの小型コンピューターでスケジュール管理や情報入手ができるようになると期待された。だが、魅力的に思えたこの構想は、たちまち技術上の悪夢であることが明らかになる。技術が、過剰な期待に追いつけなかったのだ。

ニュートンの手書き文字の認識能力は物笑いのタネになり、ギャリー・トゥルードの人気漫画、ドゥーンズベリーでは、手書き文字がトンデモない意味に解釈される様子が描かれた。新商品に注目を集める方法としては最悪に近かった。アップルは五億ドルを投入したニュートンから撤退した。この失敗が一因となって、アップルは一時、死に体になった。

だが、アップルに限った話ではなかった。有望視されていたベンチャー企業、ＧＯコーポレーションも、七億五千万ドルを投じたハンドヘルド・コンピューターから撤退した。ハンドヘルド市場の立ち上げに投じられた総額は、推計で十億ドルに上る。各社が総崩れになる中、パーム・コンピューティングも例外ではなく、九四年に発売した「ズーマーPDA」は、その大きさと価格の高さから受け入れられなかった。

しかし、パーム社はこの経験から重要な教訓を学んだ。それが、まったく異なるモデルに基づくパイロットPDAの誕生につながった。第一に、パームでは、あらゆる手書き文字を解読するために、複雑なソフトウエアを開発するのではなく、別のアプローチをとった。同社の創業者、ジェフ・ホーキンスは、人間の認識と学習能力について研究を重ねる中で、機械にあらゆるタイプの手書き文字を認識させるより、人間が機械とコミュニケーションがとれるよう教える方が楽だと気づいた。

「人間は機械よりも賢い。学習することができる。学ぶのが好きなんだ」とホーキンスは語っている。[*9]

そこで開発されたのが、手書き文字認識システム、グラフィティだ。このシステムでは、ユーザーが一筆書きのアルファベットで文字を入力しなければならない。アルファベットならユーザーも覚えやすく、機械も正確に効率よく認識できる。ホーキンスらは、大きさやシンプルさにもこだわり、部品を徹底的に見直し、コストを引き下げた。

メンタルモデルの価値とは何だろうか。パイロットの初期投資は三百万ドルで、アップルがニュートンに投じたとされる額の百分の一にも満たない。それでも、パイロットは、ハンドヘルド市場を制し、リードする製品になった。一九九七年、パイロットは、ニューズウィーク誌の「今年のハイテク機器」に選ばれ、インフォメーション・ウィーク誌の「一九九七年の最優秀商品賞」に選ばれた。

二〇〇〇年時点で、パームの年間の売上高は十億ドルを超えた。二〇〇二年一月時点で同社のOS（オペレーティング・システム）を使うデバイスは二千万台を超え、デバイス市場の八〇パーセントに達していた[*10]。

ホーキンスは、機器の「技術」から、機器とユーザーの「対話」「学習」へとメンタルモデルを転換することによって、考え方に突破口を切り開き、それによって市場に突破口を開いた。多くの企業が脱落する中で、パームは〝一マイル走の奇跡〟を実現したのだ（そして、バニスターの場合と同じく、パームの成功後、多くの競争相手が同じ目標を目指すことになった）。

技術は進化を続け、世代がかわるごとに有力なメンタルモデル探しが行なわれる。現在は、電話とPDAを融合し、ビデオなどの機能が付加されている。ブラックベリーのように小型キーボードが付いたハンドヘルド機は、電子メールなどの送受信機能を拡充している。こうした変化を後押ししているのは技術進化だけでなく、メンタルモデルでもある。電話とは何か。話すための道具なのか、あらゆる形態のコミュニケーションに活用できる道具なのか。PDAとは何か。コンピューターとは何か。機器の使われ方を変えようという試みは、その機器の概念を変えようとする試みとともに始まっているのである。

危機にひんしたメンタルモデル

新たなメンタルモデルによってパームが躍進したのとは逆に、メンタルモデルが時代遅れになったために低迷する企業もある。こうした企業は、メンタルモデルが足枷となって、一マイル＝四分が切れない。インターネットの音楽配信事業をみれば、旧体制のメンタルモデルが、いかに新たな波を抑えようとしたかがわかる。大手レコード会社は、自社の宝である知的財産をナップスターのファイル交換から守るため、訴訟や暗号化などの手段をとった。

だが、ユーザーはこのモデルを信奉しなかった。ユーザーが求めたのは、より良く、より簡単に音楽にアクセスできる方法だ。家の中だけでなく外でも曲が聴けるように携帯用プレーヤーに移したいし、新しい曲を友達に教えたい。こうした点から見ると、レコード会社や威圧的な知的財産専門の弁護士は、邪魔な存在でしかない。

レコード会社は、ユーザーを城門に迫る野蛮人とみなし、城に乱入されて財宝を持ち去られないように、濠のつり上げ橋を上げ、ワニを放った。ユーザーを訴えることすら辞さなかった。こうした自己防衛的なメンタルモデルでは、ほかの方法を考えることができなくなる。その結果、ナップスターを破綻に追い込むことには成功した。だが、ナップスターのアイデアは、九回生まれ変わる「猫」のようなものだった。カザーやグロックスターなどほかのサイトがその座を奪ったのだ。ユーザーは城門で撃退されても、別の方向から進撃する。レコード業界がユーザーを敵に回せば、革命がさらに広がるのは避けられない。レコード業界は、フランス革命のマリー・アントワネットと同じように「パンがないなら、お菓子を食べればいい」と言ったのだ。だが、これがさらなる怒りを買うことは歴史が証明している。

レコード業界は革命が起きていることには気づいたが、その対応は心もとなく、古いメンタルモデルに根づいた恐れからくる、腰が引けたものだった。各社はラプソディやプレスプレーなど、有料の音楽配信サービスを立ち上げたが、知的財産保護のため、曲は一定期間後に消去され、CDや携帯プレーヤーに移すこともできない。ユーザーはCDを買ったり、ファイル交換したりした時と違って、「所有者」であるという感覚をもてない。このサービスの利用者は三十五万人にすぎない。一方、カザーソフトで交換された音楽ファイルは十億以上に上る（しかもこれは、自己申告に基づいた数であるのだから、レコード会社のサービスの規模の小ささがうかがえる）。

古いメンタルモデルに固執すると、結果的に高くつきかねない。KPMGでは、レコード業界は、知的財産を守ろうとした結果、年間八十億ドルから百億ドルの売り上げを失っていると推計している。そして、海賊版を駆逐するための暗号化など、規制中心のビジネス・モデルを見直し、ユーザーのニーズを満たす努力をする必要があると結論付けている。暗号化を進めれば、曲にアクセスし、転送するのが難しくなるため、ユーザーをさらに暗号解読や、デジタル・コピー、ピア・ツー・ピアのダウンロードに走らせるだけだ。メディア企業のうち、二〇〇二年の時点で自社のコンテンツの一部でもデジタル化している企業は四三パーセントにすぎなかった。[*11] 残りの企業は、ユーザーに応えようとはしていない。自分たちのメンタルモデルに縛られているのだ。

モデルの曲調《チューン》を変える

既存企業が時代遅れのメンタルモデルでもたついている間、新興企業にはチャンスの窓が開かれている。二〇〇三年四月、アップルコンピュータは、まったく異なるモデルを基に、知的財産権保護よりもユーザー・ニーズを重視した新サービス、アイチューンズ・ミュージックストアを立ち上げた。レコード会社が音楽交換ファイルを利用した学生に訴訟を起こしている間に、アップルは二十万曲以上のライブラリから一曲九十九セントでダウンロードできるシステムを作ったのだ。一度ダウンロードした曲は、CDに焼き付けることもできるし、ほかの機器にアップロードすることもできる。手間はかからず、著作権保護に関する規制もほとんどない。当初、利用者はアップルのマッキントッシュのユーザーに限られたが、最初の二日間でダウンロードされた曲は、五十万近くに上った。ダウンロード数は、一週間もたたないうちに、規制の厳しい業界主導のサービスが十八カ月で配信した数を上回った。最初の五カ月間で、アイチューンズでダウンロードされた曲は五百万曲に達した。アップルはその年の年末に、アップル以外のパソコン・ユーザーにも提供すると発表した。*12

アップルはデジタル・プレーヤー、アイポッドの製造業者であり、音楽業界では主流でないため、同社がレコード会社が抱える課題に取り組むのは不利だと思えたかもしれない。だが、第三者的な立場にいることで、考え方や行動に独立性が保て、内部にいてはできないことができる。新たに有力なメンタルモデルを見つけ、それに基づいて行動したのだ。アップルのCEO、スティーヴ・ジョブズは、以下のように考えたのだ。CDアルバムを売るという古いメンタルモデルの下で、ユーザーは好きな曲、一曲か二曲を聴くために全曲が入ったCDを買わされている、ならば、一曲ずつ売ってユーザーが好きに組み合わせられる方式に変えればいい、と。ジョブズは、著作権者の権利を保護しつつ、ユーザーのニーズに配慮して、曲をデジタル配信するというモデルを発展させた。アップルの宣伝文句を借りれば、アップルには「違う発想をする」能力があり、そのおかげで、他社には脅威としか思えない状況の中で、収益機会を見いだすことができたのだ。

セグウェイ――乗り心地の悪い新モデル

レコード業界は時代遅れのモデルに縛られていたことに気づいたが、移動手段に革命を起こすとされた画期的なスーパー・スクーター、セグウェイの遅々とした動きは、新たなモデルの危ない面を示している。アイデアの機が熟していない、という問題だ。新たなモデルを浸透させるのは難しい。浸透するかどうかは、利用者が利便性を感じるかどうかにかかっている。

セグウェイは、体の微妙な動きに反応して、スピードや方向を変え、立ったままの状態で歩道を移動することができるとして、大々的な宣伝が行なわれた。全国ネットのトーク番組では司会者がセグウェイに乗って舞台を回り、人気ドラマ『フレイジャー』では小道具として使われた。カリスマ的な発明者、ディーン・カーメンは、この新製品は画期的な移動手段であり、世界中の歩道を埋め尽くすだろうとぶち上げた。史上最大の話題商品となっていた二〇〇一年十二月の一般発売時には、一年後の生産台数を、週一万台と予想していた。ベンチャー・キャピタリストのジョン・ドーワは、同社の売り上げは史上最速で十億ドルに達するだろうと予想した。[*13] だが、そうはならなかった。

別の見方もあった。というより、大方の見方は違っていた。売り上げは伸び悩み、批判が続出した。利用が見込まれた企業も個人も、さえないデザインにたちまち興味を失い、ほかの乗り物と比べた場合のコストや利便性に厳しい目を向けるようになった。自治体も都市生活に便利なものとして歓迎したわけではなかった。逆に危険性があるとみなした。サンフランシスコでは、時速十二マイルで走り回るセグウェイは、歩行者にとって脅威になるとして、歩道への乗り入れを禁止した。早い時期に導入して注目されていた郵便配達では、重量が重く、高い上に、バッテリーに充電できる時間が短いと不満が出た。新しモノ好きの人たちを除いて、セグウェイのコストは高過ぎた。

こうした問題は、新しい技術を導入するときに、常について回る。移動手段の新たなモデルを提示しようというのだから、なおさらだ。第一世代の製品は、価格が高く、重量がかさみ、なかなか受け入れられないものだ。だが、新たな技術、とりわけ、新たなメンタルモデルを体現した製品の場合、成功するかどうかは、結局のところ、ほかの手段に比べて利便性が高いかどうかで決まる。セグウェイの遅々とした動きを見ていると、その背景となるモデルが妥当だったのかどうか疑問に思える。移動手段としては、近場では、自転車、スクーター、徒歩が一般的な方法だ。長距離の移動なら自動車や飛行機がはるかに便利だ。問題は、セグウェイが、これらの選択肢のうち、どこに当てはまり、一般の人たちにどう受け止められるかだ。消費財として成功を収めるには、技術屋のおもちゃ以上のものだと受け止められなければならない。こうしたメンタルモデルを、実際にセグウェイを受け入れる方向に転換できるだろうか。

第3部では、既存の秩序（歩行者と歩道のシステムなど）と、新たなモデルの普及を遅らせる「適応的断絶」の問題について考える。これらの問題は、セグウェイのような新たなコンセプトが、どのような軌跡を描くのかに関し影響を与える。ただし、セグウェイの場合は、利便性にもっと根本的な問題があった。

セグウェイの事例は、新たなモデルを活用して世界を変える際の問題を浮き彫りにしている。驚くべき技術、大胆なビジョンが、必ずしも競争に勝つことを保証しているわけではない。ただ、確かなことは、できると思わなければ、そもそもレースは戦えない、ということだ。

精神は不屈である

個人でも、企業でも、社会でも、メンタルモデルが行動を決める。パーム・パイロットのように、新たなモデルに力がある場合は成功につながる。音楽業界の知的財産権のように、古いモデルが限界になり、機会を失うこともある。モデルを変える難しさから、セグウェイのような新たなアイデアの普及が妨げられる。

個人の生活では、ダイエットやエクササイズ、健康をどう考えるかで、病気の予防や治療法が変わってくる。人間関係や働き方を決めるメンタルモデルは、生活の質や方向を大きく左右する。企業の場合、成長やコーポレート・ガバナンス（企業統治）に関するメンタルモデルを基に、様々なタイプの戦略が生まれている。政府の役割や経済の構造に関するメンタルモデル――例えば自由市場型か計画経済型か――は、個人の繁栄に劇的な影響を与えうる。

世界を変えるのは、まず世界に対する見方を変えることから始まる。メンタルモデルの役割への理解が深まるほど、こうしたモデルを意識し、その強さや限界をうまく検証できるようになる。効果的なメンタルモデルを維持し、モデルによる不必要な拘束を取り除くことができる。ロジャー・バニスターが一マイル＝四分の壁を、肉体的な限界だと受け入れていれば、その壁を越えようとすることは決してなかっただろう。

メンタルモデルを理解し、必要とあれば変えていくためには、自分たちの思考がどのようなメンタルモデルで形成されているかに気づくことが第一歩になる。いつ、いかなるときも、自分たちが見たり、考えたりすることの大半は、外部の刺激ではなく内部からもたらされるということが理解できれば、大きく飛躍できる。メンタルモデルを意識するようになれば、もっと簡単に、ありのままにモデルを認識できるようになる。カーテンの後ろの小人の正体を見てしまうと、オズの魔法使いから神秘と魔法を奪うことになるが、それによって、我々が求める勇気や知識、共感などを得られる新たな方法が明らかになるかもしれない。

自らのメンタルモデルを理解し、変えようとするのは、無謀な挑戦に思えるものだ。だが、ロジャー・バニスターが、一マイル＝四分を切ることを阻むメンタルモデルを克服したように、人類は不可能と思われていたことを成し遂げてきた。平らな地球を横断して新世界にたどり着き、宇宙の暗闇を引き裂き、月面に到達した。メンタルモデルを変えることは可能なのだ。人類は、克服しがたい障害を幾度となく克服してきた。バニスターはこう書いている。

誰にでも闘争心がある。社会や企業が抑えようとすればするほど、この自由への渇望のはけ口を見つけることが必要になる。「これ以上、速く走ってはいけない」とか、「これ以上高く飛んではいけない」とは、誰一人として言うことはできない。人間の精神は不屈なのだ。

インポッシブル・シンキングの技法

- 仕事やプライベートで、自分を抑えている「一マイル＝四分」の壁とは、何だろうか。
- それにどう立ち向かうか。ひとつひとつの限界について、次のように自問してみる。「この壁がなければ、どんな可能性が開けるか。どうすれば壁を取り払えるか」。
- このメンタルモデルの限界に既に挑んだ先人がいるだろうか。その人の後に続くことはできないだろうか。
- 新たなメンタルモデルを取り入れる場合の課題やリスクは何だろうか。新たなメンタルモデルが受け入れられる環境が整っているだろうか。

注

1. Bannister, Roger. *The Four- Minute Mile*. Guildford: The Lyons Press. 1981. P.210
2. 前掲 P.184
3. 前掲 P.133
4. 前掲 P.69-70
5. 前掲 p.229
6. "Ryananir to introduce free travel in radical flight plan."*The Irish Examiner*. 15 May 2001. <http://archives.tcm.ie/irishexaminer/2001/05/15/story2863.asp>.
7. "Hostess with the Mostest."*The Economist*. 26 June 2003. <http://www.economist.com/displaystory.cfm?story-id=1883740>.
8. Capell, kerry. "Ryanair Rising."*Business Week*. 2 June 2003. <http://www.businessweek.com/magazine/content/03-22/b3835074-mz014.ht>.
9. Dillon, pat. "The Next Small Thing."*Fast Company*. June 1998. p.97.
10. Palm, Inc. "Palm Completes Formation of Palm OS Subsidiary as Palm Powered Devices Hit 20 Million Sold." *PR Newswire*. 21 January 2002. <http://www.palm.com/about/pr/2002/012102.html>.
11. Reuters. "Study Raps media Focus on Piracy." 24 September 2002. *Siliconvalley.com*. <http://www.siliconvalley.com/mld/siliconvalley/news/editorial/4144704.htm?template=contentModules/printstory.jsp>.
12. Black, Jane. "Big Music: Win Some, Lose a Lot More ?"*Business Week Online*. 5 may 2003. http://www.businessweek.com/technology/contenc/may2003/tc2003055-8073-tc078.htm>. "How to pay the Piper." *The Economist*. 1 May 2003. p.70. Apple Computer. "iTunes Music Store Hits Five Million Downloads."23 June 2003.
13. Rivlin, Gary/ "Segway's Breakdown." *Wired*. March 2003. p.23-149.
14. Bannister, Roger. *The Four-Minute Mile*. Guildford: The Lyons Press. 191. p.249.

PART 2
KEEPING YOUR MODELS RELEVANT

第2部

メンタルモデルを常に妥当なものに保つ

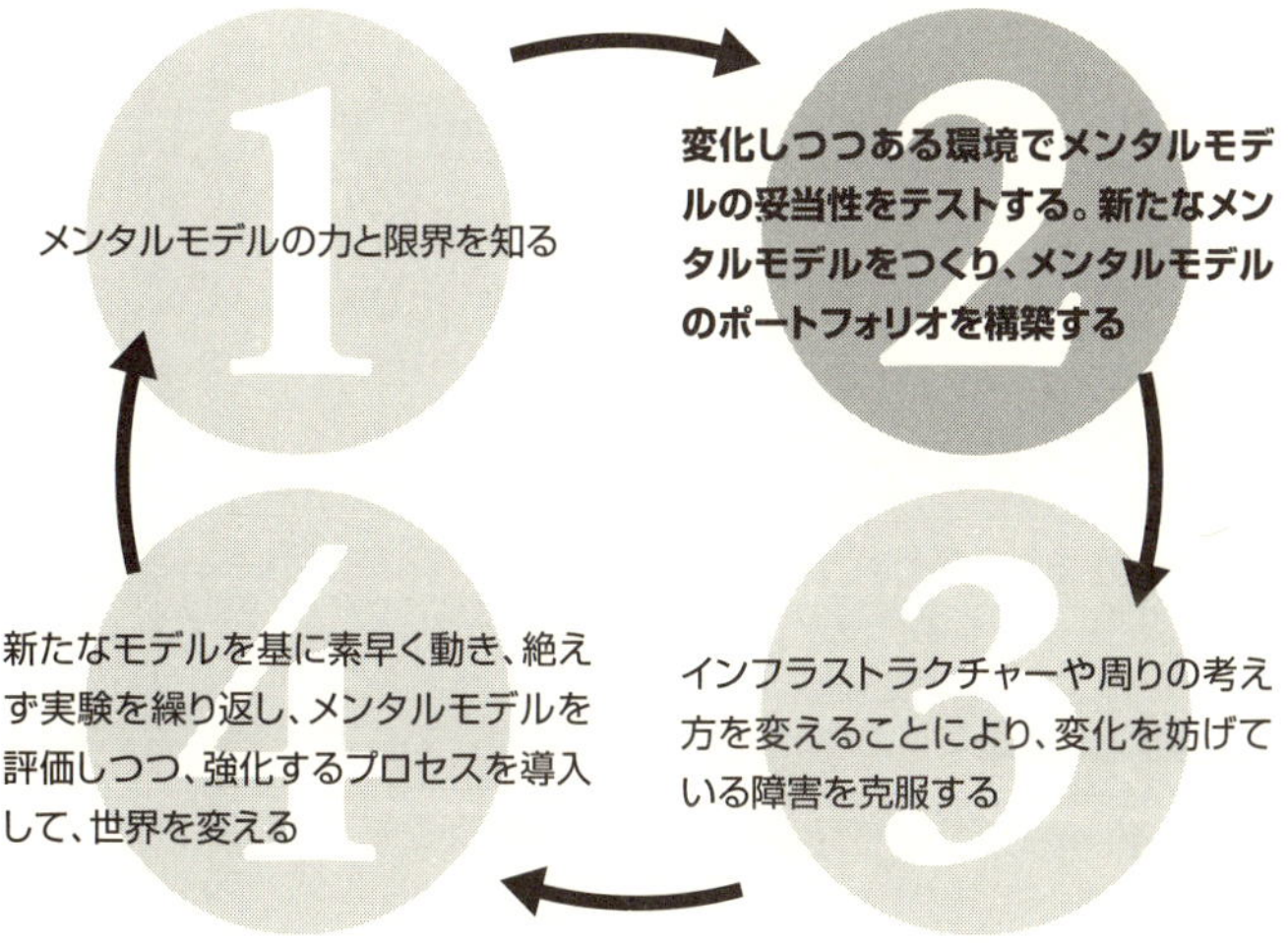
1
メンタルモデルの力と限界を知る
2
変化しつつある環境でメンタルモデルの妥当性をテストする。新たなメンタルモデルをつくり、メンタルモデルのポートフォリオを構築する
3
インフラストラクチャーや周りの考え方を変えることにより、変化を妨げている障害を克服する
4
新たなモデルを基に素早く動き、絶えず実験を繰り返し、メンタルモデルを評価しつつ、強化するプロセスを導入して、世界を変える

第3章 馬を替えるべきなのか

成長というものは、すべて暗闇の中で跳ぶような行動であり、かつ、計画もないまま気の向くままに始めた行動であって、経験に裏付けられたものではない。

ヘンリー・ミラー[*1]

車が乗っ取られた

目出帽を被った男に銃を突きつけられて助手席に移され、ハンドルを握られている。殺す気なのか。それとも途中で降ろす気なのか。状況を判断する余裕はほとんどない。ドアはロックされていない。走る車から飛び降りて逃げようか。だが、飛び降りても無事だろうか。未知の世界に飛び込むより、目に見える危険と乗り合わせの方が、助かる見込みはあるのではないか。

新しい何かをつかむために、危険が伴っても、既知の世界を捨てるべき時がきていると、どうやって判断できるだろう。

仕事でもプライベートでも、こうした判断の分かれ目にぶつかる。普通は、ここまで劇的ではないが、選択は同じくらい緊迫しており、その影響は同じくらい読みにくい。機能しない古いモデルにしがみつくか、不確実だが新しいモデルを採用するのか、選択を迫られることがあるだろう。結婚や仕事で行き詰まったとき、家庭生活やキャリアについて抱いていた古いモデルを捨て去るのか、問題があっても古いモデルにしがみつくのか。いつ跳ぶ必要があるのか、どう跳ぶのか。本章では、こうした問題を検証していく。最初に取り上げるのは、不運なジョージ・シンプソン卿の物語だ。シンプソン卿は、跳ぶ前に、状況をもう少し慎重に見極めるべきだった。

一九九六年、ジョージ・シンプソン卿はイギリスのゼネラル・エレクトリック・カンパニー（GEC、米国のゼネラル・エレクトリックとは無関係）の指揮をとることになった。シンプソンの立場で考えてみよう。GECは、前任者のアーノルド・ウェインストック卿の下で、イギリスを代表する企業に成長していた。GECは、イギリスの国防、電力、電子業界を支配し、巨額の利益を稼ぎ出していた。

その豪腕で三十三年にわたってGECを率いてきたウェインストックは、一九六〇年代、当時のイギリスとしては革新的なコングロマリット方式を導入した。本人はオフィスを動かず、主要な財務指標を基に、傘下の百八十あまりの企業の経営状態を診断し、指標が許容水準を下回った幹部をクビにした。工場に足を踏み入れることはなかったが、数字にだけは鋭く目を光らせた。幹部はウェインストックからの電話に震え上がった。無駄な本社機能はスリム化し、強力な管理体制を敷いた。そして大型買収によって新規事業を増やしていった。

ウェインストックは個人的には競馬に熱を上げたが、会社の命運は運任せにしなかった。企業経営のこのモデルは大成功を収め、イギリスの大企業の手本になった。

ウェインストックの機械的なモデルと保守的な戦略は、少なくとも本人の尺度では、財務の堅実さとして結実したが、その低成長戦略は株式市場が活況を呈しているときには不評になる。ウェインストックの退任間際の九〇年代半ば、GECの株価は低迷していた。成長を求める投資家は、半導体や家電事業に参入した、GECのライバル会社を高く評価した。ウェインストックは既存事業からは利益を搾り出したが、他社と違って、コンピューターや通信事業など技術主導の成長を積極的に追い求めることはしなかった。

そのGECに、ジョージ・シンプソンが足を踏み入れた時のことを考えてみよう。引き継いだのは、優良だが、投資家には魅力のない企業だ。二十億ポンドを超える現預金が遊んでいる。ハイドパーク・コーナーの重厚なオフィスに足を踏み入れ、前任者が使っていた大きな椅子に腰掛け、戦略を考え始める。目の前には、ウェインストックの愛馬の絵が飾られている。GECはどっしりした軍馬だ。だが、GECを追い越し、ハイテク業界の勝ち組になった俊敏なサラブレッドについていけないのは明らかだ。ウェインストックが作った強力な組織も、ついに足場を失いつつあるのか。政府との良好な関係を背景に、国防事業ではコストを上乗せして利幅を厚くしてきたが、契約は急速に先細っている。その一方、新しい技術によって競争環境が変わり、またとない好機が生まれている。これまでとまったく違うモデルが必要なのは明らかだと思える。馬を替える時期ではないのか。前任者の路線を踏襲するのか、それとも自分の名前を残すのか。読者なら、どうするだろう。

このような岐路での選択は、自分ができる意思決定の中で最も重要なものになる。既存のビジネスモデルや、その背景にあるメンタルモデルという馬は、もう引退の時期なのか、それとも蹄鉄を付け替えればまた勢いよく走るのか、どうすればわかるだろう。新たなモデルが高い期待を裏切らないとどうしてわかるだろう。

どのモデルに賭けるべきかを判断している間にも、馬は走り続けている。休んだりしない。状況を読む時間もとれないまま、同じ馬に賭け続けるか、衝動的に別の馬に乗り換えるか、どちらかの行動をとることが多い。

賭けの落とし穴

根本的な問題は、そう簡単に答えられるものではない。買収による企業の成長戦略であれ、ダイエットや体重制限など、個人の成長を抑える戦略であれ、メンタルモデルの転換に関わる決断をする際には、犯しやすい深刻な間違いが二つある。

■取り残される

第一の間違いは、誤ったモデルに固執して、取り残されることだ。ずっと前に牧草地に送るべきだった、老いぼれた馬を応援する。情報化時代に工業化モデルでビジネスを行なう。栄養やエクササイズに関する研究が進んだのに、加工食品主体の五〇年代のダイエットをする。その結果、優れたメンタルモデルをもつ一団が駆け抜けた後、土ぼこりの舞う中に取り残されることになる。損失が膨らんでいくか、応援する馬が転びでもしないかぎり、新たなモデルを探そうとはしない。ときには手遅れになっていることもある。シンプソンはＧＥＣを引き継いだ時、ウェインストックが会社を築いてきた手法が勢いを失っているのではないかと懸念したはずだ。革命の機は熟し、そのための資金は豊富にあった。だが、十分に実績のある安全な方針を捨てるとき、人間は第二の間違いを犯すことがある。

できの悪い馬に賭ける

新たなメンタルモデルに飛びついて、まだ十分に使える既存のモデルを捨てる。もっと深刻なのは、替えたモデルがさらに悪かった場合だ。インターネット系の新興企業やベンチャー・キャピタリストは、ＲＯＩ（投資収益率）よりもユーザー数に注目すべきだと唱え、どれだけの売り上げが金庫に入るかよりも、どれだけのユーザーがウェブを閲覧したかを重視するモデルで、多額の賭け金を集めた。多くの投資家は、大きな賭けをした直後、同じ絵をまったく違う目で見て、ショックを受けた。結局、あいまいでよくわからないモデルに基づいて、愚かな賭けをしたのだ。結果的に、多くの企業が巨額の損失を抱えることになった。これこそ、シンプソンが陥った苦境だった。

退くに退けない泥沼に

シンプソンが、革命を起こす時期だと判断したのは間違いない。ウェインストックは後任のシンプソンを「ビジョンのある人間」と評したが、それは正しかった。シンプソンは、本社を保守的なハイドパークからボンド・ストリートの最先端のオフィスに移し、会社名を、最先端の香りがするマルコーニに変え、急成長する通信事業に軸足を移す構想を打ち出した。昔ながらの防衛事業はブリティッシュ・エアロスペースに売却し、通信事業に邁進した。

マルコーニは、株主が求める成長に焦点を絞ったわけだ。シンプソンは、退屈で代わり映えのしないコングロマリットを、ダイナミックで焦点の定まったハイテク企業へと変貌させた。鮮やかな赤い表紙の一九九九年の年次報告書は、高らかにこう謳っていた。「当社の未来は……デジタルにあります。情報を収集、管理し、伝達する競争をリードします。盛り上がるデータ通信需要の波に乗ります。当社はコミュニケーションと情報技術の分野で、世界の一流企業になります[*2]」

この夢は魅力的だった。通信市場が軟化する兆候が見えていたにもかかわらず、シンプソンは自分の見方にこだわった。見知らぬ海岸でボートを焼いてしまったので、引き返すことはできない。二〇〇一年第１四半期、ノーテルやノキア、エリクソンなどの競合他社は、売り上げと利益を下方修正したが、シンプソンはあくまで通信市場は熱いとの見方を崩さなかった。二〇〇一年五月十六日、株主にこう語っている。「ヨーロッパの有力通信事業者が牽引役となり、市場は今年の年末には回復すると予想しています。……当社は、これら事業者向けの事業に強みがあるため、通年での成長は可能だと考えています[*3]」

八月、オブザーバー紙で解説者のフランク・ケインが書いているように、世界中がマルコーニのビジョンは破綻していると見ていたが、シンプソンは自分の見方を撤回するのを拒んだ。恐らく、退くに退けなかったのだろう。ケインは言う。「一カ月前に勇気ある決断と言われたものが、傲慢と現実無視に変わった[*4]」

マルコーニの夢は悪夢に変わった。通信市場のバブルが弾け、マルコーニも呑み込まれてしまった。後には、世界の通信業界全体で七千五百億ドルの過剰設備投資と負債が残された。九月になると、シンプソン以下、経営幹部は、大揺れの会社から去った。従業員千人が解雇された。シンプソンが就任した当時には二十億ポンドあった現預金を使い尽くし、逆に負債が四十億ポンド増えた。株価は全盛時の十二ドル五十ペンスから大幅に下落し、ウェインストックが亡くなった二〇〇二年七月には、四ペンスにまで落ち込んでいた。[*5] ウェインストックは、自分が築き上げた偉大な会社が、破綻の危機に追い込まれるのを目にして亡くなった。BBCの言葉を借りれば、「イギリスの経営史上でも特に悲劇的な凋落」だった。

「ビジョンのある男」が、どうして、ここまで間違えたのか。マルコーニの事業は、幾つかの想定の上に成り立っていた。二〇〇〇年、通信事業者が売り上げの二五パーセント以上をネットワークの拡大に投じたとき、こぞって求めたのがマルコーニの通信機器やソフトウエアだった。通信事業者によれば、この投資は、顧客が急増し、通信需要がどこまでも盛り上がるとの予測を前提にしていた。この予測はまったく楽観的なもので、二〇〇一年に予測が崩れると、業界は一転して過剰設備にあえぎ、ただちに設備投資を削減した。マルコーニは買収に明け暮れていた間、成長が続くとの認識の下で、顧客の需要のすべてに応えられるように、金に糸目をつけない姿勢をとっていた。こうした成長予測が崩れた時、マルコーニのビジネスもまた崩れ去った。こうした変化はいずれも、数十年にわたる規制緩和による通信業界の転換、という大きな背景の中で起きたものだ。

ウェインストックとシンプソンでは、ビジネスモデルの背景となるメンタルモデルがまるで違っていた。ウェインストックの経営手法は、リスクを回避する、きわめて保守的なものだ。このメンタルモデルは恐らく、貧しいユダヤ人移民として、東ヨーロッパから移民してきた子どものころに形成されたのだろう。経営は数字だった。一方、七つのゴルフ・クラブに所属するほど裕福なシンプソンは、個人的な人脈を生かして働き、投資手腕を武器にキャリアを築いてきた。ローバーをＢＭＷに売却するなど大型案件をまとめた手腕が、ＧＥＣの防衛事業の売却や一連の買収をまとめあげるのに役立ち、マルコーニの事業を構築していった。

ウェインストックもシンプソンも、自らのメンタルモデルに基づいて成功を収めた。だが、形こそ違え、そのメンタルモデルによって周りが見えなくなった。ウェインストックの場合、恐らく人材管理より財務管理に頼ったことが、後継者にシンプソンを指名するというお粗末な判断につながったのだろう。シンプソンの場合は、個人的なコネや買収・合併に頼り過ぎたために、会社経営に必要な厳格な管理の重要性を見落とすことになった。ＧＥＣが新たなビジネスモデルを構築すべき段階に入った時、二人とも、自分が熟知した分野から、事業の中身も経営手法もよくわからない分野に参入するという、危険な行動をとった。

「勇気ある決断」が「現実無視」に変わる時

新しい秩序を導入するとき、リーダーは反対派を封じ込め、障害を乗り越えられなければならない。今日の限界を乗り越え、明日の事業を構築する能力が必要になる。新たなビジョンを実行するために必要な「勇気ある決断」が、「頑なな現実無視」に変わるのは、どの時点なのだろうか。

人が合理的には撤退すべきと考えられる時点を越えて、同じ行動をとり続けるのには、幾つかの心理的な要因が働いている。第一に、株式の投資家に見られる「サンクコスト（埋没費用）の誤謬」がある。株価が六十ドルから二十ドルに下がったとする。この時点で、投資家は、株式の潜在価値を客観的に評価するのではなく、「サンクコスト」の回収を期待して、株を持ち続けるか、買い増すのである。[*6]だが、投資した会社が下り坂なら、損が膨らむだけだ。経営者が、あるプロジェクトに大きく賭けている場合（財務的にであれ、自分の名声という面であれ）、客観的には撤退すべき時期が来ても、続行するだろう。このように、関与を深めていく傾向は政治にも見られる。ベトナム戦争当時のアメリカがそうであったように、過去の投資によって撤退が難しくなるのである。[*7]

これと関連するが、撤退時期の判断を曇らせる要因には、競争の激化もある。競争が激しい状況では、ある行動への投資がばかばかしいほどの水準につり上がる可能性がある。例えば、一ドル札の落札を争うオークション・ゲームで、二人が競う場合（勝った方が、二人の最終的な入札価格の合計を支払う）、勝った方は、一ドルを落札するのに三ドルから五ドルを支払っている。[*8]これほど落札額がつり上がるのは、様々な心理的要因が働いている。当初は、カネを手に入れたい、将来の損失を防ぎたい、という欲求かもしれないが、金額が上がるにつれて、損を取り戻したり、相手を負かしたりすることの方が重要になる。[*9]一ドル札のオークションでは、こうした入札の愚かしさは明白だが、はるかに高額の入札でも、競争が過熱し、「勝者の負担」が重くなる場合がある（例えば、ヨーロッパの第三世代携帯電話事業の入札がそうだ）。シンプソンは、いったんGECの変革のための行動に取りかかると、損失が膨らんでも、引き返すのがきわめて難しくなった。

GECは、ウェインストックの敷いた路線を踏襲すべきだったと言いたいわけではない。コングロマリットの財務を本社で集中的に管理する、というウェインストックのモデルでは動きが遅過ぎて、九〇年代後半の動向にはついていけなかっただろう。特に、市場がこうしたコングロマリット企業を高く評価しなくなって以降、変化は必然の流れだった。変化のスピードが遅かったために失敗した企業の例は幾つもある。八〇年代にはゼロックスが日本企業に痛めつけられ、九〇年代には、IBMがパソコンに食われた。百貨店のシアーズ・ローバックは、新たに台頭した小売の業態に蹴散らされた。IBMはメインフレーム向けの対策に集中し過ぎて、コンピューター市場全体でシェアが低下している事実を見逃した。シアーズは、競争相手としてデパートの動向にばかり気をとられ、衣料や工具の分野でまったく異なるニッチの小売業態が伸びていることに気づかなかった。競争開始のベルが鳴ると、立ち止まっているのは危険なのだ。

シンプソンの苦悩の物語は、メンタルモデルの転換につきものの難しさを浮き彫りにしている。通信業界がバラ色の予言を実現していれば、シンプソンは先見性があり、路線転換に成功した英雄に祭り上げられていたことだろう。だが、引き継いだ資産を食いつぶし、恥辱にまみれて競争の場から去った。とはいえ、シンプソンには新たな路線に社運を賭けること以外に、もっと違った選択肢があった。

馬を替えるタイミングを知る

シンプソンとウェインストックの名誉のために言えば、世界が変わっているのだから、GECも変わらねばならないということは、二人とも認識していた。この認識が最初の関門になる。というのは、古いメンタルモデルでは問題があることに気づくのさえ遅れることが多いからだ。ビジネスは新たなモデルを築こうと競争する中で壊れる場合があるが、立ち止まっていることで壊れる場合もある。メンタルモデルを変える必要があるとき、どうやってそれを認識すればいいのだろうか。

■突然古いモデルが死ぬかもしれない

古いモデルを撃ち殺すべき、明らかなサインがある。老いぼれた馬がつまずき、足を折ったときだ。深刻な危機に直面するか、古いモデルが行き詰まったとき、新たなモデルを見つけなければならないのは明白だ。今乗っている馬を撃たねばならないなら、何の移動手段もなく、道端にたたずむことになるかもしれない。それぞれの分野で古いメンタルモデルが行き詰まるとき、個人であれば健康を害し、企業であれば利益を失い、社会であれば繁栄が損なわれることもある。そこまで何もしないのは危険だ。全面的な危機に陥る前に、問題を察知するには、どうすればいいだろうか。

■外れ値と「丁度可知差異」に注意する

心理学には、「丁度可知差異」という概念がある。これは違いが認識できる最小の差異であり、標準化の過程で吸収されるものである。既存のモデルに合わないものが見つかったとき、つい適合させようとしてしまう。映画『マトリックス』では、登場人物はシミュレーションの世界に住んでいるが、それが現実だと考えており、プログラムにごく小さな不具合があるときに、この勘違いに気づくことができるだけだ。人間はたいてい、目にした変化を正常に戻そうとするが、これがトラブルの原因になりかねない。部屋の温度がじわじわ上がっているのに、びっしょり汗をかくまで、室温の変化には気づかない。胸が痛んだり、だるくなったりしても、たいしたことはないとタカをくくり、気づいた時には病気が進行している。モトローラは、業界全体がデジタル式の世界標準に移行しているのに、好調だからとアナログ式携帯電話を作り続けて、世界の変化になかなか気づかなかった。その結果、ノキアやエリクソンにかなりのシェアを奪われた。

こうした小さな差異こそ重要な場合が多いが、誤差にすぎない場合もある。そのような差異に注意する仕組みがあれば、いつメンタルモデルを見直すべきかがわかる。個人であれ、組織であれ、社会であれ、その自負心が強固であればあるほど、こうした差異に注意し、違った角度から眺め、その意味を知らなければならない。経験豊富な大人ほど、若い人と接する時間をつくり、幅広い読書をするなどして、自分とはまったく違う見方に触れるべきだ。成熟した企業では、いつも見ている平均などの統計値ではなく、周辺部分にある小さな差異情報が伝わるプロセスを作らなければならない。統計値では、過去の軌跡はわかっても、将来の方向性は見えない。既存のモデルが通用しないことを示す差異、新たなモデルが登場する可能性を示す差異に注目すべきだ。

■認知のロックを避ける

こうした小さな差異の発見を妨げるものに「認知のロック」がある。ひとつのモデルにとらわれるあまり、モデルと対立する情報がすべて振るい落とされ、別の仕方での説明ができなくなってしまう状態だ。スペースシャトル、チャレンジャーは、ブースターのOリングから燃焼ガスが漏れて爆発したが、低温下でのOリングの品質劣化の問題は、悲惨な事故が起きる前から指摘されていた。だが、低温の影響ではなく製造工程の品質管理の問題だとされた。製造や設計など、各人が学んだ専門分野の目で見ると、問題の本質は見えてこない。マーケティングを学んでいると、マーケティングの問題としてとらえようとする。財務を学んでいると、あらゆるものをROI（投資収益率）やキャッシュフローという観点から見ようとするものだ。

■早期警戒システムを作る

小さな差異に気づき、認識のロックを避ける方法のひとつに、環境の変化を検知するシステムを作るという方法がある。アメリカとソ連が互いに照準を当てた核兵器のボタンに手をかけていた冷戦時代、両国は敵の核攻撃をいち早く察知するために高度な早期警戒システムを開発した。

その目的は、「MAD（相互確証破壊）」による抑止――絶滅の恐怖から均衡が保たれる状態――が崩れた事実を知らせることだった。この場合、全面核戦争という新たなモデルに切り替えて、異なる行動が必要であることを示していた。

モデルを検証すべき時期を判断できるように、早期警戒システムを作るべきだ。重大な飛行機事故や原子力発電所の事故は、ミスが重なって起きる場合が多い、とロバート・ミッテルシュタット・ジュニアは指摘する。[*10] 最初のミスに気づき、解決すべき時間があるのに見逃され、ミスが重なっていく。化学メーカーなどでは、大事故よりも「ニアミス」の分析をした方が事故の防止に効果があることがわかっている。大事故の場合は徹底的に調査されるが、ニアミスは見逃されやすい。幹部は胸をなで下ろし、通常業務に戻っていくものだ。こうしたニアミスを体系的に見つけ、分析することによって、学習の水準を高め、深刻なミスで痛手を被る前に、問題の芽を摘むことができる。

早期警戒システムは、リアルタイムのフィードバックを原則とし、行動や徹底した調査を促す警報水準を設けなければならない。基本の制御システムに見えない部分や遅れがあれば、システムは不安定になる。警報水準は、既存のモデルの理解を前提にすべきだ。自分のモデルの限界と、モデルが前提とする想定がわかっていれば、限界が打ち破られたときや、想定に矛盾がある場合をチェックできる。アメリカの領土に進入したミサイルは、冷戦の恐怖の均衡の想定が崩れたことを、明らかに示すサインとなる。

こうした警報水準は、ウェインストックが重視した指標の許容水準といったものではなく、ある分野の精査の必要を示すものだ。例えば、あるクレジット・カード会社は、顧客の苦情や従業員や顧客の減少、平均購入額の低下、カードの使用頻度の低下などの項目で、一定の警報水準を定めている。詐欺を検出する警報水準もある。通常の利用パターンや利用地域以外で、顧客のカードが使用された場合、本人に確認するまで承認しない。

警報水準や警戒システムには、より大きな環境変化を見えにくくする、という問題もある。警報水準は、既存のメンタルモデルの下で起こりうる出来事のシナリオを前提としている。だが、予想外の出来事が、思いがけない方向から迫ってくるかもしれない。経営者が常に主要指標を見られるように開発された「デジタル・ダッシュボード」は、ごく少数の指標を重視する傾向がある。アメリカやソ連の早期警戒システムは、核ミサイル攻撃を察知するために開発されたが、スーツケース爆弾などテロ攻撃の前には無力だ。ウェインストックが重視していた指標は、投資分野や通信業界の変化を理解できるものではなかった。

行動の指針として、システムに頼れば頼るほど、新しいものをとらえる直観が鈍くなりかねない。企業経営では、これらの厳格なシステムに加え、柔軟な指標を開発し、監視していく必要がある。「ハンドルを握る」感覚が必要だ。最高のレーシング・ドライバーは、高性能のダッシュボードを備えたドライバーではなく、コースをよく知っているドライバーだ。ダッシュボードばかり眺めているのではなく、顔を上げ、前や横の窓を覗き、正しい方向に向かっていることを確認しなくてはならない。

■顧客の目で世界を見る

自社の製品やサービスに新しい見方を取り入れるには、顧客の目で眺めるのがひとつの方法だ。内向きの企業が多い中で、顧客は斬新な見方を提供してくれる。

■一時的な流行を認識する

既存のメンタルモデルを捨てると決めたとき、一時的な熱狂に翻弄されて、水平線に現れた蜃気楼を追いかけることになりかねない。通信市場に対するシンプソンの予想がそうだったように、想定は大きく崩れる危険性がある。個人でこの傾向が見られるのがダイエット法だ。メンタルモデルがまったく異なるダイエット法が無数にあって、それに振り回される。食事の代わりに錠剤や栄養ドリンクを飲む方法があるかと思えば、赤身の肉はダメで、繊維質が多く、低カロリーの食品を勧める方法もある。かと思えば、アトキンス・ダイエットのように、肉やチーズはどれだけ食べてもいいが、炭水化物はダメという方法もある。バリー・シアーズの四〇／三〇／三〇ゾーン・ダイエット法では、炭水化物四〇パーセント、タンパク質三〇パーセント、脂質三〇パーセントの摂取を奨励している。ある食品を何日間か食べ続ける方法もあれば、キャベツ・スープなど決まった食品をいくらでも食べていい、というダイエット法もあり、何も食べない断食期間を決めているダイエット法もある。万人に効果があると説くダイエット法があれば、ピーター・ダダモが『血液型健康ダイエット』で提唱しているように、血液型別のダイエット法もある。O

型には狩猟採集型、A型は菜食型の食事を勧めている。果たして、これらのダイエット法は、すべて正しいのだろうか。

新たなモデルになりうるかどうかを評価するには、厳密に分析しなくてはならない。主張の根拠は何なのか。そのモデルで、実際に効果が上がるのか。新たなモデルは、違うタイプの落とし穴をどのように生み出すのだろうか。どうすれば穴に落ちなくて済むのだろうか。

■自分自身を知る

経験の多寡によって、メンタルモデルを変える際の落とし穴は変わる。一般に、経験がほとんどない人は、新しいモデルに飛びつきやすい。逆に経験豊富な人は、既存のモデルにこだわり過ぎるきらいがある。自分自身を知ることによって、経験の多寡による落とし穴を、うまく避けることができる。

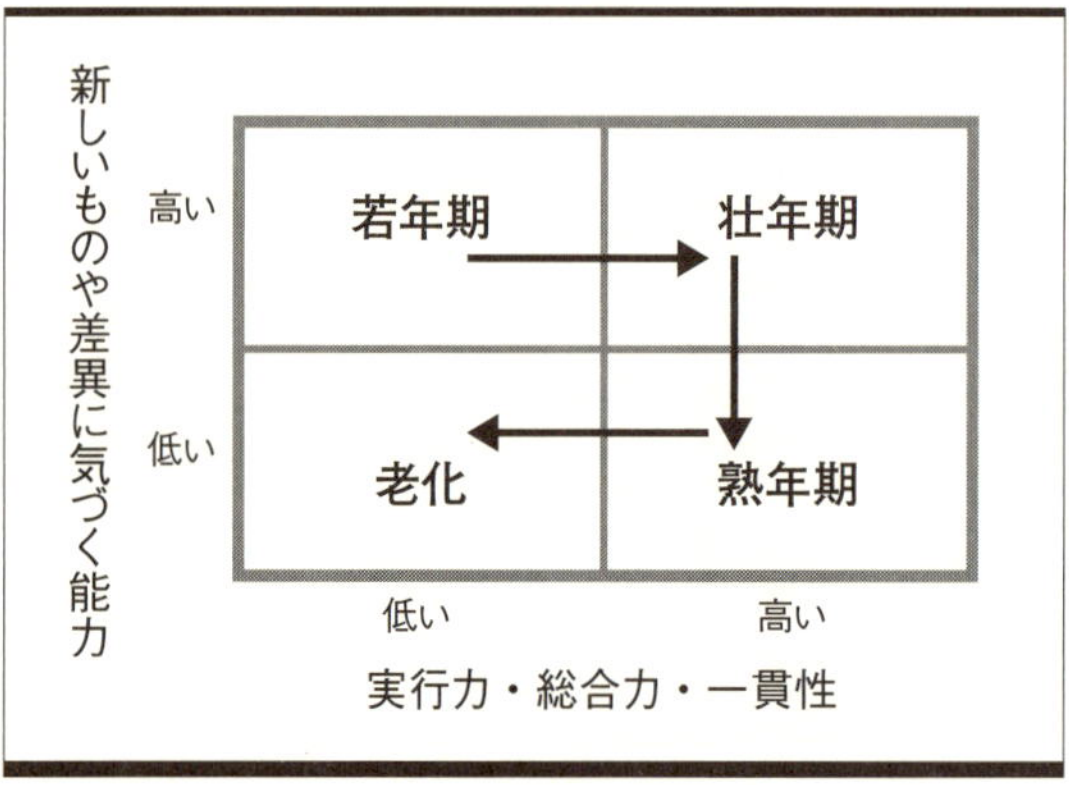

図3-1
自分自身を知る

図3－1で示したように、若年者や新興企業は新しい差異に気づく能力が高く、新鮮な目で世の中を見ることができるが、その半面、実行の能力は乏しい。[*11] 年数を経て壮年期に達すると、新しいことに気づくと同時に、それを基に行動できるだけの実行の能力が備わる。その後の熟年期では、実行の能力はあるが、既存のモデルにとらわれ、新しいことに気づけなくなる。相当の経験を積み重ねているので、適切か不適切かはともかく、あらゆることを経験で説明しようとする。個人でも企業でも、差別化と実行の能力が落ちれば、衰え始める。

若年者や新興企業は、プロセスやメンタルモデルがまだ固まっておらず、新しいアイデアを柔軟に受け入れられるが、目新しいというだけで、新しいモデルに飛びつき、一時的な流行に振り回されやすい。一方、成熟した個人や企業は、現状維持の姿勢が強く、新たな機会やメンタルモデルを逃してしまいがちだ。ウェインストックがまさにそれで、周りの世界は変化しているのに、既存のモデルにこだわり続けた。成熟した企業の場合、新しい情報がすべて古いモデルに合うように加工されるため、環境の変化を見落として、できの悪い馬に賭ける危険性がある。成熟すれば、相当な経験を積むため、メンタルモデルのレパートリーは膨大になる。それが役に立ったのは確かだが、いい面と悪い面がある。実行の能力が衰えたとき、衰退が始まり、新しいことに対処するのが難しくなる。

個人の場合、肉体はこのサイクルから逃れがたいが、心の面では若さを保つために、常に自己変革している人は少なくない。企業の場合は、衰退を意識すると、組織を変革し、新しい経営者を迎える。シンプソンを迎えたGECがまさにそうだった。企業にとっては転換点となるが、危険も伴う。心臓移植のようなものだ。心臓を移植された患者は、健康になって長生きできる場合もあれば、手術中に命を落とす可能性もある。

競馬では、自分がよく知っている馬や騎手だけに賭ける人もいれば、いつも新しい騎手や馬に賭ける人もいる。どちらの場合も、ある種の間違いにつながる。どのように新しいメンタルモデルに転換するかを知っておけば、過ちに気をつけるようになる。

■変化の先送りによる「中年の危機」に気をつける

図3-1のようなライフサイクルでは、成熟した個人や企業は「中年の危機」に突き当たる。長年、変化を先送りした後に、大きく跳躍しようとするが、結果は往々にして裏目に出る。企業の場合、シンプソンの決断はまさに「中年の危機」の典型である。同じパターンは、一九九〇年代末のネット・バブルでも見られた。長年インターネットに見向きもしなかった企業が、突然、熱心なインターネット信者になった。個人の場合なら、例えば自分が人生の主役なのだと思い立ち、ミニバンをやめてスポーツカーにする。長年の結婚生活に見切りをつけ、バーに行ったり、昔の恋人とデートしたりする。安定したキャリアを捨て、事業を起こす。それによって生活を変えるのに成功した人もいるが、家庭が崩壊し、キャリアも台無しになり、すべてを失ってしまう人も少なくない。それまでのメンタルモデルに不満を持ち、それを捨てて、新しいモデルを採用した結果なのだ。

実験を活用して、闇夜の跳躍を避ける

「中年の危機」を避け、思い切った跳躍の必要性を最小限に抑えるために、継続的に実験を行なうという方法がある（方法については、第7章で論じる）。ヘンリー・ミラーは、成長は暗闇の中で跳ぶようなものと言っているが、必ずしも跳ぶ必要はなく、暗闇の中である必要もない。とどまるか跳ぶか、GECの栄光にあぐらをかくか、将来をつくり変えるか、というように、選択肢は二者択一の形で示される場合が多いが、選択肢はもっと多いのが普通だ。

図3-2で示しているように、新たなメンタルモデルを採用するかどうかの分かれ目は、もっと複雑だ。既存のメンタルモデルに変更を加えずもち続けることもできるし、シンプソンのように既存のモデルを捨て、新しいモデルを採用することもできる。あるいは実験を行ない、自分のモデルを観察しながら、必要に応じて変更したり調整したりすることもできる。極端な変更が必要でなければ、この第三の方法はきわめて魅力的だ。シンプソンがもう少し実験していれば、コス

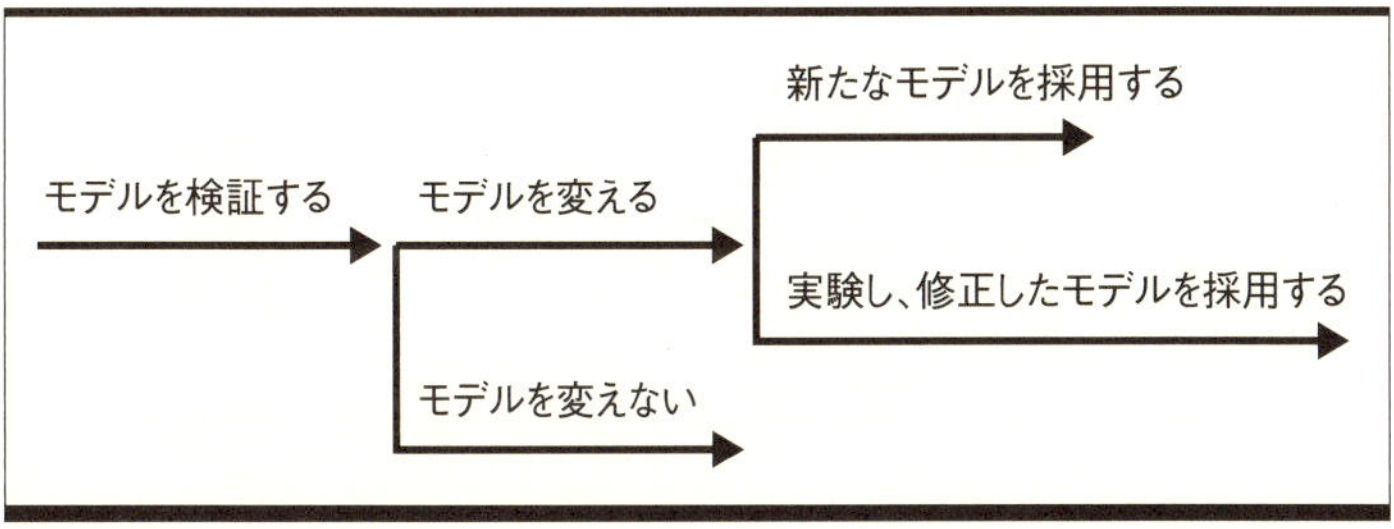

図3-2　変化の選択

トをかけずに自分のモデルの弱点がわかっただろう。ただし、勇気ある変革が必要なときに、それを避けるための口実として、「実験」が使われる点には注意しなければならない。だが、多くの場合は、シェイクスピアが言うように「自由は勇気の最上の部分である」。実験によって、はるかに少ないリスクで知識が深められるのであれば、危険な大跳躍をする必要などないのではないだろうか。

現実には、図3−2に示した以上に自由があるものだ。古いモデルか新しいモデルか、二者択一である必要はない。新旧のモデルを組み合わせて、状況に応じてうまくいく方を活用すればいい。シンプソンは、ウェインストックが重視した財務指標や管理体制を捨てる必要はなかった。これらは英知が詰まっているので、新組織が新たなモデルをつくり、新しい方向に進んだとしても、役に立っただろう。このように、パラダイムシフトは絶対的なものでも不可逆なものでもなく、「双方向」なのである。この点は第4章で述べる。

メンタルモデルのレースへ

馬はスターティング・ゲートを出ている。自分にとっても会社にとってもレースは続く。これまで賭けたモデルはうまくいった。馬を替える時期なのか。GECがビジネスモデルとメンタルモデルを転換する際に犯した過ちを避けるにはどうすればいいのか。馬を替えるべき時期をどうやって知るのか。できの悪い馬を応援したり、まずい跳躍を避けたりするには、どうすればいいだろうか。

環境がいくら良くても、すべての賭けが当たるとはかぎらない。本章でシンプソンの決断の逸話を紹介したのは、後知恵を披露するためでも、個人攻撃をするためでもない。これほど劇的でなくても、誰にでも間違いはある。重要なのは、将来に向けて何を学ぶかだ。

メンタルモデルが現実を決定していることを考えれば、成功の機会や失敗のリスクを決めるのは、自らのメンタルモデルを理解し、それをいつ変えるかを知ることにかかっている。以下の章では、古いメンタルモデルと新しいメンタルモデルの橋渡しをし、適応性の実験を行ない、複雑さを管理するプロセスについて論じる。こうしたアプローチによって、変革の必要性を認識し、暗闇の中で跳躍することのない方向に動けるようになる。

インポッシブル・シンキングの技法

- 既存のメンタルモデルはどのような点で機能しているか。どのような点で機能していないか。馬を替える必要はあるか。
- 事業や人生を見直すときに、採用するであろう新たなモデルはどんなものだろうか。
- それらのメンタルモデルを全面的に採用する前に、コストをかけず、リスクをとらずに、実験によって検証する方法を考えてみよう。

注

1. Miller, Henry. *The Wisdom of the Heart*, *1960 by Henry Miller. Reprinted by permission of New Directions Publishing Corp.
2. GEC Annual Report and Accounts. 1999.
3. Randall, Jeff. "Where Did Marconi Go Wrong ?"*BBC News*. 5 July 2001. http://news.bbc.co.uk/1/hi/business/1423642.stm.
4. Kane, Frank. "Steer Clear Until Simpson Goes. "*The Observer*. 19 August 2001. http://www.guardian.co.uk/Archive/Article/0,4273,4241635,00.html.
5. "Obituary: Lord Weinstock."*The Economist*. 27 July 2002. P.85. Heller, Robert. "A legacy Tuned into Tragedy."*The Observer*. 19 August 2002. http://observer.guardian.co.uk/business/story/0,6903,776226,00.html.
6. Staw, Barry M. "The Escalation of Commitment to a Course of Action,"*Academy of Management Review*, Vol.6, No.1 （October 1981）, pp.577-587.
7. Staw, Barry M., and Jerry Ross. "Commitment to a Policy Decision: A Multi-Theoretical Perspective," *Administrative Science Quarterly*, Vol.23, No.1（March 1987）, pp.40-64.
8. Shubik, Martin. "The Dollar Auction Game: A Paradox in Noncooperative Behavior and Escalation,"*Journal of Conflict Resolution*, Vol. 15, No.1 （March 1971）, pp. 109-111.
9. Teger, Allan T. *Too Much Invested To Quit*, New York: Pergamon Press, 1980, pp.55-60.
10. "Want to Avoid a Firestone-like Fiasco ? Try the M3 Concept."*Knowledge@Wharton*. 28 September 2000. <http://articles.cfm?catid=2&articleid=242>.
11. ノーベル賞を受賞した分子生物学者、ジェラルド・エーデルマンの研究を基にしている。

第4章 パラダイムシフトは双方向

あらゆる運動は極端になる。

バートランド・ラッセル

電子メールをチェックする

メールを幾つかプリントアウトする。インクで紙に印字されていく。基本的な仕組みや書体は十五世紀にグーテンベルクが発明してコミュニケーションに革命を起こした印刷機と変わらない。ところが机で使うものがすべて、五百年以上前のパラダイムシフトを反映しているとはかぎらない。もっと古いものも使っている。一番上の引き出しを引っかきまわし、鉛筆やボールペンには目もくれず、娘からもらった万年筆を取り出す。そして、小さな紙のカードに感謝の気持ちを書く。紙は紀元一〇五年かもっと前に中国で発明されたものだ。切手を貼り、郵便局に行く。途中、道端のスタンドで新聞を買い、ラジオをつけて最新のニュースを聞く。夜、帰宅してからは、テレビやビデオを見たり、本を読んだり、ネット・サーフィンをしたり、映画を見に出かけたりする。

ここで何が起きているのか。コミュニケーションのパラダイムシフトが起きるたびに、これは革命であり、古い秩序は破壊されると予言する人々が登場した。だが、古い秩序は残っている。現代社会の真ん中で、素朴で質素なアーミッシュの農民が昔ながらの伝統を守っているように。なぜなのか。昔ながらのやり方には、それなりの価値と利便性があるからだ。パラダイムシフトを、絶対的で後戻りすることのない革命――新秩序への片道切符だとする見方がある。だが、本章で見ていくように、パラダイムシフトはたいてい双方向的なのだ。

自動車の登場で、鞍やムチをつくる人は落ちぶれた、とお思いではないだろうか。「馬による移動」から「自動車」モデルへ、究極のパラダイムシフトが起きたことで、馬具メーカーや鍛冶屋、馬を売買する商人は、自動車、高速道路、ガソリンスタンドに取って代わられ、時代遅れとなり、荷物をまとめて街を出て行った、とお思いではないだろうか。

事はそう簡単に進まなかった。移動手段は劇的に変わり、馬の役割も変わったのは確かだが、馬に乗るという古いモデルがなくなったわけではない。すべての馬が牧草地に送られたわけではない。馬の利用法は変わったが、ひづめの音が鳴り止むことはなかった。馬の主な利用法は、実用的なものから趣味的なものへと変わったが、いまだに「使役馬」を必要とする地域もある。事実、ワシントンのバレンツ・グループの推計によれば、アメリカには六百九十万頭の馬がいて、直接間接に馬に関わる仕事に携わる人は七百十万人、経済規模は数百億ドルに上る。[*1] 要するに、いまだに鞍やムチを作っている人たちがいる、ということだ。

趣味の乗馬に加えて、移動手段として馬が優れている分野がある。例えば、大農場や街中や公園のパトロールでは、バイクだと音がうるさく、危険だという理由から馬が好まれる。ロイヤル・ウェディングでの馬車や、ジョン・F・ケネディ大統領の葬儀で使われた馬など、馬には郷愁を誘い、情緒に訴える、という面もある。

二〇〇二年、険しい山岳地帯で繰り広げられたアフガニスタン攻撃では、アメリカ軍特殊部隊とアフガニスタンの同盟軍が、夜間に危険な山道を馬に乗って移動した。馬上の兵士は、携帯型コンピューターを駆使して、空軍ミサイルを陸上の標的へと誘導した。アメリカ国防総省のラムズフェルド長官は、これを「二十一世紀最初の騎兵隊の出動」と呼んだ。[*2]

馬が高速道路に戻ってくると言うつもりはない。ロケットが飛ぶ時代にも、乗馬という古いモデルが生き続けられると言いたいのだ。アメリカ軍の担当者が、乗馬モデルを知らなければ、あるいは検討しなければ、戦略を立てる上での選択肢は狭まっていただろう。

新旧モデルは並存する

新しいパラダイムを提唱する改革派は、あるパラダイムから別のパラダイムへの転換は絶対的で不可逆なものだと言いたがるが、新しいパラダイムと古いパラダイムは並存している。この点を認識していれば、何か問題にぶつかったとき、現実的に考え、新旧のパラダイムから選ぶことができる。自動車が最適な場所では自動車を使う。馬の方が適していれば、あえて古いモデルに戻る。産業革命期に機械を打ち壊してまわったラダイト運動の人々と違って、何が何でも新しいものに反対するわけでもないし、新しいものにあくまでこだわる革命家にもならない。あらゆるモデルを検討し、最善のものを選ぶのだ。

この点で、パラダイムシフトは双方向といえる。人間は、古いものと新しいものを行ったり来たりしている。これは多くの分野で見受けられる（コラムの「双方向性」を参照）。

●双方向性

インターネット

インターネット革命の黎明期、革命的なこの新チャネルが、既存のチャネルを破壊し尽くすだろう、との見方があった。金融業界は、店舗型銀行の壊滅を掲げるウィングスパンなど新興企業に震え上がり、書店業界は、アマゾンというジャングルに呑み込まれてしまうのではないかと恐れ、食品スーパーは、ウエブヴァンなどネット・ショッピング企業が、スーパーでカートを押しながら買い物するのは時代遅れだと言うのを、戦々恐々と聞いていた。現実はどうだったかといえば、インターネットは「電話、ネット、実店舗」の総合チャネルの中に統合された。書店のバーンズ＆ノーブルや流通業のテスコ、証券会社のチャールズ・シュワブなど、成功している企業は、実店舗に強力なインターネットのパワーを加えたが、顧客が必要に応じて使い分けられるようにしている。チャールズ・シュワブの顧客の大半はネット上で取引しているが、口座を開き、苦労して稼いだ資金を預けるときは実店舗を使おうとする。

ペーパーレス・オフィス

「ペーパーレス」のオフィスのはずが、かつてないほどの紙を吐き出している。全米紙業協会によれば、コンピューター全盛のこの時代に、アメリカでは、一人当たり年間約三百キログラムの紙を消費し、アメリカ全体で年間、雑誌三億五千万冊強、書籍二十億冊、新聞二百四十億部が読まれていて、それらはすべて紙に印刷されている。[*3] ボールペンやシャーペンなど新しい筆記用具が登場しても、万年筆や鉛筆で書いている。こうした異なるモデルが並存しているのは、それを好むユーザーがいて、好まれる状況があるからだ。

テレビ

テレビ革命で、ラジオの需要はなくなるとみられていた。画像も見られるのに、ただ音だけ聴きたいと思うのはなぜだろうか。ラジオはリビングの玉座からは追い出されたが、ラジオを聴くという古いモデルが生き続けているのは、運転中など、映像があると気が散るときでも、世界とつながることができるからだ。古いモデルは、絶え間ない進化と変異によっても新たな生命を得る。デジタル衛星ラジオは、最小限の広告と契約料を武器に、全国をカバーし、番組の選択肢も豊富だ。家庭用ビデオデッキの普及で映画館がさびれる、という予測も実態とはかけ離れていた。本も新聞もいまだに健在だ。

アナログとデジタル

デジタル時計が登場しても、アナログの腕時計はなくならなかった。ただの慣れともいえるが、異なるメンタルモデル、異なる嗜好が反映されているともいえる。アナログとデジタルの二つのモデルは並存していて、各人が状況に合わせて使い分けている。例えば、自動車の時計はたいていデジタルだが、恐らく、ダッシュボードに組み込みやすく、高速で走っているときに見やすいからだろう。これに対し、速度計はデジタルのものがないわけではないが、アナログが多い理由は、針の振れ具合を見れば加速の様子が一目でわかるからだろう。デジタルとアナログは並存し、自動車や時計などの設計者は、目的に合ったものを選ぶことができる（あるいは、ユーザーに決定権を委ねてもいい）。一見、アナログに見える速度計も実はデジタルで制御されており、マイル表示からキロ表示へスイッチひとつで切り替えられるようになっている（速度計に二重に表示する必要はない）。この「双方向」の方法でアナログとデジタルの二つのモデルを組み合わせるのは、度量衡システムに似ている。統一に向けて努力が払われてきたが、いまだに世界標準と英語圏標記が併記されている。

航空会社

サウスウエストやイージー・ジェット、ライアンエアなどの格安航空は、航空業界の古いモデルに挑んでいる。「高級なバス」といわれる格安航空は、アメニティーを省き、路線を絞り込むことで、大手航空会社よりもはるかに安い料金を提供している。こうした格安航空が成功を収める一方で、大手各社が航空機を飛ばすのを止めたわけではない。少なくとも現時点では二つのモデルは共存していて、旅行者は好みや状況に応じて使い分けることができる。ライアンエアは、座席予約の九六パーセントを旅行代理店からインターネットに移管することで、間接費を削減している。利用者からみれば、ビジネスでは大手航空会社を利用し、プライベートでは格安航空を利用することができる。チケットの予約についても、旅行代理店、トラベロシティなどのインターネット・サイト、プライスラインなどの入札サイトなど、多様な方法がある。

プライバシー保護

マッカーシズムと共産主義への恐怖が吹き荒れた一九五〇年代のアメリカでは、「アカの脅威」の前に、個人の保護とプライバシーは後回しにされた。冷戦終結後、個人のプライバシー保護が優先されるようになったが、九・一一の同時テロ以降は、テロの脅威に対処するために、プライバシーは再び二の次になっている。個人は社会が与えうるかぎりのプライバシーの絶対的な権利をもっている、という考え方がある一方、プライバシー保護よりも安全保障を優先する考え方がある。二つのメンタルモデルの間で振り子が揺れる。今後も、二つのモデルの間で議論が続くだろう。

換気設備

ロッキー・マウンテン・インスティテュートは、ワシントンのホワイトハウスと行政府ビルの改修を行なった際、十分使えるのに使われなくなっていた元の換気設備を再利用することにした。現在、主流のシステムは、建物の気密性を高め、中央で制御する必要があるが、元の換気設備は、このシステムに適していなかった。設計者は、環境にやさしい「呼吸するビル」を実現するため、主流の空調システム・モデルを見直した。昔のシステムに、多くの知恵があったのだ。[*4]

結婚生活

結婚して子どもが生まれると、独身時代の生活モデルをあきらめ、親としての新たなメンタルモデルをもつようになる。車はミニバンに変え、子どもをお受験のためのいい塾に入れようと気をもむ。だからといって、独身時代のメンタルモデルを全面的に捨てたわけではない。親としてのメンタルモデルを取り入れつつも、夫婦ともに独身時代の趣味や興味を持ち続け、ロマンチックなディナーに出かけたり、友人と夜の街に繰り出したりするものだ。

経営理論の流行

第3章で述べたように、新しい経営理論が登場するたびに、絶対的な革命であるかのような印象を与えるが、たいてい、絶対とはほど遠いことが明らかになる。ＴＱＭ（総合品質経営）、プロセス・リエンジニアリングなど、ビジネスを動かしているモデルはすべて、それなりに正しいが、すべて正しいわけではない。こうした理論を熱心に実践して革命を起こそうとした企業は、その結果に幻滅した。リエンジニアリングの風潮の中で従業員を単なる歯車とみなさない、動機や人材を重視する古いモデルを捨てた企業もあった。こうした企業は、その後、痛みを伴うプロセスを経て、古いモデルを再評価せざるをえなくなった。改革に最も成功しているのは、革命ではなく、既存のメンタルモデルに新たなモデルを取り込んだ企業だ。

医薬品

治療法や臨床研究の結果はめまぐるしく変わる。医師であり医学部で教鞭をとる人物が、今教えていることの半分は間違いだ、と言うほどだ。[*5] 高血圧患者にβブロッカーを使って心拍数を下げると心臓発作のリスクを高めて生命を危機にさらす、と考えられていた。だが十年後、新たな研究により、βブロッカーは心臓発作による死亡リスクを減らす可能性があることが明らかになった。大昔に治療に使われていた蛭《ひる》が、今では関節炎の治療に使われている。[*6] 医学の研究が次々と発表されるたびに、医薬品に対する考え方は進化し続ける。

科学革命におけるパラダイムシフト

一九六〇年代に有名な『科学革命の構造』を著したトーマス・クーンは、「パラダイムシフト」という概念の生みの親として知られている。科学は既存の枠組みの中で進化論的な進歩をするわけではなく、新たな世界観に突然、飛躍することによって進歩する、という考え方を示した。既存の理論が当てはまらなかったり、理論と理論の間に矛盾が見つかったりするなど、危機が起こることによって「通常科学」の時代が終わる。例えば、ニュートン物理学では、光の動きを説明できなかったことから、アインシュタインが、新たなパラダイムとして相対性理論を打ち出すことになった。

クーンのいう「パラダイム」は、本書で使ってきた「メンタルモデル」に似ている。パラダイムは特に研究活動において、目に見える現象を説明し、理解するためのパターンやモデルである。ただし、クーンやその後継者は、新たなメンタルモデルへのパラダイムシフトを、一方通行で絶対的、不可逆なものとして描いた。錯覚によって絵の見え方が変わるゲシュタルトの反転（最初は若い女に、その後は年配の女が見え、交互に見方を変えることができる）と違い、科学者は二つの見方を切り替えることはできない、とクーンは主張する。その結果、科学革命は、「論理の展開ではなく、宗教上の改宗のようだ」とスティーヴン・ワインバーグは指摘している。[*7]

現実には、科学者は異なる考え方を使い分けている。物理学の入門コースでは、現象の説明に役立つため、ニュートン力学やジェイムズ・マックスウェルの場の理論を教えている。異なるモデルが並存しており、学生や研究者は問題によって使い分けることができる。

新しいモデルが導入される理由は、その利便性にあるが——移動手段としては馬より車が優れているように——一方通行の「改宗」では、新しいモデルが必要以上に乱用される場合がある。例えば、移動手段として自動車を使い始めると、数ブロック先の店に行くのにも車を使い始める。下手をすると、ウォーキング・マシンで歩くために、二十分、車を運転してフィットネスクラブに行くようなこともある。モデルの真の利便性を検証しないのは、パラダイムシフトが一方通行だと思われているからだ。新しいモデルを既存のモデルのポートフォリオ（組み合わせ）の中に取り込もうとはせず、古いモデルから新しいモデルへ乗り換える。

恐らくクーン自身が、人間の思考の最も古いパラダイム――黒白をはっきりさせる世界にとらわれたのだろう。AとBの選択肢があるとすると、どちらか優れている方を選びたいもので、両方をもっていたいとは思わない。人間は圧倒的な勝者を求める。二〇〇〇年のアメリカ大統領選のように、ジョージ・W・ブッシュとアル・ゴアのどちらが勝ったのかわからないというあいまいな状況には我慢ならないのだ。

このように絶対的な確実性を求める気持ちがあるので、古いモデルから新しいモデルに「改宗」する動きが起こる。改宗した者は、新しいモデルの熱烈な信奉者になる。こうした現象が顕著なのが、経営理論の流行だ。過去の知恵を忘れ、幅広い観点から見ようとせず、新しい手法に全面的に舵《かじ》を取る。新たなモデルを、組織の問題を解決するための貴重な手段とは考えず、ハンマーのように握りしめて、あらゆる問題を釘と見立てて打ちつけようとする。

最終目的は、古い秩序をひっくり返すことではない。役員室で新たな経営理論を力説する者であれ、市中で政治改革を訴える者であれ、変革の提唱者は、既存のメンタルモデルに固執することの危険性ばかりを強調する。本書は、もっと現実的な見方をとる。自分たちのメンタルモデルをありのままに理解し、いつ役に立ち、いつ足枷になるかを見極めなければならない。既存の秩序を理解した上で、変化する環境にもっと適した新しい秩序を探す。革命は常に魅力的に映るが、現状維持と同じか、それ以上の危険を伴うものなのだ。

往来するパラダイム

とはいえ、自分たちが絶対主義の罠に陥らないよう注意したいものだ。パラダイムシフトが双方向的だと認識するのは大事だが、だからといって、いつも、行ったり来たりするわけではない。古いパラダイムから新しいパラダイムへの一方通行の場合もある。電子メールは通信手段としては優れているが、ペンや紙があることを忘れず、状況に応じてどちらが適切かを考えられる方が有利だ。

なくなるわけではないが、活用されなくなるモデルもある。邪気を追い払って病気を治す、というモデルは、現代社会から完全に消えたわけではないが、頻繁に通る道ではないことは現代医学の隆盛を見ればわかる。だが、頻繁には使わなくても、古いモデルが存在し、戻ることができると知っておくのは重要である。現在の主流は西洋医学だが、サプリメントやホメオパシー、鍼灸、カイロプラクティックなど、代替医療が台頭し、復活している。ある時点で主流ではなくても、後からその利便性が認められたり、既存のモデルの危険性が表面化したりするなどして（現代医学で副作用が出た場合など）、有力なメンタルモデルとして復活する可能性もある。また、一般的には主流でなくても、多様な社会の一部の層で、主流になっている場合もある。

「補完医療」や「統合医療」の考え方は、メンタルモデルの「双方向」の性格を認識した上で、昔ながらの伝統的な治療法と、現代の科学的な医療を組み合わせたものだ。代替医療を主体にして、薬や手術は最後の手段と考える人もいれば、代替療法をごく初期の病気にしか使わない人もいるだろう。

両者の有効性についての見方は、階層によって異なるが、極端な人たち——代替療法を頭から否定する人や、西洋医学は頑として受け付けない人は、結果として選択肢が狭くなる。

世論の変化や規制の変更が、ある行動やメンタルモデルの死を告げる弔鐘《ちょうしょう》になりうる。一九五〇年代、タバコは社会的に認められ、映画俳優が映画の中でも外でも吸っていたが、次第に受け入れられなくなってきた。この傾向を強めているのが強力な規制であり、飛行機やレストラン、職場など、公共の場での禁煙が定められている。シガー・バーが流行るなど、ある種のタバコの吸い方への関心は高まっているものの、規制の流れは逆戻りしそうもない。

禁酒法などの厳しい規制は、反動や反逆を招く。もちろん規制自体も双方向的であり、規制強化と規制緩和が、波のように交互に繰り返している。

ナチズムや白人至上主義など、一度は廃れた破壊的なメンタルモデルも、細々と生き続けており、それを受け入れ、信奉する人たちがいる。こうした道は封鎖したいと思っても、車は双方向に走り続けている。これらのモデルは非難されるべきだと思うが、一部の人にとってはいまだに最高のモデルなのだ。

物質やエネルギーと同じく、メンタルモデルも完全に破壊されることはない。無視されるだけだ。古いパラダイムから新しいパラダイムへと進めば、古いパラダイムに背を向けることになる。だが、古いモデルはなくなったのではない。古いモデルの存在を意識し、時々振り返ってみていれば、想像以上の価値があることに気づくかもしれない。そうすれば、様々なメンタルモデルの間を旅し、自分たちの抱える問題を新しい視点で見られるようになる。

パラダイムの振り子――サンクトペテルブルク

人口移動と同じように、パラダイムシフトにも揺り戻しがある。例えば、ロシアのピョートル大帝によって一七〇三年に建設され、数多くの宮殿や広場のあるサンクトペテルブルクは、ピョートル大帝が西ヨーロッパの文化や技術の導入に熱心だったため、ロシアで最も西欧的な都市になった。フィンランド湾に面したこの街は、広い世界への窓だった。ロシア革命を経て、一九二四年、ソビエト共産党を作ったレーニンが亡くなると、共産党はその死を悼んでレニングラードと改称した。レニングラードという新しい名は、西側を向いていたサンクトペテルブルクから、内向きのソ連社会へとパラダイムが転換したことの象徴だった。だが、一九九一年、ソ連が崩壊して、西ヨーロッパの影響が大きくなると、住民投票でサンクトペテルブルクに戻された。

共産党の指導者がレニングラードと改称した時、この改称が、政治や外観での大胆で後戻りできないパラダイムシフトの象徴になると意識していた。それでもエルミタージュ美術館の冬宮や聖イサク大聖堂などの主要な建造物は、サンクトペテルブルク時代と何も変わらない。実際、変化は期待したほど劇的なものではなかった。そして、住民には、この街が西側への窓であるとの意識があったので、共産党政権の崩壊後、名前を選ぶ機会を与えられた時、迷うことなくサンクトペテルブルクに戻したのだ。

パラダイムシフトは一時的なことがある。何もかも変えて、レニングラードに移ったつもりが、ある朝、目覚めるとサンクトペテルブルクに戻っている。振り子は、古いパラダイムと新しいパラダイムの間を揺れ動く。新しい考え方が有力になるのもまた一時のことだ。古い考え方がなくなるわけではない。共産主義も根強く残っている。支持が減り、考え方を左右する力が低下しただけだ。

インターネット投資では、市場シェアの拡大が重視されたが、今では、ＲＯＩ（投資収益率）やキャッシュフローが重視されている。だからといって、市場シェアに関心がなくなったわけではない。一時的に劣性遺伝子になっただけなのだ。

民主主義国家も戦争となると、全体主義国家のお株である教条主義的な手段に訴える。第二次世界大戦時、アメリカは日系アメリカ人を強制収容所に移した。アメリカやイギリスは、工場労働者が足りなくなると、多くの女性を動員して、軍事物資の生産に従事させた。固く信奉しているメンタルモデルであっても、より大きな利益のためなら変えられるのだ。

個人の生活で、振り子の揺れが見られるのは結婚観だ。一九六〇年代から七〇年代にかけて、個人の自由が尊重されるようになり、伝統的な結婚観が廃たれ、無過失離婚（相手に過失がなくても離婚を認める）や自由結婚（社会的にも性的にも個人の自由を認める）が認められるようになった。その後、結婚制度は配偶者や子どもにとってメリットがあるとする調査結果が発表されるなど、伝統的な結婚観が復活しているが、結婚や家族については多様なパラダイムがある。

企業は、厳格な階層構造からフラットなマトリックス組織に移った。世界的な事業統合に乗り出した後は、地域重視へと回帰している。政府は、国有化・規制強化から民営化・規制緩和へと政策を転換したが、この流れがまた反転している。政府が革新や効率性を重視する場合、規制は緩和される。逆に国民の間で企業の行き過ぎが懸念され、力を乱用する企業から投資家や顧客を保護した方が利益が大きいと判断されるとき、規制が強化される。

利益の問題はついてまわる。誰のための利益か。有力なメンタルモデルが変わるとき、それ以前に利益のあり方やその意味を決める人が変化している場合が多い。

将来のパラダイム

目の前の問題に対処するために古いメンタルモデルを活用することができるが、新しいモデルを開発して、将来の問題に備えることもできる。サイエンス・フィクション（ＳＦ）には、奇想天外な宇宙旅行のアイデアが登場するが、書かれた当時には実現不可能だった。それが、技術の画期的な進歩により可能になった。宇宙旅行のアイデアは、将来のパラダイムだといえる。こうした将来のパラダイムシフトの候補を探すことによって、その影響を調べ、それに備え、実現可能な時期を知ることができる。

例を挙げよう。数十年以内に水素が石油に代わる資源になるとの見方がある。この見方は、石油業界のみならず、世界の政治や経済に広く影響を与える。ジェレミー・リフキンが『水素エコノミー』で述べているように、水素という普遍的な資源を活用できれば、電力の面でも政治的にも権力が分散する可能性がある。*8

ただし、このモデルを全面的に採用すれば、戦略的に致命的なミスを犯すことになりかねない。ブリティッシュ・ペトロリアム（BP）は、「石油を超えて（BP）」という一大キャンペーンを打って、代替エネルギーを重視する姿勢を示したが、時期尚早だったのではないかといわれている。一方で、水素モデルを頭から無視する企業は、取り残される危険性がある。経営者は、新しいモデルだけでなく、化石燃料などの古いモデルを使って世の中を見ることで、情勢の変化に合わせ、見方を切り替え、そのときどきで適切な選択ができる。水素など化石燃料以外の資源に依存する経済がありうる、という考え方を排除していては、その可能性が出てきても気づかない。また、企業は環境保護論者のモデルで、自社の事業を点検できれば、反対運動が起きそうかどうかがわかる。こうしたことは、業績至上主義のメンタルモデルではわからない。

新たなメンタルモデルは当初は突拍子もないと思えても、実現を後押しする研究開発が同時に進められる場合がある。例えば、水素経済を実現するには、そもそも、最初に水素を発生させる電気をどこから持ってくるか、採算の取れる方法でそれができるかが課題になる。これに対し、ゲノム科学者のクレイグ・ヴェンターは、電気を使わず水素を発生する方法を提案している。微生物の合成によって水素を発生させる方法だ。現在では、幾つかの研究グループがこの方法を実験している。ヴェンターらは、自然な生分解プロセスの副産物として、大量の水素を発生する微生物を探している。ヴェンターはさらに、水素発生だけを目的とする微生物の合成に注目している。遺伝子という、ひとつの分野の変化が、エネルギー生成という別の分野の新しいモデルの実現可能性に影響を与えるのだ。このように影響は多岐にわたることから、新しいモデルを頭から拒否するのは危険である。現時点での価値と将来の価値について評価するとともに、環境の変化に合わせて、その都度、評価し直すことが必要だ。

複数の角度から見る

あるモデルを、既存のポートフォリオに組み入れるか、外すのか、どのように決めればいいのだろう。判断する上で、様々な切り口がある。

■実効性の点から考える

ある目的を達成したり、ある行動を促したりするために、古いモデルは役に立つのか。新しいモデルの方がもっと役に立つのではないか。わずかな差異に注意する。例えば、コンピューターは大量のメールを効率よく送れるが、手書きの手紙の方が読んでもらえる確率は高い（事実、一部の非営利団体は、手書きなら、ゴミ箱行きの大量のダイレクトメールに紛れず、気づいてもらえる確率が高いという理由から、寄付を求める手紙を印刷から手書きに変えている）。効率性という観点だけで見ると、手書きがもつ個性や温かさを見逃してしまう。受け取る側には、それらも価値があるのだ。

新たな利用法を考える

馬の飼育など、馬に関わる産業に携わっていた人たちの多くは、自動車の登場で仕事をやめただろう。だが、移動手段としての馬の利便性は落ちても、ほかに使い道があると考えた人たちがいた。古いモデルの新しい利用法を考えてみよう。

古いモデルを脇に置いておく

よく使う道具箱にモデルを幾つも入れておくと、わけがわからなくなる。適切なモデルをすぐに取り出せず、探し回らなければならない。あらゆる選択肢を残しておくと高くつく。例えば、ほかの移動手段がない時のためだけに、一頭の馬を小屋に置いておくとコストがかかる。当面は使わないモデルを外しておけば、残りのモデルをもっと効率よく使える。モデルを残しておくコストと、モデルを外すコストを考えよう。ごくまれだが、あるモデルを全面的に廃棄するメリットよりも、そのモデルを生かしておくコストの方がはるかに大きい場合もある。

古いモデルを捨てずに、しまっておく

今は役に立たず、ポートフォリオに組み入れないモデルも、明日の問題を解決するのに役立つかもしれない。万年筆は机の上に出しておかなくても、引き出しには入れておくべきだ。アメリカ陸軍のように、アフガニスタンの山岳地帯でミサイルを誘導する、といった難しい課題にぶつ

かったとき、解決策を提供してくれるのは古いモデルかもしれない。

スカイウォーカーとダースベーダー

いったん新しいメンタルモデルで世界を見ると、古いメンタルモデルに戻るのが難しくなる。すっかり改宗して、古いモデルで考えることができなくなると、昔の友人や同僚と会っても、話が合わない。こうしたメンタルモデル間の対立は、『スター・ウォーズ』のルーク・スカイウォーカーとダースベーダーの戦いに見立てることができる。ダースベーダーは息子のルークを「暗黒面」に誘おうとし、若いルークは父を善なる「フォースの世界」に連れ戻そうとする。相互のコミュニケーションが成り立つようにするためには、互いが相手の立場で物事を見られるようにする必要がある。ところが、古い見方を完全に捨て去らなければ、別の見方に完全に移行することができない。新しい見方を頭から拒否する場合も、全面的に受け入れる場合も、違う見方ができなくなり、新しい見方を故国の人たちに伝えることができなくなる。

将来のモデルをストックしておく

水素電池などの新たなモデルを思いついたとき、心にとめておけば、その可能性を意識し、活用方法を探すのに役立つ。SF小説も、将来のある時点で実用化できるモデルを提供してくれる。異なるモデルを常に意識し、積極的に考えられるようになると、時機が到来したときにいち早く気づくことができる。

■異なる視点を併せもつ

自分の頭の中でモデルを組み立てるだけでなく、革命家に違う視点を提供してもらえば、多様なメンタルモデルができる。会議に馬乗りを連れてくれれば、馬を使う方法を懸命に考えてくれるが、参加者が馬とは無関係な人間ばかりなら、馬の活用法が真剣に検討されることはない。つまり、出席者の大半が馬とは何かを知っていたとしても、目の前の問題に馬がどう役立つかを積極的には考えないだろう。組織の中で異なる見方が聞かれるようになれば、問題にぶつかったとき、多くの選択肢から解決策を選ぶことができるのだが。

■メンタルモデルの道具箱を作る

この目的は、自分にとって最も役に立つメンタルモデルの道具箱を作ることでなければならない。人によって、もっているメンタルモデルは異なる。配管工の道具箱は、電気技師の道具箱とはかなり違うはずだ。この点で、道具箱とは、多様なモデルの入ったメタモデルだといえる。このようにモデルを集めておけば、何か問題にぶつかったときに、臨機応変に、一番役に立つ道具を取り出すことができる。

■ 煮え切らないと思われることに甘んじる

利便性に基づいて多様なモデルを大事にしていると、ひとつのモデルに絞るのを恐れているように見えかねない。ひとつのモデルを信奉する人たちからみれば、すべてを大事にする人は、結局、何も大事にしていないように映る。中にはいらだったり、怒ったりする人もいる。複数のモデルを状況に応じて使い分けることを、よしとしなければならない。

メンタルモデルは、世界を理解し、問題を解決し、行動するのに役立つツールだ。既存のモデルをしまい、新たなモデルを手にするには、モデルに密着し過ぎないことが大切だ。現代の熟練工が電動工具と手動工具を持っているように、問題を効率的に解決する人は、新旧とりまぜて様々な工具を持っている。どれも役立つときがあるはずだ。

多様なメンタルモデルを集めるには、個人でも、組織においても、できるだけ体系的なプロセスが必要だ。このプロセスは意識的なものにすることができる。例えば法制度がそう運営されており、判例と法制化によって新たなモデルを法体系に取り込んでいくが、憲法と既存の法律などで基本原則はしっかり確立している。学習する組織は、過去の知識を基盤に経験から得た新たな知恵を蓄積し、組織の内外からもたらされる斬新な見方や観点を共有しているものだ。

机には、鉛筆、ボールペン、万年筆、紙、電話、インターネットに接続されたコンピューターやプリンタを備えておく。こうした選択肢がそろっていれば、ひとつの世界観にとらわれない。攻撃から身を守るために濠をはりめぐらせて、パラダイムの城に閉じこもっているわけでもない。異なるパラダイムの間を自由に行き来できるパスポートを手に入れておき、景色を眺め、橋を行きつ戻りつしながら、新たな見方を身に付け、最適な経路で目的にたどりつけるようにするのだ。

インポッシブル・シンキングの技法

- 問題解決法として、現時点では、どのようなメンタルモデルを活用しているだろうか。
- 過去に切り捨てた古いメンタルモデルについて考えよう。どんな価値があるのか。何かに活用できないだろうか（例えば、通信をすべて電子メールにしているなら、どんなときに手書きのメモが効果的だろうか）。
- ひとつひとつのモデルについて、長所と短所を考えよう。一度、切り捨てたモデルを活用する方法はないだろうか。
- 新しいモデルを追加してポートフォリオを拡大するには、どうすればいいだろうか。

注

1. The Horse Council. "Horse Industry Statistics." *American Horse Council.* 1999. <http://www.horsecouncil.org/ahcstats.html>.
2. "Satellites and Horseman - The War in Afganistan." *The Economist.* 7 March 2002. p.28.
3. "Paper in Our Lives." *The American Museum of Papermaking.* 2002. http://www.ipst.edu/amp/collection/

museum-paper-lives.htm.
4. Lacayo, Richard. "Buildings that Breathe." *Time*. 22 August 2002. p.A36.
5. Sanders, Lisa. "Medicine's Progress: One Setback at a Time." *The New York Times magazine*, 16 March 2003. p.29.
6. 前掲 p.29.
7. Weinberg, Steven. "The Revolution that Didn't Happen." *New York Review of Books*, 45:15. 8 October, 1998.
8. Rifkin Jeremy. *The Hydrogen Economy*. New York: J.P. Tarcher/Putnam, 2002.（『水素エコノミー』柴田裕之訳 ＮＨＫ出版）

第5章 新しい見方を知る

ああ、なんて素晴らしい新世界なの。こんな人たちがいるなんて。

ウィリアム・シェイクスピア

●このページから顔を上げないで……

今いる部屋の様子を説明してみよう。壁にはどんな絵がかかっているか。壁紙や家具の色や模様は。窓の外にはどんな景色が広がっているだろう。座っている椅子は何色だろう。今いるのが公共の場所なら、ほかにどんな人がいるだろう。一人を選んで、髪の毛や瞳の色などの特徴を、その人を見ないで言ってみよう。

自分の家やよく知っている場所なら有利だろう。家具や絵画は自分で買ったものかもしれない（自宅にいる人は、出かけたときに、もう一度試してみよう）。路上や空港、ホテルにいるときには、よくよく観察していなければ、これらの質問に答えることができない。店やチケット・カウンターでのやりとりを思い出してみよう。お金やチケットを手渡した相手は、どんな人だっただろうか。個人として接したわけではなく、単なる係の担当者として接しただけなので、細かい点を覚えているヒマも理由もない。

新しい見方はどうすれば身に付くのだろうか。自分の視界に入るもの以上のものを見て、新しい方向に導いてくれる細部に気づくには、どうすればいいだろうか。部屋の中のものすべてを思い出せないのは、何が大事かをメンタルモデルが決めているからだ。重要なことを見落とさないかぎり、その方が効率がいい。だが、何か重要なものを見落としたとき、それにどうやって気づくのだろう。これまで無視してきた細部に気づくには、どうすればいいだろう。

一九九〇年代、リチャード・ストールマンがＩＢＭの研究者を前に講演したとき、別の惑星から舞い降りた異星人だと思われたにちがいない。ＭＩＴ出身であごひげをたくわえ、フリー・ソフトウエア財団を立ち上げたハッカーは、ソフトウエア開発の大胆なアイデアを披露するために招かれた。ＧＮＵは、ＵＮＩＸに代わるオープン・ソースのＯＳだが、その活動母体となる財団の設立趣意書、「ＧＮＵマニフェスト」でストールマンは、「空気と同じように、誰もが優れたソフトウエアをただで手に入れられる」世界を提唱した。[*1]

問題は、マイクロソフトやＩＢＭのソフトウエア事業が、まったく異なるモデルに基づいていたことだ。ソフトウエアはオープンではなく独自仕様だった。社内のプログラマーがソースコードを開発し、金庫に厳重にしまいこんでいるようなものだ。ソフトウエアを交換するなどというのは、盗むのに等しい。この点こそ、ソフトウエア会社がライセンス契約や、やり手の顧問弁護士を使って、力説している点だった。ソフトウエアを販売する企業がコードを所有し、ユーザーは「空気」を吸うたびにライセンス料を支払っていた。ストールマンが初めて講演をした時点では、ＩＢＭ研究所の「異端児」ですら、オープン・ソースという極端な考え方で、どうやってビジネスモデルを構築できるのか見当もつかなかった。雲をつかむような話だった。

「研究部門に入って以来、ストールマンがやることを追いかけてきた」。ＩＢＭのアプリケーション・統合ミドルウェア開発担当副社長、ダニエル・サバーは言う。「だが、ビジネスモデルがなかった」

一方で、IBMの研究者は、オープン・ソースの長所にも気づいていた。ソフトウエアのコミュニティーは実力本位で、開発者が競い合ってソースコードを加え、ユーザーがバグを修正するので、ソフトは自動的に改善される。無料なので配布が簡単だし、ソフトを開発したコミュニティーが普及を後押ししている。IBMはこうした新たな動きを、ずっと追いかけ、検討していた。

ソフトウエア開発の考え方を転換

最終的には、この大胆なアイデアがIBMのソフトウエア開発を変えることになった。転換のきっかけは、IBMが独自仕様モデルで開発したサーバー用ソフト、ドミノ・ゴーの苦戦だった。一九九〇年代半ば、HTTPウェブサーバー用のソフトウエア市場では、マイクロソフトが二五パーセントのシェアを確保する一方、IBMのシェアはわずか二パーセントにすぎなかった。インターネット関連事業にシフトしつつある同社にとって、深刻な悩みのタネだった。だが、大企業が独自仕様のソフトウエアで戦いを繰り広げている間、オープン・ソースのソフト「アパッチ」がじわじわとシェアを伸ばし、市場の半分を握るまでになっていた。オープン・ソース・モデルは、大胆なアイデアから検討すべき対象になり、IBMは注目せざるをえなかったのだ。「馬は小屋から飛び出していた」と、現在はウォートン・スクールのフェローになったサバーは語る。

だが、次の一手は、明解とはいえなかった。ＩＢＭは、きびすを返し、独自仕様ソフトという古いモデルを守るために戦うことも可能だっただろう。だが、ソフトウエア開発の考え方を全面的に転換した。ストールマンほど極端ではなく、収益を確保できるオープン・ソース・モデルを開発したのだ。それでも最大の問題は、知的財産権に関する懸念を克服することだった。弁護士団は「ＩＢＭが知的財産を管理・所有しないのなら、それをやることには反対だ」と主張した。ＩＢＭは訴訟を起こして大金をせしめようとする連中の格好の標的だから、オープン・ソースの連中と同じ立場で遊んでいると大きなリスクを背負うというのだ。だが、社内の推進派は、弁護士の意見を受け入れてオープン・ソースを拒否するのではなく、ライセンス契約やコードの出所について徹底的に調査した。

ＩＢＭはオープン・ソース・コード上で動く高度なソフトウエアとサービスを柱とするビジネスモデルを構築した。ＩＢＭなどソフトウエア・ベンダーは、アパッチが作った「生態系」の中で、ビジネスを構築できる。ＩＢＭにとっては、アパッチが家の基礎部分を作ってくれたおかげで、屋根を作るのが楽になった。

「最大の障害は法的な問題であり、事業リスクもあった。だが、ビジネスにするためには、リスクをとらなければならない。そのリスクは報われるときがくる」とサバーは語る。アパッチの採用は、ＩＢＭが独自仕様のサーバー事業から撤退することでもあった。「自分の子どもたちを一人残らず愛していたら、事業は成功しない」とサバーは言う。

結局、ＩＢＭにとってもアパッチ・プロジェクトにとっても望ましい結果となった。ＩＢＭが機器とプログラマーを投入することで、アパッチの信頼性が高まるとともに、サポート体制が整い、大口顧客が安心して採用できるようになった。IBMは確かなソフトウエアと、基本的なサーバー・ソフトの流通プラットフォームを手にしたわけだが、これはもともと利益率の高い事業にならなかったものだ。二〇〇三年初時点で、アパッチはサーバーの六〇パーセント以上に搭載され、[*2] IBMはさらにウエッブスフィアやエクリプスなど、オープン・ソース・プロジェクトを立ち上げ、成功している。

オープン・ソースという新たなモデルの認識と転換は、どのように実現したのだろう。

第一に、研究部門は常に新しいアイデアを探していた。

「IBMの研究部門は活気に溢れていて、我々『異端者』の意見を聞いてくれた」とサバーは語る。また、サバーの上司のスティーヴ・ミルズら経営幹部が「反対派とのパイプ役となり、積極的に応援してくれた」ことにも助けられた。さらに、独自仕様の市場でIBMのシェアは小さく、失うものがなかったことも幸いした。とはいえ、事業の大半を新しいモデルに賭けることについては、何度も考え直す機会が訪れた。

「孤立して、自分たちが正しいかどうか悩んだ時期もあったが、そういうことは忘れられていくものだ」とサバーは振り返る

異なる見方を獲得するには

人間は、日常の中で自分を取り巻く世界を意識することはほとんどない。夢遊病者のようなもので

あり、あらゆる事実を検討するのではなく、講義録やカンニングペーパーを頼りに歩いている。脇目もふらずに進んでいき、周囲に注意することはない。何も見ないでわかった気になる。他人を「他人」としてひとくくりにし、個人としては見ない。新しいアイデアは「突拍子もない」と片付け、じっくり考えようとはしない。同じ道ばかり通り、右も左も見ない。シェイクスピアの戯曲『テンペスト』の魔術師の娘、ミランダのように、自分の考えの島にとらわれている。外部の侵入者が海岸に迫ってきて初めて、既存のメンタルモデルの範ちゅう外にある「素晴らしき新世界」に接し、その不思議と怖さを知るのだ。

異なる見方をする能力は、どうやって養えばいいのか。目隠しをとり、新しい視点を取り入れるにはどうすればいいのか。新しい視点を取り入れて、見方を変えつつ、過去の見方や目の前の現実から離れ過ぎないためには、どうすればいいのか。ＩＢＭのような企業が、利益という目標を失わず、オープン・ソースのメンタルモデルを導入するには、どうすればいいのか。この章では、考え方を広げるための様々な方法を見ていこう。

■過激な意見に耳を傾ける

過激な人の意見に耳を傾け、その「奇妙な」考えの中に知恵や機会を探す。ＩＢＭは、まさにそれができた。

キヤノンの御手洗冨士夫社長は、創業者の甥に当たるが、一般的な日本人経営者とは考え方が大きく違うと言われている。[*3] キヤノン・アメリカで二十三年間働いた結果、日本的な手法とアメリカ的な手法を融合して、ビジネス上の問題に取り組むようになった。頭から敬遠される〝ガイジン〟でもなければ、昔ながらの日本的な経営者でもない。こうしたハイブリッド型のアプローチによって、経営に大胆な発想や手法が持ち込まれた。キヤノンは、他の日本企業がもたつく中で、最高益を更新している。

周囲にいる過激派は誰で、何と言っているだろうか。自分が見ていなくて、彼らが見ているものは何だろうか。そこから学べるものがないだろうか。彼らの意見に何らかの知恵がないだろうか。それを周りに変だと思われない形で取り入れるのは、どうすればいいだろう。

■発見の旅に乗り出す

チャールズ・ダーウィンは二十二歳の時、軍艦ビーグル号に乗り、五年間の世界一周の航海に参加した。乗員はほかにもいたが、航海を独自の視点で見ていたのはダーウィンだけだった。若きダーウィンにとって、この航海は発見と冒険の旅であり、通過儀礼であり、大人への旅であり、十九世紀の科学の「大旅行」だった。若い時の五年間を世界一周の航海に充てるのは、時間とエネルギーの大きな投資だ。太平洋からインド洋、大西洋と大海原を巡り、アマゾンのジャングルや、この航海で有名になったガラパゴス諸島、オーストラリアのブルーマウンテンに立ち寄った。ダーウィンにとって、信じられない経験の連続だった。

航海に出発した時点で天地創造説に疑問を持っていたダーウィンは、次第に進化論への確信を深めていく。地質学者として、地質学的な調査結果と、天地創造説の矛盾を深く考えるようになったのだ。ビーグル号での航海と、その間の探検や観察で、ダーウィンは大いに刺激を受けた。膨大な研究材料も手に入った。ダーウィンは精力的で、観察結果や体験したことを詳細に記録していた。詳細な観察結果と体験を基に、観察結果を説明できる理論を考えた。こうした一連のプロセスから生まれたのが、人類最大の知的進歩のひとつ——進化論である。

興味深いことに、ビーグル号の航海から戻った後、ダーウィンは一度もイギリスを離れていない。だが、経験を受け入れたことで頭が柔軟になり、自分自身の考え方だけでなく、もっと大きな自然科学上の学説を変えることになった。

重要なのは、どこに行くかではなく、経験をどうとらえるかである。いくら冒険しても、それを記録せず、深く考えなければ、ダーウィンもただの旅行者で終わっただろう。それ以上に、西洋科学の視点を持ち込まなければ、そこから新たな見方を引き出すことはなかっただろう。

旅は新しい見方を発見させてくれるが、目的地は見知らぬ土地でなくてもかまわない。若者向けのマーケットやテレビ・ゲームだっていい。企業の場合なら、新たな顧客層や、従業員、投資家が、会社や業界について新鮮な見方を提供してくれるだろう。

異なる見方を知るには、どこへ旅をすればいいだろうか。何を探検する旅に出ればいいのか。どんな場所で、新しいアイデアが生まれているだろうか。目にした現象を理解するために、どんな視点が必要だろうか。

■専門領域を超える

ケンブリッジ大学の分子生物学研究所は、DNAの先駆的な研究でノーベル賞を受賞したジェイムズ・ワトソンやフランシス・クリックをはじめ、生物学研究の第一人者を数多く輩出している。研究所が独創的な考えを生み出す背景には、「専門分野にとらわれない研究者を歓迎し、研究者同士の活発な交流を奨励している」点がある。[*4] 学際的な研究と協力体制を背景に、ミオグロビンなどのタンパク質の構造解析から、モノクローナル抗体の製造方法まで、次々と重要な成果が上がっている。

同じように、メイヨー・クリニックでは、医師がチームを組んだ医療が評判を呼んでいるが、これを支えているのが、組織文化とインセンティブ制度、遠隔治療などの双方向技術だ。一人の患者を様々な角度から診断し、それらを総合して治療に当たっている。[*5]

教育と研修を受けた分野に、誰しもが慣れ親しむものだが、この壁を越えたときに、新しい発見ができる。教育と研究は、物の見方や考え方を共有するコミュニティーを作る。共通の価値観があるからこそ、一緒に仕事ができる。西洋医学の医師は、考え方や言語を共有しているからこそ協力できる。

だが、西洋医学の医師とカイロプラクティックの施術者では、住む世界が違う。学ぶべき知識や研修内容が違うので、住む世界が違ってくるのだ。そして、おのおのの世界は往々にして排他的だ。

物理学や医学部の学生と、哲学科の学生では、ものの見方が大きく違う。そもそも、会話を交わす機会が少ないので、コミュニケーションに必要な共通の言語が失われる。さらに博士課程に進めば、それぞれの専門分野にどっぷり浸かり、まったく接点がなくなる。専門に特化することの危険性のひとつが他分野からの隔絶だ。

だが、物理学や医学の進歩によって哲学に影響を与えることもあれば、その逆もありうるようになってきた。例えば、心理学の研究者は、ＭＲＩ（磁気共鳴画像診断装置）などの機器で脳の活動を見ながら、長い間哲学を悩ませてきた倫理的なジレンマについて考えている。また、遺伝子研究が進んだ結果、生物学では、画期的な発見の多くがコンピューター科学やエンジニアリングに依存するようになった。この過程で、生物学は変わった。その研究手法は「あいまいで」定性的なものから、「厳密で」定量的なものになっている。だが、こうしたつながりは、相手の世界に接して初めてわかるものだ。

ビジネス・スクールの組織は、マネジメント、マーケティング、ファイナンスなど、分野ごとに分かれているが、経営上の問題は分野をまたいでいる。ウォートン・スクールでは、ＭＢＡの課程を改訂し、学際的な研究ができる体制を作っている。今では、一つの課題を複数の視点から検討して、より建設的に対処できるようになっている。

多くの進歩は、異なる専門領域の接点で生まれている。自分の専門以外を学び、自分が属する組織や専門分野以外の視点を取り入れるには、どうすればいいだろうか。

■ 決まりきったやり方を疑う

浜辺に打ち寄せる波のように、決まりきったやり方は眠りを誘う。エンロンなどの破綻した企業の取締役会は、誰にでもわかる問題を、どうして見逃してしまったのだろうか。企業の多くがそうだが、メンタルモデルを積極的に点検しようとせず、日常の手順を繰り返していたのだ。

取締役会は形式的で、予定通りに進行する。儀礼的なダンスをＣＥＯがリードする。ステップは綿密なリハーサルで決められている。取締役会には選択肢がなく、従うしかない。勇気をもって、こうしたやり方に異議を唱える人がいなければ、決まりきったやり方が定着し、活発な質疑は行なわれなくなる。

マーケティングに関する調査によれば、企業も個人も、モノを買うとき、自動的に決めることが多いという。消費者はたいてい「前回と同じものを購入」する。インスタント・コーヒーで好きな銘柄があれば、スーパーに行っても、ほかの銘柄には目もくれない。そもそも何も決めていない。まっすぐお目当ての商品の棚に行き、カートに入れているだけだ。

企業のマーケティング担当者は、消費者のこうした購買パターンを変え、ほかの商品を買ってもらえる方法を見つけることに膨大な時間を費やしている。中には「新しモノ好き」の人もいるだろうが、普通は、新しい商品を試すには、それなりの理由がある。例えば、お気に入りの銘柄が手に入らなければ、ほかの銘柄を試すしかない。地方や外国では品ぞろえが違うので、ほかの銘柄を検討しなければならない。また、コーヒーを大量に買わなければならないなど、何らかの理由で、購買決定にかかわるリスクや投資額が増える場合は、価格や味などもっと慎重に検討するはずだ。

企業や個人の日常生活で、決まりごとは大切だが、退屈で眠りを誘うときには注意しなくてはならない。十分、注意しているだろうか。当たり前だと考えていることはないだろうか。ほかの人たちは、日常の決まりごとをどのように扱っているだろうか。

意識的に習慣を変えて、見方を変えざるをえない状況をつくることもできる。一日の過ごし方から、オフィスまでの通勤経路、同僚や家族との接し方など、自分自身の日常を見直す実験をしてみよう。新しい発見をするよう心がける。いつも決まった時間に決まった場所で昼食をとったり、定例会議を開いたりしていて、先が見えてつまらないなら、その習慣を少しでいいから変えてみよう。会議を「立ったまま」に変えただけで、会議の時間が短くなり、議論の的が絞られ、会議がすっかり変わった企業もある。

自分がどれだけ注意しているかにも、留意する必要がある。個人でも企業でも、機械的になってはいけない。考えれば、思い当たるフシがあるのではないだろうか。この章の冒頭の問いに答え、身の回りのことを、どれだけ意識しているか試してみよう。本当に注意を払っているだろうか。身の回りの可能性に気づいているだろうか。気づいていなければ、小さなことでもいいから、習慣を壊してみよう。

障壁に気づく

あなたが決定を再考し、既存モデルを見直そうとしないことを、喜ぶ人々がいることに気づかなければならない。マーケティング上、「既存」サプライヤーは、あらゆる努力をして顧客の機嫌をとり、継続的に買ってもらおうとする。一方、「新規」のサプライヤーはその購買行動を変えようとする。

あるモデルを導入しようとするとき、賛成派と反対派の動機をそれぞれ考えてみる。特に現状を維持しようとする人たちがいると、方針転換は難しくなる。ＩＢＭの場合、オープン・ソースのソフトウエアが台頭する中で、弁護士が独自仕様ソフトの知的財産権を死守しようとしたことが障害となった。

周りには、どんな壁があるだろうか。何を禁じ、何に目隠しして、新たなモデルを見えなくしているだろうか。こうした障害をどうやって克服するか。あるいはこうした壁越しに、その先の世界を見通すにはどうすればいいだろうか。

■「逆さまに飛ぶ」訓練をする

決まりきったことなら、教育や研修によって強化できるが、それによって、想定外の出来事に対応する力は落ちる。パイロットの場合を見てみよう。パイロットは、通常の状態での飛行訓練や、ある程度、想定される問題への対応策は、日常的に訓練している。だが、機体の制御が利かなくなったり、機体が反転したりといった、深刻な危機に対応した経験はない。航空会社では、幅広い「制御不能」の状態に適応できるよう、シミュレーションのシナリオを増やし、精度を高めている。制御不能は、航空機の事故原因の二番目で、出火や破損、衝突よりも多いのだ。[*6]

ＮＡＳＡの支援の下で、一年目のパイロットに対し、制御不能の八つのシナリオを示し、どの程度、対応力があるかをテストした。その結果、風速の変化や急降下など、単純で、訓練を受けていた二つの問題は機体の状態を回復できたが、それより難しい六つの問題には対応できなかった。一見、似ている問題も、原因が違えば、機体の回復手順は異なる。例えば、出力低下による「失速」は、機種上げが一般的な解決法だが、凍結が原因である場合は、間違っている。政府と航空各社は、パイロットの訓練の幅を広げ、フライト・シミュレーターの精度の向上に取り組んでいる。

日常の生活や仕事で、「逆さまに飛ぶ」ことに相当するのは、どんなことだろうか。「水平飛行」とは違う、非日常的な事態に備えるには、どうすればいいだろうか。今の勉強や訓練は、こうした事態に対応できるだろうか。勉強や考え方の幅を広げて、非常事態について考え、備えるにはどうすればいいだろうか。

■段階的に吸収する

「段階的な吸収」は、新たなメンタルモデルを吸収するときの重要な原則である。新しい見方に慣れるまで時間がかかり、ときには古い世界から新しい世界へ移るのに、論理を使わなければならない場合もある。現代画家のロバート・ライマンやアド・ラインハートが描いた、モノクロの絵について考えてみよう。美術館を訪れた人は、たいてい彼らの作品を見てクビをひねる。この程度なら自分にも描けると思う。こうした疑問に答えたのが、真っ白な絵をめぐる人々の反応を描いて、話題を集めた舞台劇の「ＡＲＴ」だ。[*7]

コンセプチュアル・アート、ミニマル・アートの動きなど、現代美術の発展段階を追って、具象から抽象への絵画の進化がわかるようになれば、真っ白なカンバスは進化の一部として意味をもち始める。知識を鍛え、一枚の絵を大きな文脈の中でとらえられるようになれば、直観ではなく、新たな知識を駆使して、絵が理解できるようになる。これはスコッチ・ウィスキーを飲むように、ゆっくり覚える味だ。

オンザロックと同じくらい魅力的な新しいモデルを、段階的に吸収し、徐々に慣れ、理解を深めるにはどうすればいいだろうか。

古いモデルを「壊す」

最終的な目標はメンタルモデルのポートフォリオを作ることだが、ときには、古いモデルを「壊して」スペースを空けなければ、新しいモデルは見えてこない。ラッセル・エイコフが提唱した「理想設計」は、まず望ましい状態を考え、現在の「混沌」とした世界から、その状態に持っていくのに必要なステップをさかのぼって考える。[*8] 一九五一年のある朝、ベル研究所の所長は、研究員を全員集め、「アメリカ中の電話システムが一晩でダウンした。今すぐ、一から設計し直さなければならない」と言った。所長は、白紙の状態から始めるよう求めた。所長の言っていることは本当ではないが、冗談でもないと気づくと、研究員はショックから立ち直り、白い紙を埋め始めた。発想を変えるという、この難題から生まれたのが、タッチ・トーン式の電話、発信者番号通知サービス、コードレス電話といった画期的な発明だ。既存のモデルを壊すと、何が起きるだろう。「昔のシステム」の重荷がなくなったとき、その代わりに何を生み出せるだろうか。

複数の未来像を描く

ロイヤル・ダッチ・シェルなどの先駆的企業の取り組みで有名になったシナリオ・プランニングは、トレンドや現在の不確実要因を検討し、将来に関する複数のシナリオの中でそれぞれがどう展開していくかを検討する。[*9] 例えば、ＩＢＭの場合、ソフトウエアのオープン化が始まった時点では、全世界がオープン化に移行する、というシナリオと、オープン化の動きは頓挫し、引き続き独自仕様が大勢を占める、というシナリオがあったはずだ。その時点では、市場がどちらの方向に向かうのかは誰にもわからない。シナリオを描くことで、ひとつのモデルにすべてを賭けるのではなく、異なる将来に対して備えることができる。

将来はどんな世界に生きることになるだろう。シナリオ別に考える。予想される世界で成功するには、どのようなメンタルモデルが必要だろうか。

■悪魔の代理人／対立する見方を取り入れる

意思決定プロセスに、正式に「悪魔の代理人」や「対立する見方」の手法を取り入れれば、多様な見方を促し、組織の課題の前面にもってくることができる。現実には、多様な見方は、合意を重視してしまうグループ・シンク（集団思考）などの重圧につぶされやすい。「悪魔の代理人」（とは意外にもカトリックの言葉だが）の役割を作ることで、火あぶりの刑を恐れることなく、対立する見方や、異教徒の見方を引き出すことができる。新しい提案や新しいメンタルモデルを検討するときには、必ず人やチームを決めて、対立する見方を示してもらう。誰かが「X」を提案すれば、悪魔の代理人は「Xでないもの」を主張する。こうした対話や議論を通じて、それぞれのモデルについて強みと弱みが明確になり、また、新しいモデルが生まれるかもしれない。

組織や日常生活で、悪魔の代理人の役割を作るには、どうすればいいだろうか。議論の中で、新しい見方が出てくるような質問ができるだろうか。

こうした方法に加えて、環境が発する弱いシグナルに注意し、早期警戒システムを作り（第３章の「馬を替えるべきなのか」で述べた）、事後評価で過去の過ちから学ぶ（第７章の「心のR＆Dに取り組む」で論じる）ことも役に立つ。第９章で論じるように、「適応的断絶」に対応する戦略、ほかの人の視点から世界を見、自分の視点に近づけることは、「新たな見方を知る」のに役立つ。

新しいモデルを探す旅へ

この章で述べた戦略は、新しいモデルを発見するのに役立つはずだが、新しいモデルを真剣に検討すべき時期を決めるのは難しい。ダーウィンがビーグル号で発見の旅に出かけるには、多くのエネルギーが必要だった。ＩＢＭのような大企業が、ソフトウエアのオープン化を受け入れる体制とビジネスモデルをつくるには、膨大な時間とエネルギーが必要だった。世の中の動きの中で、既存のメンタルモデルに合わない部分、メンタルモデルが機能しなくなったことがわかる部分に注意していれば、変化が必要なことがわかる。錯覚によって絵の見え方が変わる場合、ひとつの見方から別の見方に変わるときには、たいてい絵の特定の細部を見ているものだ。それによって、見方が変わる。

新たなモデルは、危機から生まれることが多い。とはいえ、柔軟な心を持ち、既存のモデルの限界を意識し、ほかのモデルを探す時間を積極的につくれば、見方を変える必要性にもっと早く気づき、もっと素早く効率的に対応できる。多様なモデルをもっていれば、新しいモデルが既存のモデルよりも効果的かどうかを試しながら、問題を解決することができるのだ。

インポッシブル・シンキングの技法

- 新たなモデルや、斬新な見方は、どこで見つかるだろうか。
- 決まりきった日常から抜け出し、発見の旅に出るには、どうすればいいだろうか（美術館や科学の講演を聞きに行く、といった短い旅でもいい）。
- 組織の中や組織の外で、過激な人、埋もれている人は誰だろうか。彼らに目を向けるにはどうすればいいだろうか。彼らが提唱しているのは、どんなモデルだろうか。
- 子どもや、部下の意見から何が学べるだろうか。
- ダーウィンのように柔軟に、自らの経験を生かして、異なる見方ができるようになるには、どうすればいいだろうか。

注

1. Stallman, Richard. "GNU Manifesto." *GNU Project.* 1993. <http://www.gnu.org/gnu/manifesto.html>.
2. February 2003 "Netcraft Survey Highlights." *Server Watch.* 3 March 2003. <http://www.serverwatch.com/news/article.php/1975941>.
3. Holstein, William J. "Canon Takes Aim at Xerox." *Fortune.* 14 October 2002. p.215. Kunii, Irene M. "What's Brightening Canon's Picture." *Business Week.* 21 June 2002. <http://www.businessweek.com/technology/

content/jun2002/tc20020621-9093.htm>. "Hard to Copy; Canon." *The Economist.* 2 November 2002. p.79.

4. Pennisi, Elizabeth. " A Hothouse of Molecular Biology."*Science*, 300 （2003）. pp.278-282.

5. Berry, Leonard L., and Neeli Bendapudi. "Clueing In Customers."*Harvard Business Review*. 81:2（2003）. pp.100-106.

6. Croft, John. "Taming Loss of Control: Solution Are Elusive."*Aviation Week & Space Technology*. 157:9 （2002）. P.50.

7. Hughes, Robert. *The Shock of the New*. New York:Knopf, 1981.

8. Ackoff, Russell. Re-Creating the Corporation: *A Design of Organizations for the 21th Century*. New York and Oxford: Oxford University Press, 1999.

9. 例えば以下を参照。Schoemaker, Paul J. H. *Profiting From Uncertainty: How To Succeed No Matter What the Future Brings*. New York: The Free Press, 2002. （『ウォートン流シナリオ・プランニング』鬼沢忍訳　翔泳社）

第6章 複雑な現実を整理し、意味を理解する

我々は情報におぼれているが、知識には飢えている。

ジョン・ネスビッツ

●フライドポテトは体に悪いのか

二〇〇二年、スウェーデンのある調査機関は、フライドポテトやポテトチップ、米やシリアルなどのデンプン質に含まれるアクリルアミドは、発癌性があるとの実験結果を発表した。これを見て食べるのをやめた人は、九カ月後に発表された追跡調査の結果に驚いたはずだ。これらの食品は確かにアクリルアミドが含まれているが、癌の原因とは考えられないというのだ。

混乱はさらに続く。二〇〇三年六月十七日、ロイターは、「油で揚げた食品はDNAの変異を引き起こす。アクリルアミドが変異の原因になりDNAを傷つける」と伝えた。ところが三週間後の七月五日、同じロイターは、「フライドポテトに発癌性はないと判明」と報じた。

さて、フライドポテトを食べるか、食べないか。それとも新聞を読むのをやめるか。こうした混沌とした状況を、どのように整理すればいいのだろうか。

低脂肪、脂肪ゼロの食品に何年も耐えてきたのに、最近になって、不飽和脂肪酸ではなく変性脂肪によって、心臓病や癌の発症率が高まるとの調査結果が出た。オリーブ油などの未加工脂肪やバターは体にいい。ラードだってとってかまわないという。だったらこの数年、パンにマーガリンをつけて食べていたのは何だったのか。

明日はどんな新しい調査結果が発表されるのか。事実と虚構をどうやって見分ければいいのか。何もかも食べるのをやめなければいけないのだろうか。タバコを吸うべきだろうか。タバコはそれほど害にならない、という調査がいつ出てこないともかぎらない。

日々、忠告や各種の調査結果、情報の波が押し寄せてくる。その中から重要なものを見分け、それに基づいて行動するにはどうすればいいだろうか。メンタルモデルや行動の変更を迫る情報に気づき、絶えず押し寄せるデータに圧倒されることなく、選り分けるにはどうすればいいだろうか。この章では、こうした複雑さを理解する戦略を探っていく。ここで注目するのは、ズーム・インして細部を眺め、ズーム・アウトして文脈を考えるプロセスである。

現代人は情報の海におぼれている。カリフォルニア大学バークレー校で進行中の研究によれば、世界中で生み出される情報は、年間、一～二エクサバイトに上る。一エクサバイトは、十の十八乗で、子どもも含めて地球上の人間一人当たりでは、二五〇メガバイトになる。電子メールは年間六千百億通が交換されている。二〇〇〇年時点で、ＨＴＭＬ形式のページは二一テラバイトあり、年率一〇〇パーセントで伸びていた。[*1] オンライン上の日記「ブログ」を書く人は増え続け、何百万人もの人が読めるようになっている。全部読む時間のある人などいるわけがない。

リチャード・ウルマンによれば、ニューヨーク・タイムズ紙の一日分の情報量は、十七世紀のイギリス人が一生の間に接する情報量に匹敵するという。[*2] 知識は十年ごとに倍になり、過去三十年間に、過去五千年間を上回る量の情報が生み出されている。

こうした情報の洪水は、人間が理解する能力を超えている。混沌とした海を整理し、意味を理解しなければならない。この章では、細部と全体像の両方を見るのに役立つプロセスを考えていく。

知識とは何か

「知識」の意味自体が変化している。百科事典の作り方なら誰でも知っている。様々な分野の一流の専門家を世界中から集め、各自に専門知識を書いてもらえばいい。一九一一年に出版されたブリタニカの第十一版は、世界中の英知を結集した傑作として知られている。こうした形で、世界の英知を集められたのは、恐らく最後だろう。出版社の言葉を借りれば、「人類の英知の総和――人類が考え、成し遂げてきたことすべて」であり、「知識という木の断面」である。当時は、知識を木にたとえることができた時代だった。これに対して現代では、知識は密林のジャングルのようであり、しかも砂や茂みが移動し、その中を様々な動植物が動き回っているようなものだとされている（アメリカの特許庁が議会に対し、発明しうるものはすべて発明されたのだから、特許庁を閉鎖して予算を節約すべきだと提言したのは、ブリタニカ第十一版発行の十年あまり前のことだ）。

「人類の知識の総和」は、各分野の専門家が書いた項目を足し合わせてでき上がる。例えば、一流の歴史学者がアメリカ独立戦争を解説し、美術史の専門家がミケランジェロについてエッセイを書き、物理学者がニュートンの法則について書く。編集者の手によって、膨大な人類の英知は簡潔にまとめられ、本棚やCD―ROMに収められる。こうした方法で、何世代にもわたって世界中の知識を簡潔にまとめて、素晴らしい事典が作られてきた。

だが、事典の作り方には、まったく違うモデルがある。例えばウィキペディア（www.wikipedia.com）が使っている方法がある。各項目を執筆するのは、その道の専門家ではない。ウィキペディアは草の根の自然発生的なシステムであり、誰でも自由に項目を付け加え、他の項目と関連付けることができる。一時的に間違ったことが書かれても、よく知っている人が直すと考えられている。基本方針さえ守れば、参加はまったく自由だ。参加者は全員、匿名のままで、自分が持っている知識を提供する。時間がたてばたつほど、中身が充実し、完全で正確なものに近づく。インターネット上の事典であり、項目間にリンクが張られている。

同じように、グーグルなどの検索サイトは、当初は機械を使ってインターネット上の情報を探していたが、その後、専門家チームを活用して広がり続けるインターネットを理解する仕組みを加え、さらに今では、各地のボランティアがごく狭い分野の知識を追いかけ続ける分散的な手法も採用している。『オープン・ディレクトリ・プロジェクト』（http://dmoz.org）は、インターネットのディレクトリを人手で作り、各分野に関心のある個人が世界的なボランティア組織を作って編集している。商用のディレクトリ・サイトでは、スタッフが比較的、安い給料で増え続けるページを追いかけているのに対して、草の根のプロジェクトは、多くの個人の情熱を生かしている。「草の根プロジェクトがインターネットを組織化する手段になっている」のである。

情報の整理という点で、ブリタニカとこれらのインターネット・サイトでは、視点がまったく異なる。どちらがいいのだろうか。伝統ある百科事典の編集者から見れば、ウィキペディアのやり方は許しがたいものだ。専門家のお墨付きがない情報など信用できない。ウィキペディアに言わせれば、多くの人たちが関わることで、素早く間違いを見つけ、修正することができる。そして、知識がめまぐるしく変化し、一流の専門家ですら間違い、書き直しを迫られる現代においては、変化に対応し、多様な見方を反映させ、豊かで幅広い知識の基盤を築くという意味で、ウィキペディアの方が、柔軟性があるかもしれない。

知識を収集する方法が違えば、当然ながら、出てくる結果も違ってくる。例えば、「コミュニティー」という言葉を見ると、ブリタニカの第十五版は、生物学的な定義に重点を置いているのに対し、インターネット上のコミュニティーであるウィキペディアは、もっと幅広い見方をしており、小項目として「エージェント」や「バーチャル・コミュニティー」などのトピックが取り上げられている。一方、「トランスフォーメーション」の定義を見ると、ウィキペディアでは、分子生物学や数学で使われる専門用語を重視していて、企業や個人の変化を表す用例はない。また、ブリタニカには「インサイト」の項目があるが、ウィキペディアにはない。どちらも盲点があるが、「メンタルモデル」という概念は、どちらもまったく取り上げていない。

公正を期すために言えば、オンライン上のウィキペディアと紙ベースのブリタニカとを比較しており、情報の形態が違うので、扱われ方が違う点を指摘しておかなければならない。オンライン版では、決まった言葉を探すのに便利なのに対し、紙媒体は一覧性に優れている。

知識を整理し、理解する方法はほかにもある。オックスフォード・イングリッシュ・ディクショナリー（OED）は、実際に使われた用例を引用しながら、語義の変遷に注目している（OEDの発展の過程はウィキペディアに似ている。用例は多くのボランティアから送られたものだ。特に精力的だったのは、殺人を犯してイギリスの精神病院に収監されていた男だ）[*3]。プリンストン大学の心理学教授、ジョージ・ミラーが主宰するオンライン・プロジェクト、ワード・ネットは、記憶処理に関する研究を基に、通常の辞書やシソーラスよりも幅広い視点を取り入れている[*4]。語義（「コミュニティー」の語義は八つ）や同義語、反対語のほか、その言葉が属する類やグループを示す「ハイパーニム」も集めている（例えば、犬ならイヌ科、肉食動物、哺乳類、動物、生物）ほか、その言葉の種類を示す「ハイポニムズ」（例えば、犬なら子犬、愛玩犬、ブルドッグ、ダルメシアン、ニューファンドランドなど）、さらにはその語の一部である「メロニムズ」（例えば、犬の尻尾である「フラッグ」など）を集めている。

こうした多様な定義から生まれる言葉のコンテクストは貴重であり、特に機械翻訳に役立つ。コンテクストがなければ、コンピューター翻訳は以下のような有名な間違いを犯す。「精神《スピリット》は強いが、肉体は弱い」という文章が、「ウォッカはうまいが、肉は臭い」になる。解釈がなんと違うことか。

人の認識や行動は、言葉などの情報をどのように理解するかで大きく違ってくる。ブリタニカ、ウィキペディア、OED、ワード・ネットは、それぞれ知識の収集・整理モデルが違っている。データの見方は何通りもあるので、そのデータを選別し、整理し、並べ替える方法によっても、見えるものは劇的に変わってくる。

ジャーナリストのような専門家は中立的であることを期待されるが、職場の規律や文化の影響を受けるため、多かれ少なかれ偏っている。ジャーナリストは、一つの問題について、あらゆる見方を提示することで中立性と客観性を保とうとするが、それは、大統領選の論戦に、あらゆる政党の候補者を招くのと同じくらい簡単ではない。最終的に抜け落ちる視点が出てくる。

文化は言葉の定義にも影響を与える。「デモクラシー」の定義について、各国の百科事典を調べるよう学生に頼んだところ、予想通り、概念は実に多様だった。

おぼれかけている人にさらに情報を注ぎ込む

情報は増えただけでなく、情報が流れる経路も多様化している。二十四時間、世界中のニュースを配信するメディアのおかげで、九・一一の同時テロやダイアナ妃の死去、ワールドカップ・サッカーなど、世界的な出来事を、世界中の数十億人の人々と共有できるようになった。企業は、一日二十四時間、週七日、一年三百六十五日、従業員にポケベル、携帯端末、電子メール、携帯電話で連絡がとれることを求める。

だが、こうした情報を吸収する能力は限界に達している。まして、理解することなどできないのかもしれない。人間の情報処理能力に限界があることは、メディアに接する時間が驚くほど一定で推移していることでもわかる。アメリカの平均的家庭がメディア（テレビ、ラジオ、音楽、新聞、書籍、雑誌、家庭用ビデオ、ゲーム、インターネット）に充てる時間は、一九九二年から二〇〇〇年の間にわずか一・七パーセントしか増えておらず、年間三千三百時間でとどまっている。これは限界に達したことを示しているのではないだろうか。それでも、二〇〇〇年時点で、家庭が様々なチャネルから受け取る情報量は平均三三〇万メガバイトに上っている。[*5]

多くの人の情報処理能力は既に限界を超えている。こうした「データ公害」による被害を、イギリス人の心理学者、デイヴィッド・ルイスは「情報疲労症候群」と名付けた。過剰な情報によって、睡眠が妨げられ、集中力が下がり、免疫システムにすら悪影響を与えている。消化不良や心臓病、躁状態とも関連している。もっと広く見られるのは、思考の麻痺と間違った意思決定だ。[*6]

複雑さはたちまち混乱を招く。アメリカのオークリッジ国立研究所では、アメリカ運輸省インテリジェント・ビークル・イニシアチブの支援を受けて、運転中に様々な邪魔が入ったときの影響を調べた。被験者がテスト・トラックを走行中に、自動の方向指示や携帯電話の発信音、インターネットのニュースを流す。さらに、「一ガロンで十二マイル走れるとすれば、九十六マイル走るのに何ガロン必要か」といった簡単な計算問題を出す。その結果、六人に一人が曲がり角を曲がれず、何人かは携帯電話に出られず、多くの人が小学生でも解ける計算ができなかった。四十五分間に運転を誤って道路から飛び出したのは三十六人中二、三人だったが、思考が「大破」したと感じた人がほとんどだった。[*7]

知れば知るほど、わからなくなる

かつて、情報の効用は、不確実性が減る点にあった。だが今では、情報が増えれば増えるほど、わからなくなることがある。様々な発信源から多種多様な情報が入ってくるので、まずは、その情報が信頼できるかどうかを確かめなくてはならない。情報の解釈は、情報を提示する側、受け取る側の優先事項によって決まる。情報がめまぐるしく変化するため、将来の予測はいちだんと難しくなっている。地球村という、ネットワーク化され、非連続的で、絶えず変化する世界は、一時の流行と普遍の真理が入り混じった激動する世界でもある。

本当に難しいのは、この情報の洪水を生き延びることだけではなく、理解することだ。混沌とした情報の海から、真実の塩を抽出するにはどうすればいいのか。おぼれることなく、深海に眠る真珠を見つけるには、どうすればいいのだろうか。

海を呑み込んで腹を下す

中国の昔話に出てくる兄弟をまねる人たちもいる。情報の海を呑み込むのだ。海水を飲み干し、海底に残された魚を取り出す。この「海を呑み込む」方法を取っているのが、アメリカ国防省だ。二億四千万ドルかけてＴＩＡ（テロ情報認知システム）を開発しようとしている。この計画は、アメリカ国内の銀行口座のデータ、税金、運転免許、航空券など旅行の予約、クレジットカードの購入履歴、病歴、電話や電子メールの交信記録など、巨大な情報の海の中で、手に入るものは何でも呑み込もうというものだ。そうすれば、事件の兆候を示すパターンや相関性を求めて、この海の中を動き回ることができると考えている。[*8]

プライバシー侵害の問題はさておき、TIAは情報を力ずくで扱おうとしているように思える。こうした巨大で雑多で扱いにくく、絶えず変化するデータベースから有用な発見ができるわけがない、というのが大方の見方だ。どんな情報が追跡されているかがわかれば、テロリストはそれに合わせた対抗手段をとってくる。企業はかなり経験を積んでいて、いわゆる「データ・マイニング」の利点と限界を知っている。これに代わるものとして、免疫システムのように分散型の防衛手段を活用し、脅威を見いだし、それに対応するモデルがある。このシステムは、労働集約的でなく、コストがかからない上に、「ハッカー」側が出し抜くのは難しい。

スーパーコンピューターなら、世界中のあらゆるデータを解析し、優れた見解を引き出してくれると考えたくなるだろう。だが、多種多様なデータを大量に集めても、必ずしも優れた見方ができるようになるわけではない。実際には、意味を読み解くのが難しく、データの量に圧倒されるだけになる。強力な情報システムとデータ・マイニングは、限られた範囲内で意味を読み解くのに使われるべきだ。

データを蓄積するだけで意味がわかっていない現象を、見事に皮肉ったのが、ホルへ・ルイス・ボルヘスが書いた『記憶の人、フネス』だ。題名にもなっている主人公のイレネオ・フネスは、目にしたことすべてを完全に記憶する能力に恵まれていた（呪われていた、というべきかもしれない）。ささいなことも、事細かに覚えている。何年前の何月何日何時何分に日が沈み、その時太陽の色がどう変化したかを正確に覚えている。だが、完全な記憶があっても、何ひとつ変えることができない。過去の情報でいっぱいいっぱいなので、新しいことを考えることができない。この物語でボルヘスは、生のデータを蓄積することと、その意味を理解することは違い、理解するには創造力が必要であることを示唆した。我々は、情報技術を使ってフネスになってはいけない。こうした知識の洪水から金の塊を取り出せるプロセスを重視しなければならない。

すべてはコンテクスト次第

やみくもに大量の情報を集めて、意味が自然に浮かんでくるのを期待してはいけない。情報の性質に関して見落とされているのは、コンテクストから切り離して理解することはできない、という点だ。ワンパックの情報を摘み取って大きなカゴに放り込んでしまうと、コンテクストから切り離すことになるので、意味を理解するのは難しくなる。

あるものがどう見えるかは、それがどこにあったかで決まる。例えば、図6―1は何に見えるだろうか。「B」という人もいれば、「13」という人もいるだろう。数字なのか、文字なのか。では、同じ記号をコンテクストの中で考えてみよう。図6―2なら、前後関係から「B」に見えるはずだ。図6―3

図 6-1
さて、何に見えますか?

なら「13」に見える。

数字なのか、文字なのか。こういう質問をされると、正解は一つだと考えがちだ。答えは、何を見るかだけでなく、見たものをどう理解するかで決まってくる。そして、どう理解するかは、記号そのものだけでなく、そのコンテクストによって決まってくるのだ。

このイメージの意味を理解するのに、まず独立した記号（Bなり13なり）に注目する。次に一歩引いてコンテクストを見る。そして、もう一度、焦点を絞る。人間は、こうした作業を、視覚を使って直観的に行なっている。細部に注目し、一歩引いてコンテクストを見て、また細部に戻る。ズーム・アウトすることで、細部にばかり気をとられ、混乱したり、身動きがとれなくな

図6-2
ある文字列の効果

ったりするのを避けられる。逆にズーム・インすることで、関心が分散し行動をとれない、といった事態を防ぐことができる。

ズーム・イン、ズーム・アウトを活用する

視覚を使って見るときにそうしているように、今の複雑な情報環境で迷わず、その意味を理解するには、ズーム・インとズーム・アウトを実践しなければならない。このプロセスを通じて、対象に近づき過ぎたり、遠ざかり過ぎたりすることを避けられる。これは、眼の疲労を防ぐため、一定の間隔でパソコンの画面から眼を離して、遠くを見るのに似ている。

人間は、外部からの感覚的な刺激のうちごく一部しか使わずに物事を理解し、全体像を描いているため、情報の雪崩の中で重要な情報を選び出すには、幾つかの課題を克服しなければならない。第一に、重要な部分に関心を向けるようにし、移動する砂――誤った情報――に基づいて見方を形成しないようにしなければならない。そのためには、細かい点にズーム・インし、詳しく検証する。これにより、情報のあやふやな点に気づき、大きなモデルを

図 6-3　別の文字列の効果

見直すきっかけになる。第二に、適切な視点から一貫した全体像を描くようにしなければならない。そのためには、ズーム・アウトして全体像を眺める。

ズーム・アウトしたままなら、データに圧倒されてしまう。大勢のパーティーで、すべての会話に耳を傾けていると、結局、何も記憶に残らない。逆にズーム・インして、ひとつの会話に夢中になっていると、大事な知り合いが来たことに気づかない。遠近の焦点を使い分けるのは、車の運転で、ダッシュボードの計器をチェックしながら、道路を見るのと同じだ。ハイウェイを走るには細部と全体像の両方が必要であり、両方を見ることが大切だ。

図6-4で示したように、チーズに近づいたネズミは、食べられるかどうか臭いをかぐ。このズーム・インのプロセスは、食べるという行為に必要なものだ。だが、ネズミはコンテクストも考えなくてはいけない。チーズが夕食のテーブルにあるなら食べられる。しかし、図6-5のように、罠の上に置かれているのなら、とるべき行動はまったく違ってくる。

細部を検討すると同時に、全体像を見てコンテクストを理解する、という一貫したプロセスがなければ、迅速な行動はとれない。画家は、小さな葉っぱに色を塗っているときも、全体の構図に気を配っているものだ。

絶えずズーム・インとズーム・アウトを繰り返しながら、焦点を次の面白いものに移動させていく。ときには、目の前の関心事から離れて、広い視野で見なければならない。コンテクストを見て、状況が変わっていないことを確認する。「大事なことは一つだけ」と考えるには、人生は複雑過ぎる。緊急事態でもないかぎり、最優先課題が一つしかない事態は考えにくい。すべてはバランスの問題である。絶えずあらゆる問題を行き来しながら、ズーム・アウトして、全体のコンテクストを見ることによって次の面白いものを選び、それに焦点を合わせて、ズーム・インする。そして、ズーム・インしたら、決断し、行動を起こし、ズーム・アウトするのが重要だ。

昔ながらの「やるべきことのリスト」は、絶対不変の優先課題を並べたものだが、これにとらわれていると、ズーム・インばかりしていることになる。「レベルA」から、順番に取り組むが、途中で状況が変わればどうなるのか。リストから離れ、状況の変化を認識できるだろうか。それとも、課題が変わっても、やり続けるのだろうか。そこで役に立つのが、視野を広げ、コンテクストで考えるプロセスだ。ズーム・インして、課題に焦点を合わせ、行動をとった後、ズーム・アウトし、コンテクストを確認する。このプロセスを実践すれば、優先課題を片付けるだけでなく、それが正しい課題であることを確認できる。

図6-4
細部を見るためにズーム・イン

具体的な実践のプロセス

絶えずズーム・インとズーム・アウトのプロセスを実践するには、どうすればいいだろうか。庭の花を例に考えよう。花の色や形をじっくり観察して、病気になっていないか、水や肥料をやる必要がないか、雑草を取らなくていいかを確かめる。次にズーム・アウトして、庭全体を眺める。花の位置はいいか。花の取り合わせやバランスはいいか。庭の花全部が健康だろうか。一本の枯れた花は、単独の問題なのか、それとも大きな問題の一部なのだろうか。ズーム・インとズーム・アウトの過程では、こうしたプロセスが繰り返される。

ズーム・インとズーム・アウトはどちらが先なのだろうか。それは目の前の問題による。技術的に複雑な問題では、ズーム・インから始めることが多い。手術が失敗したり、危篤になったりしたときは、応急処置が必要だ。だが、これに集中するのは、ごく短い期間だ。深刻な症状が治まれば、ダイエットやエクササイズなど、もっと大きな健康の問題に注目する。なんとなく体調が優れないとか、

図6-5
コンテクストを見るためにズーム・アウト

売り上げが落ちている、工場の生産量が緩やかに落ち込んでいる、といったあいまいな問題は、もっと広いコンテクストで見る。つまり、ズーム・アウトから始める。全体像を把握した上で、細部に移り、何が起きているかを見る。

今立っている場所を知る

ズーム・インとズーム・アウトのどちらを先にするかよりも、二つを使い分けることとの方が重要だ。眺望の良い場所から始めるのが普通だが、まず、問題との距離を確認する。離れた場所にいるなら、ズーム・インして重要な点を細かく見る。逆に、問題の詳しい点がわかっていて、情報の洪水におぼれそうなら、後ろに下がって、大きなコンテクストを見なくてはいけない。自分の立っている場所がわかれば、視野が固定され過ぎるのを防ぐための調節ができるだろう。

自分が何を求めているのかも重要だ。レストランや会議室に入ったとき、普通は家具や絵、照明、窓の外の景色はあまり気にとめない。レストランなのか会議室なのかがわかれば、あとはそこで会う人に関心を集中する。それで見落とすことは多いが、焦点は重要な細部に合わせている。一方、インテリア・デザイナーがクライアントと部屋のリフォームについて話し合うなら、部屋の隅々にまで注意を払わねばならない。部屋の種類や内装を細かく分類し、どんなスタイルにするのか、どんな色調にするのかを正確に見極めなければならない。見方がコンテクストを決め、コンテクストが注意すべき情報を決めるのだ。

ある問題について、自分が細部に近いのか、遠いのか、立ち位置がわかれば、何をすべきかがわかり、ズーム・インすべきか、ズーム・アウトすべきなのかがわかる。このプロセスをさらに具体的に見ていこう。

ズーム・イン

ズーム・インのプロセスとは、ある状況の細部に焦点を合わせることだ。離れた位置からコンテクストを眺める心地良さを捨てて、沼地にひじまで浸かってカメラを構える。情報の洪水に圧倒されることなく細部に焦点を絞るには、幾つか方法があるが、そのひとつが厳密な分析と分類だ。ただし、これらはメンタルモデルを変えるのには役立たない。今使っているメンタルモデルが焦点を決めているからだ。複雑な状況のガラクタ整理に役立つだけだ。後ろに下がってズーム・アウトし、視野を広げれば、今使っているメンタルモデルがよくわかり、新たなモデルの可能性に気づくことができる。

■厳密な分析をする

マーク・トウェインの小説に、熱いストーブの上に座って、二度と座らないことを覚えた猫が出てくる。だが、猫は冷えたストーブも避ける。

警告を発する小さな情報に過剰反応してはいけない。二〇〇三年初め、アメリカ政府は化学兵器や生物兵器の攻撃に備えて、ダクト・テープやプラスチック・シートの購入を勧めたところ、工具店から在庫がなくなった。翌日、政府内外から過剰反応だとの声が上がった。このケースでは被害はなかったが、この程度では済まない過剰反応もある。厳密な分析をして、様々な方法のリスクとメリットを明らかにしなければならない。

厳密な分析は、細部を理解するのに役立つ。シティバンクは、クレジットカードの利用者から膨大な情報を集めても、的を絞った質問をしなければ、ビジネスに役立たないことに気がついた。例えば、顧客がコールセンターに電話してきたとき、ついでに薦めるのに適しているのはどんな商品か。この質問なら、データを分析した結果を検証できる。適切な質問と分析をし、適切な見方をしなければ、どれほど木を集めても、森は見えてこない。個別の情報にズーム・インする場合、仮説を立てて厳密に分析することが役立つ。

「メタアナリシス」などのツールによって、厳密さを一段と高いレベルに引き上げ、幅広く応用することもできる。医療分野でよく使われるメタアナリシスでは、様々な調査結果を幅広く調べて、見解を引き出す。例えば、高脂肪の食品と癌の関係について、マスコミは最新の調査結果だけに注目するが、メタアナリシスでは、同様の研究をすべて検討し、その結果と妥当性を評価し、それらを総合して一般的な結論を導き出す。

厳密な分析で、特に注目するのが外れ値と矛盾だ。これらは真実のかけらであり、古いモデルを見直し、新たな方向に導いてくれるかもしれない。個別の課題について、分析の精度を高めるにはどうすればいいか、自問してみよう。想定を見直し、仮説を立て、明確な質問をするにはどうすればいいのか。実験し、学べる方法で細部に焦点を合わせるには、どうすればいいのだろうか。

■分類し、優先順位をつける

新たな情報を受け入れる枠組みが決まっていれば、情報の洪水におぼれることなく、細部に焦点を合わせられる。鳥の新種を見つける学者は、その鳥が恒温・脊椎動物・鳥類に当てはまることがわかっている。既存の種と比較して、新種かどうか調べる。知られているどの種とも違っていれば、既存の分類に新しい場所を作らなければならない。違っていないのであれば、既存の分類に当てはめる。新しい情報が翼を広げてやってきたときにも、同じような方法が活用できる。

情報を分類する方法は幾つもある。一般的な方法は、似たものを集めることだ。例えば、トランプのブリッジでは、カードを数字と四つの組で分類し、ジンラミーでは組で点数を数える。もっと単純な例では、野菜を洗うとき、泥のついた方をシンクの右脇、洗い終えた方を左脇に置けば、どちらが洗ったものか一目でわかる。[*9] ほかにも分類の基準を幾つか挙げよう。

類似性――どれだけ似ているか。

運命の共有――一体となって動くもの。例えば、自動車の部品や成績が十位以内の優等生など。

連続性――スムーズに連続した線上に収まるか。ジグソーパズルのピースを当てはめるときや、製品計画に合わせて部品を選ぶ場合に使える。また、情報を年代順やアルファベット順に並べておけば、その連続性がデータを探し出す自然な方法になる。

環境――一体的な系なのか、背景とは対照的な関係なのか。[*10]

直観的に分類する方法に加え、分類項目を増やし、当てはめていくのに役立つ統計的な方法が幾つもある。マーケティングでは、クラスタリングや多重次元スケーリング（ＭＤＳ）が消費者マーケティング調査などで得られた膨大な情報の中から相関性を見つけ、分類するのに使われている。こうしたツールは、膨大なデータの中から重要な点を選び出し、新たな見方を引き出すのに役立つ。

優先順位をつけるのも、情報を分類し、ふるいにかけるのに有用な方法である。最も重要な情報はどれか。ほかの情報とどのような関連があるのか。それを知るには、カギとなる重要な指標や決定事項を見つけることだ。また、分析階層プロセス（ＡＨＰ）など、もっと厳密な方法もある。ただし、重要なのは、こうした優先順位は、既存のメンタルモデルに基づいて決められているという点だ。ときには、後ろに下がり、優先順位が現実に合っているかどうかを確認することが必要だ。

生活の中に入ってくる情報を、どうすればうまく分類できるだろうか。どのような枠組みやシステムで情報を整理し、追跡すれば、ばらばらな情報ではなく、体系的な知識を身に付けられるだろうか。ズーム・インする場合、既存のメンタルモデルが決めた分類に当てはめている点に留意しなければならない。細かい点はよく見えるかもしれないが、今あるレンズで見ていることに変わりない。ほかのモデルで分類する方法を探してみよう。

■コンテクストを広げ過ぎて、麻痺状態に陥るのを防ぐ

もうひとつ注意が必要なのは、焦点を広げ過ぎて情報に圧倒され、動けなくなることだ。すべてを見るのは、何も見ていないのと同じだ。コンテクストを広げ過ぎて、目の前の問題に解決策が見つからない、ということのないようにしなくてはならない。ある時点までは、新しい情報、特に不確実な情報を探すのには、コンテクストを広げることが役立つのは確かだ。だが、ずるずると先延ばしにするようになり、何もしないことの言い訳になりかねない。データが多過ぎて、何から手をつけていいのかわからなくなったら、細かい点にズーム・インすべきだ。

新たな情報を見ることの恐れからも、麻痺状態に陥ることがある。二〇〇三年のスーパーボウルの中継時、チャールズ・シュワブが流したコマーシャルは、悪い内容の証券取引明細書をもった郵便配達夫から投資家が逃げるという内容だった。一番難しいのは、他社から乗り換えてもらうことではなく、自分の投資結果に目を向けてもらうことだと気づいていたからだ。シュワブは、九十五ドルですべての口座をシュワブに移して「一から」始めてもらう、フレッシュ・スタート・キャンペーンを打った。投資家が何もせず、恐れているだけの麻痺した状態を打破しなけれ

ば、市場環境を理解し、健全な投資戦略を立ててもらうことはできない、と同社は考えていたのだ。

異なるモデルを受け入れる姿勢を保ち、ときには異なるモデルのレンズを通して状況を見なければいけないが、この過程で麻痺状態に陥るのを避けなければならない。選択肢を吟味したら、その中から一つの見方を選び、それに基づいて行動しなければならない。列車が迫ってくるとき、線路の真ん中にいたくはないはずだ。どちらでもいいから脇によければいいが、真ん中にいれば確実に死ぬ。そこまでの段階に至れば、一つの地点や見方を選ばなくてはならない。たとえ、それが「間違い」だとしても。「分析によって麻痺」した状態を打破し、迅速に考え、行動する上で、直観は強力な手段になる。この点は第10章で述べる。

ズーム・アウト

ズーム・アウトのプロセスによって、大きな絵が見えてくる。自分の視野の限界を知り、視野が固定するのを避け、コンテクストを理解し、流れから抜け出し、多様な方法を活用して、他者と協力することができる。

■ 視野の限界を知る

頭痛薬を作る大衆薬メーカーは、同業他社ばかりに注目していたため、業界全体の売り上げが落ちたことに驚いた。何が原因だったのか。競争相手は、同業他社ではなく多方面から現れたのだ。医師による処方薬（個人にとっては、医療保険でカバーされるのでより魅力的）や、栄養補助剤、マッサージ、ホメオパシー、鍼灸だった。大衆薬メーカーは、現実を把握するため、視野を広げる必要があった。だが、そのためには、まず、自分たちの視野の限界を知らなければならない。

反証を探す。後ろに下がって意識的に視野を広げる。競争の場の定義を変えるにはどうすればいいか。自分の頭の中の境界線はどこにあるか。どうすれば、それを越えられるか。その線をどうやって越えるか。視野が狭過ぎたり、個別の問題ばかりに焦点を合わせたりしていないだろうか。自分の視野の内側がはっきりみえれば、視野の外側を体系的に見られるようになる。

■視野の固定化を防ぐ

過剰な情報や広過ぎる視野による麻痺を防ぐのと同じように、視野が固定する状態にも気をつけなければいけない。

一つのことばかり見ているのは危険だ。ロマンチックなディナーで互いの目を見つめ合っている若い恋人たちは、自分たちの世界にどっぷり浸かり、ビルが火事になったことに気づかない。後ろに下がって、視野を広げなければならない。そうしないと、何物かが突然、視界に侵入し、もっと早く気づいておけばよかったと後悔することになる。

空間のある一点を凝視したり、ひとつの問題に気をとられたりして、目がうつろになっているとき、恐らく現実感覚がなくなっている。警告ランプが教えてくれるわけではないが、注意していれば、そういう状態は自分でもわかる。最初は、さらに焦点を絞ろうとしてしまうかもしれない。だが、必要なのは後ろに下がることだ。ズーム・アウトする時期なのだ。

■コンテクストを尊重する

エネルギー保全に関心をもつ優秀な環境学者が、尊敬を集める将軍と原子力空母を見学した。低くうなる動力装置の横を通った時、科学者はエネルギー保全の観点で見ていた。見学が半ばに差しかかった時、将軍に向き直って、全体を効果的に配置すれば、燃料を節約できます、と進言した。将軍は冷ややかにこう言い返した。「地下には二機の原子炉がある。燃料の節約には関心がない」。

科学者はあらゆる情報を分析し、見事な結論を導いた。だが、結論は無力だった。将軍と違い、コンテクストを理解していなかったからだ。科学者はエネルギー保全という大きな絵は見ていたが、原子力空母の燃料保全のコンテクストを十分に尊重していなかった。

コンテクストを変えたときの影響は大きい。それを物語っているのが、コカ・コーラ社の一九九七年のカラフルな年次報告書だ。そこには「十億本売ったが、まだ四百七十億本売れる」と書かれていた。同社はこの年、世界で十億本の飲料を販売したが、世界では、ミネラル・ウォーター、コーヒー、お茶などを合わせて四百七十億本の飲料が出荷されていた。狭い意味でのソフトドリンク市場での戦いは、長らくペプシコと膠着状態にあった。だが、コカ・コーラは、コンテクストを広げ、あらゆる飲料で成長しようというのだ。こう見れば、成熟市場に新たな成長機会があることがすぐにわかる。

企業では、難題に取り組んでいた経営幹部が突然、「わかった。これはマーケティングの問題だ」とか「価格設定の問題だ」、あるいは「管理の問題だ」などと口にするのを耳にすることがよくあるだろう。経営幹部の勇気のあるなしや好みによって、問題がその人の縄張りになったり（「お任せあれ」）、担当外になったりする（「うちの問題ではない」）。これは、問題を個別のコンテクストに結び付けて考えているからだ。

今、どのようなコンテクストで意思決定を行なっているだろう。そのコンテクストについて、どのような想定を行なっているか。想定をどう見直せばいいだろうか。

■流れの外へ出る

休憩をとらずに泳ぎ続けることはできない。ときには情報の流れから外れて、考える余地をつくらなければならない。情報におぼれそうなときにも注意が必要だ。おぼれそうになると、速く泳ぎたくなるかもしれないが、流れから身を離した方がいい。

一日あるいは一週間の中で、大きな問題を考える時間をどうやってとるか。データや情報の流れから外れ、その意味を考えるにはどうすればいいだろうか。

■多角的なアプローチを活用する

複数のアプローチを活用することによって、コンテクストを拡大できる。様々な情報源を開拓し、集まった情報は、多様な分析ツールを使って検証する。このプロセスによって、ひとつの問題を多角的にとらえることができ、理解に必要な大きなコンテクストが得られる（複数の視点が混乱を招かないかぎりは）。多角的な見方をするには、多様なグループの人たちを集める、各種の研究を総合して、一貫性のある総括を行なう、などの方法がある。

今、どのような方法で現実を把握しているだろうか。多角的な見方を活用し、考え方を広げるには、どうすればいいだろうか。

■他者の力を借りる

一つの問題について、個人があらゆる情報を集めたり、自分でコンテクストを作り出したりするのは難しい。従来は、新聞、編集者、ニュース・キャスターなどの「語り手」や「勉強の虫」が、情報を整理し、組み立て、解釈してくれていた。生活がもっと「シンプル」なときは、それがうまく機能していた。今では、よほどの情報通でも、世の中の現象をすべて理解し、解釈するのは不可能だ。同じ分野の科学でも、専門が違えば意思の疎通が難しい。

協力を可能にする技術があれば、個々人が特定の物事を理解するために、他人と意見を交換したりするようになる。こうしたプロセスはインターネット上では既に根付いている。共通の趣味や興味をもつ人たちが、数え切れないほどのグループを作り、協力して新しい出来事を読み解いている。こうしたグループはたいてい、メンタルモデルも似通っているので、協力しやすい。グループは多岐にわたり、陰謀理論家のグループから、励まし合いながら三叉神経痛と闘う患者のグループまで様々である。

コミュニティー内には、際立った能力や知識を披露し、信者を集める「リーダー格」がいる。これは世界的な現象だが、コミュニティーや個人が世の中の動向に対する理解を深めるのに役立っている。実際のところ、「理解」だけではなく「行動」が起きている。今では、懸念される問題があると、世界的なデモを起こす力がある。アメリカ上院で院内総務を務めていたトレンド・ロッド議員は、人種差別発言が多数のブログで取り上げられ、辞任に追い込まれた。言うまでもないが、同じプロセスが世界的な流行や都市伝説、誹謗中傷を生んでいる。

情報の意味を知るのに、こうしたリーダー格に頼ることもできる。信頼できるガイド、編集に秀でた人、知恵者、メンターを見つければ、膨大なデータを自分のメンタルモデルに合うよう加工するのを助けてくれ、それに基づいて行動できる。現代の科学技術が信じがたい広がりをみせる中、こうした人たちが、絶大な影響力を獲得して、人々の見方を形作りつつある。もちろん、彼らのアイデアや新しい見方を受け入れられる柔軟さが必要だが、そのモデルにとらわれないようにしなければならない。

個人を信頼するのではなく、集団で知識を共有する場を作ることもある。メンタルモデルを共有する人のコミュニティーでは、前に述べたウィキペディアやオープン・ディレクトリ・プロジェクトのように、協力して物事を理解することができる。ウォートン・フェロー・プログラムのように、もっと組織化されたコミュニティーもある。世界中に散らばる幹部による意思決定支援のネットワークで、正規のプログラムとフェローや教員、その他の専門家へのアクセスを組み合わせている。

究極の考え方――ズーム・インとズーム・アウトを同時にする

ここまで、ズーム・インとズーム・アウトを一連のプロセスとして論じてきた。個人は、このやり方を実践すべきだが、複数の人間が共同作業を行なう場合、ズーム・インとズーム・アウトは同時にできる。画期的なコンピューター・プログラミングが、その可能性を示している。

「エクストリーム・プログラミング（XP）」[*11]の核となるプラクティス（行動）のひとつが、「ペア・プログラミング」であり、一台のコンピューターで二人のプログラマーが協力してソフトウエアを開発する。カギとなるのは、それぞれのプログラマーの仕事の定義だ。「ドライバー」は、コード開発の細部にズーム・インする一方、もう一人の「ナビゲーター」はプログラムの進行に合わせて、ズーム・アウトして全体像を見ている。これによって、コードはよく書けていても全体像が見えていないとか、ユーザー・ニーズとかけ離れる、といった問題を回避できる。

ここでは、ＸＰのやり方をすべて論じることはできないが、ＸＰは、ズーム・インとズーム・アウトのプロセスの格好のモデルである。例えば、ペアを組んで、企業の戦略を策定する場合を考えよう。ときどき後ろに下がってズーム・アウトして全体像を見るのではなく、一人が業務から離れて全体像を見、もう一人が業務を推進する。こうしたやり方は、正式な形ではないが、大統領府に見られる。また、ＣＥＯ（最高経営責任者）とＣＯＯ（最高業務責任者）も似ているが、その役割は「ドライバー」と「ナビゲーター」のように明確に分かれているわけではなく、担当する部門を完全に分けている場合もある。エクストリームのプログラマーの場合には、見方をしっかりさせ、二人の関係を築いていくための仕組みが確立している。役割を交換する方法をとっているのだ。

表面だけをみれば、「ペア・プログラミング」は、一人分の仕事を二人で分担している点で、きわめて非効率に見えるが、かなり質のよいプログラムが速くできるという。ソフト開発では、全体像が見えないために開発が遅れるケースが少なくないが、この方法ではそうした事態を避けることによって、迅速な開発が実現できている。ＸＰメソッドを活用している企業には、フォード、ダイムラー・クライスラー、ＵＢＳ、ファースト・ユニオン・ナショナル・バンクなどがある。

組織の複雑な意思決定の過程に、「ナビゲーター」と「ドライバー」の役割を作るには、どうすればいいだろうか。それぞれの仕事について、発想を変えるにはどうすればいいだろうか。

応用問題——さて、フライドポテトの件は？

この章の冒頭で取り上げた点に戻ろう。フライドポテトには発癌性がある、というスウェーデンの調査結果に関する記事を読んだとしよう。この情報を基に、どういう行動をとるかを決めなければならない。フライドポテトに対する見方を変えるべきか。食事内容や行動を変えるべきか。食べる量を減らすか。まったく食べないか。

この場合、既存のメンタルモデルを脅かしかねない情報を提示されているので、まずはズーム・インする。

■厳密な分析をする

分析の基となる想定や、報道では触れられなかった「ただし書き」に注目する。この調査の強みは何か。調査の対象者は何人で、調査期間はどのくらいなのか。結果を信じるべきか。もっとほかの情報を待つべきだろうか。

■麻痺状態に陥るのを避ける

健康に関して矛盾した調査結果を目にすると、投げやりになり、何も信じられないという気になるかもしれない。だが、これは間違いで、命を救う可能性がある調査まで否定することになる。

個別の情報を詳しく調べることによって、焦点が定まらずに何もしない状態を回避することができる。

■**分類する**

この情報がほかの情報とどのように関連しているのかを見極めなければならない。同じ分野で、ほかにはどのような研究が行なわれているか。その結果はどうか。これが予備調査にすぎないと判断した場合には、複数の参照点に基づいた長期的な研究や考察ほど重視しなくなるはずだ。調査結果は興味深いが、食べるのをやめるほど確かなものではない。そう考えれば、ズーム・アウトして、もっと広いコンテクストを考えたくなる。

■**協力を仰ぐ。あるいはガイドを活用する**

かかりつけの医者や栄養士に意見を求める。信頼できるインターネット・サイトやニュースの評価を見る。友人や同僚の意見を聞いてもいい。実際の論文をじっくり読んで、何が書かれているか、報道内容が正しかったかどうかを評価することもできる。

■**自分の視点を理解する**

この問題に関する自分の視点について考える。マスコミで取り上げられる科学論文を常日ごろから疑ってかかるタイプで、結果を割り引いて考える傾向があるのではないか。それとも、もともと有機食品に関心があり、自分の価値観に一致する調査を頭から信じ込む傾向があるのではないか。自分にはどんなクセがあり、それが情報の解釈にどう影響しているのだろうか。

コンテクストを考える

次に、より大きなコンテクストを考える。食品には、ほかにどんなリスクがあるか。どのリスクがどのように積み上がっていくのか。車でファストフード・レストランに行く方が、フライドポテトを食べるより危険ではないのか。考えるべきことがほかにもある中で、食品について考える時間をどれだけとればいいだろうか。

このプロセスの終わりに、もう一度、ズーム・インして、行動する（あるいは、何もしない、ということを決める必要がある）。ポテトチップが体に悪いと立証されるまで、食べるのをやめないと決めてもいいし、安全策をとってすぐに食生活を見直し、疑わしい食品は避ける手もある。だが、結果がわかるまで、何もかも食べるのをやめれば、満足な結果がわかる前に飢え死にしてしまう。決断は素早くなければならない。

ズーミングを身に付ける

情報の増える速さは、衰える気配がない。世界中の驚くほど多様な情報源から、驚くほど多様な情報が入ってくる。情報の取り扱い方がわかっていなければ、ただ圧倒され、その後はほとんどを無視するだけになる。あるいは、なじみのあるものだけに注目して、ほかは無視する。どちらも危険だ。ズーム・インとズーム・アウトを実践することによって、コンテクストがわかり、情報への理解が深まり、行動できるようになる。一切れのチーズを見て、それが罠の真ん中に置かれているかどうかがわかるようになる。情報が絶え間なく入り、不確実性と複雑さが増している現在、効果的な判断をするためには、ズーム・イン、ズーム・アウト、両方の視点が必要なのである。

何か問題にぶつかったとき、ズーム・インとズーム・アウトのプロセスを実践してみよう。いつ視野を広げ、いつ絞るのかを学び、意識的に焦点を変えられるようにする。後ろに下がることが必要なとき、流れから離れることを恐れてはならない。あるいは、行動に移すのに必要な知識を得るために、細部に没頭することを恐れてはならない。ズーム・インとズーム・アウトが同時にできるように、「ペア・プログラミング」のチームを作る方法を考えよう。このプロセスによって、自分の目的地と、そこに至る経路が見えてくるはずだ。

インポッシブル・シンキングの技法

- 個人の生活の中で、あるいは仕事の中で、情報に圧倒されているのはどの分野だろうか。ズーム・アウトして、大きな流れを見るにはどうすればいいか。
- 焦点が定まらずに、身動きがとれなくなっているのはどの分野だろうか。細部を詳しく検討するために、ズーム・インするにはどうすればいいだろうか。
- 日常生活や組織の中に、ズーム・インとズーム・アウトのプロセスを促進する習慣や構造を作りだすにはどうすればいいだろうか。組織の中で、ズーム・インを任せる人たちと、全体像をみるナビゲーター役を分けることができるだろうか。
- 自分の感情に注目しよう。過剰な情報に消化不良を起こすのは、どんなときだろうか。十分な情報がなくて、情報に飢えているのはどんなときだろうか。こうした感情に対処するには、何をすべきだろうか。

注

1. Lyman, Peter, and Hal R. Varian. "How Much Information." *University of California, Berkeley, School of Information* Management & Systems. 18 October 2000. http://www.sims.berkeley.edu/research/projects/how-much-info.
2. Wurman, Richard Saul. *Information Anxiety*. New York:Doubleday, 1989.
3. Winchester, Simon. *The Professor and the Madman*. New York: HarperCollins,1999.

4. WordNet-*A Lexical Database for the English Language*. Cognitive Science Laboratory, Princeton University. http://www.cogsci.princeton.edu/~ wn/.
5. Lyman, Peter, and Hal R. Varian. "How much Information."*University of California, Berkeley, School of Information.*"*management & Systems*. 18 Octorber 2000. <http://www.sims.berkeley.edu/research/projects/how-much-info>.
6. Murray, Bridget. "Data Smog: Newest Culprit in Brain Drain." *APA Monitor*. March 1998. <http://www.apa.org/monitor/mar98/smog.html>.
7. "High-Tech Cars Could Bring Cognitive Overload." *Access ITS Intelligent Transportation Systems*. 23 January 2001. <http://www.itsa.org/ITSNEWSNSF/a619bd3fc912d6f38525658d00073cd1/4d4a2ccf01557420852569dd00517abe?OpenDocument>.
8. Black, Jane. "Snooping in All the Wrong Places."*Business Week*. 18 December 2002. <http://www.businessweek.com/technology/content/dec2002/tc20021218-8515.htm>.
9. Kirsh, David. "A Few Thoughts on Cognitive Overload."*Intellectica*. 2000. <http://icl-server.ucsd.edu/~ kirsh/Articles/Overload/published.html>.
10. Kirsh David. "The Intelligent Use of Space."*Artificial Intelligence*. 1995. <http://icl-server.ucsd.edu/kirsh/Articles/Space/AIJ1.html>.
11. エクストリーム・プログラミングは、ケント・ベックによって開発された。恐らくその名称は、「エクストリーム」スポーツに触発されてつけられたのだろうか。マイクロソフトのＸＰとは子音を除いて、何の関係もない。詳しい情報は以下を参照。*Extreme Programming*. 26 January 2003 www.extremeprogramming.org , Brewer, John, and Jera Design."Extreme Programming FAQ."*Jera Design*. 2001. <http:// www.jera.com/techinfo/xpfaq.html>.

第7章 心のR&Dに取り組む

およそ人生とは実験だ。実験は多ければ多いほどいい。

ラルフ・ウォルド・エメルソン

●橋の真ん中でブレーキが利かなくなった

オンボロの車で、大きな川にかかる橋の真ん中までやって来た。この先の急な坂を下りきったところの料金所には、車の行列ができている。ブレーキを踏む。だが、何の変化もない。

今の今まで、ペダルを踏めばスピードは落ちた。だが、めいっぱいペダルを踏んでも、スピードは落ちない。どこが悪いのか、何をすべきか、とっさに判断しなければ、車は料金所前の車列に突っ込む。

何が起きたのか。ブレーキラインが壊れているのか。ブレーキオイルが切れているのか。素早く実験してみる。ペダルを何度か踏むうち、ブレーキが利くようになった。ホッと一安心だ。

だが、次に必要になったとき、ブレーキは利くのだろうか。

実験を続ける。いざという時のために、片手をサイドブレーキにかける。前の車との距離をとり、実験スペースを作る。床にめり込むほどめいっぱいペダルを踏むのだが、ブレーキは利かない。だが、何度か踏むうちに、また利くようになる。徐行運転しながら、何とかサービスステーションまでたどり着いた。マスターシリンダーのシールがいかれているという。ブレーキオイルは切れていないが、何度も踏まないと、ペダルからブレーキに圧力が伝わらないのだ。

古いモデルが通用しなくなる兆しが見える前に、新しいモデルを試しておかなくてはならない。新しい現実をテストし、理解し、効果的に対応できるモデルを考え出さねばならない。科学実験と違い、この実験は、実験室の環境で行なえるわけではない。実験の場は、混沌とした現実の世界であり、実験している間も、動きは止められない。

ハンドルから手を離さず、道路から目を離さず、しかも実験をする、というこのプロセスを意識的にできるようにするには、どうすればいいだろうか。実験から知恵を引き出すにはどうすればいいだろうか。この章では、新しいメンタルモデルを発掘し、試し、改良する、「心の研究開発」プロセスについて見ていく。

新しいメンタルモデルを採用するとは、新たな思考法に飛躍することであり、突然、改宗することであり、一瞬にしてひらめくことだ、と考えられている。だが、実験の大家、トーマス・エジソンが言うように、天才の「才能」は一パーセントにすぎない。あとの九九パーセントは「汗」なのである。汗とは、実験を重ねて、うまくいくかどうかを試してみることだ。絶えず新しいアイデアや方法を試しながら、知識を追い求めていく。

エジソンは最初の白熱電球を作った時、フィラメント用の素材を何にするか、何度も実験を繰り返した。世界中から集めた金属や繊維を試した結果、炭化させた木綿糸に落ち着いた。こうしてできた電球は四十時間、メンロ・パークを照らした。エジソンは次に、電気を起こし、運ぶのに必要なインフラの開発に着手した。

ここでは、新しいアイデアを柔軟に受け入れる姿勢が影を潜めた。エジソンは、頑なに直流を主張し、交流派と争ったのだ。最終的には交流の方が効率的であることがわかるのだが、エジソンの反対を乗り越えなければならなかった。結局エジソン以外の人たちの実験によって、交流の方が優れていることが証明され、交流が採用された。

実験とは、一つずつテストし、発見していくだけのものではない。実験は創造的なプロセスであり、新たな質問や仮説を浮かび上がらせ、新たな空間を確立し、偶然の発見の価値を認識して、新たな方向を見つけ出していくものだ。また、エジソンが蓄音機を開発したように、新しい何かを確立する創造的な飛躍でもある。

調整を加えながら、新しいメンタルモデルを取り入れていく過程は、ヨットを操るのに似ている。状況の変化に応じて、帆を上げ下げし、向きを変えながら、風と潮の流れを最大限に利用しなくてはならない。これは絶えず変化する状況にその都度対応していくプロセスであり、一回かぎり変わればいい、というものではない。船の設計を変える、つまりモデルを変えるといったもっと大きな変更もありうるが、一度、海に出れば、自分たちが置かれた状況の中でテストと調整を繰り返していくしかないのだ。

実験がいかに大切か

子どものうちは、親や教師が世の中を見るメンタルモデルを与えてくれる。子どもは、常にこのモデルで実験している。嘘をつくなと言われても、嘘をつくとどうなるのか試してみる。道路の端を歩きなさいとか、先生の言うことを聞きなさい、と言われても、すぐには納得せず、道路の真ん中を歩き、教師の言うことは聞かない。政治や宗教については、親の信条に影響されている場合が多いが、思春期や大人になると、疑問を持ち始める。成長するにつれて、学校や職場、文化から、ほかのモデルを取り入れるようになる。仕事や家族、行動は、社会的な規範や期待によって規定される。また、科学的方法などの正式な方法を学び、その効果をテストしたりする。

中には、こうしたテストをずっと続けている人がいる。エジソンの発明のように、画期的な製品開発に携わるとか、変化する環境に適応しなければならない場合、継続的なテストが特に重要になる。ほかの人たちが実験を行ない、優れたモデルを開発しているのなら、自分はもっと実験しなければならない。エジソンの時代のろうそくメーカーは、エジソンの実験にもっと注意を払っていたら、もっとうまくやれただろう。こうした実験の過程で、ある状況下で通用する新たなメンタルモデルに気づく機会が生まれる。

メンタルモデルにはダーウィンの進化論が当てはまる。新しい方法を試す中で、うまくいったモデルが有力になる。うまくいくことがわかると、広く一般に受け入れられる。初期のTQM（総合品質経営）でプロセスと製品の改良に成功した結果、TQMは一般に広がった。コンピューターは初期のユーザーが、その威力を立証したことによって、その後、一般に普及した。過去数十年、我々は、人間関係や家族関係で、幅広いモデルを実験してきた。結婚や子育ての伝統的なモデルに代わるものとして、多様なモデルを生み出してきた。

個人は様々なダイエット法を試している。結果に注目し、うまくいけば続けるし、うまくいかなければ別のダイエット法に変える。ダイエットは、たいてい実験として始まる。最初は、実験結果（アトキンス博士が実践したようなもの）や耳にした証拠（「サリーがこの方法で三週間で二十ポンドやせた」）、友人や医師の勧めで、一つのダイエット法に魅力を感じる。次に自分がやってみて、その方法が合っているかどうかを確かめる。最初に体重を測っておき、体重の減り具合を見る。このダイエット法を認めるか、認めないかは、自分の実験結果にかかっている。

個人の実験で問題なのは、対照実験がないことだ。そのダイエット法を試していなければどうだったのか、ほかの方法ならどうだったのかは、わからない。だとすれば、Xという方法が自分に一番合っているということが、どうしてわかるだろう。

こうした実験を継続して行なわなければ、苦境に立たされたり、既存のモデルがうまく働かず、大失敗したりすることになりかねない。夫婦の絆の強さを時々確かめていないと、突然、夫婦生活が破綻して茫然とする。職場では、新しいアイデアを試し、同僚や上司の評価に注意していなければ、職を失いかねない。既存のモデルの妥当性と、新しいモデルの効用を評価する。これが、心の研究開発（R＆D）のプロセスである。

心のR&Dの実践

実験室での実験プロセスなら、よく知られている。では、個人の実験とは、どのようなプロセスなのだろうか。大きな実験を一回やればいいのか、それとも小さな実験を積み重ねるのだろうか。

心のＲ＆Ｄでは、外部の世界を全部わかっているとは考えず、絶えず変化していると考える。既存のメンタルモデルは仮説として扱う。実験では、既存のメンタルモデルの価値を裏付けるか、新しいメンタルモデルを提示し、有効性を証明しなければならない。いずれにしても、外部の世界を、実験の対象だとみなす。物事がうまくいっていないとき、実験を行ない、観測気球を上げて調査する。この方法では、状況は不透明だとか疑問だとか言い訳したり、判断を下せない麻痺状態に陥ったりすることがない。世の中の現実を見失わないようにし、競争的な地位を維持するための基礎でなければならない。そして、実験は因果関係を確定する方法でもある。

ここでは三通りの実験を取り上げよう。

■計画的実験

科学の授業の記憶から、実験といえば、条件をコントロールし、定義がしっかりしたものだと思うのではないだろうか。仮説を立て、その仮説を検証する実験を設計し、その結果を分析して、仮説が裏付けられたかどうかを判断する。理解が深まると、新しい仮説を立てるか、既存の仮説の検証を繰り返す。こうした方法によって、個々の実験を、体系的な学習の過程にまとめられる。だが、多くの変数を制御できる環境がなければ、効率的な実験を行なうのは難しいし、コストもかかる。

自然実験

同じ方法を使って自然実験を通して学ぶこともできるが、一段と注意が必要になる。日常生活では膨大な量のデータが生まれているが、人間は見たこと、経験したことのほとんどを忘れるか、捨てている（前の章で取り上げたボルヘスの描くフネスなら、何でも記憶しているが）。自然実験は、身の回りで絶えず行なわれているが、そう思って注目することは滅多にない。視点を変えて、自然の実験だとみるようにすれば、身の回りのことを説明する理論を発展させて、その理論が正しいかどうかを検証することができる。人間を取り巻く世界は、科学実験のようにコントロールされているわけではないが、実験室として活用すれば、効果的に学ぶことができる。

適応的実験

第三の方法は、前の二つの方法と併用できるものだが、実験のプロセスを継続することだ。実験が完了し、結果が出るたびに、仮説に必要な修正を加えて、次の実験を始める。実験は一回かぎりの行為ではなく、試し、修正する絶え間ないプロセスであり、結果を出し続けていくものだ。

パソコン業界とエンターテインメント業界が融合するとの予想が数多く出されてきたが、今や世界中で大型の自然実験が行なわれるようになった。初期の実験の一例として、キーボードやマウスに加え、リモコンをつけてテレビのように動くパソコンが投入された。この実験の仮説は、既存の形態のパソコンは行き詰まっており、パソコンとテレビの融合の機は熟した、というものだろう。パソコンとテレビ、その他の機器が実際にどのように進化し融合するのかは、技術変化の動向と消費者の行動にかかっている。技術がいつ、どの方向に動くのか、正確なところは誰にもわからないので、企業は様々なタイプの製品を投入して実験を行なっている。マイクロソフトは、ＣＮＢＣなどのケーブルテレビと提携し、コンテンツの実験をしている。ソニーはコンピューターとエンターテインメントのコンテンツに参入している。ヒューレット・パッカードなどは、新しい機器の開発を続け、待望の融合が実現したのかどうかテストしている。過去数年にそうであったように、仮説は間違いだと証明されたかもしれないが、コンピューターとエンターテインメントに関する新たなメンタルモデルの実験は続いている。

技術の発明がすべて、新たなメンタルモデルに結びつくわけではないが、こうした技術の変化がきっかけとなって、個人の生活や事業機会について考える上で、新たなモデルを実験する機会が得られる。

裏目に出た転換

ときには、大胆な変革が必要になる場合があるが、新たなモデルを慎重に実験した結果として変革できれば、それに越したことはない。ＩＢＭは、慎重な実験を重ねた上で、事業の柱をハードからサービスへと転換した。

対照的なのがモンサントだ。同社は広範囲の実験を基に、化学メーカーから「ライフ・サイエンス」企業へと自己変革を行なった。だが、科学的実験は徹底して行なったものの、このモデルが社会的に受け入れられるかどうかの実験は十分でなかった。モンサントが将来を賭けた遺伝子組み換え食品は、ヨーロッパをはじめ世界各地で予想を上回る激しい反対に遭った。反対派は、遺伝子組み換えという、農業の新しいメンタルモデルを拒絶したのだ。遺伝子の青写真を基に種子を製造する方法、種子を知的財産として活用する方法は、自然環境を操作するものであり、どのような結果を生み出すのか、まったくわからないと反対派は考えたのだ。

遺伝子組み換え食品は、モンサントにとって、ささやかな実験ではなく、社運を賭けた提案だった。そして、一般に受け入れられるとの仮説に社の運命を賭けていたため、その仮説が誤っていたことは高くついた。実際、反対は強硬で、ザンビアの指導者は、飢えた国民の援助食糧として遺伝子組み換え食品の受け取りを拒否したほどだ。アメリカ人が毎日、朝食に食べている食品なのだが……。モンサントは、遺伝子組み換え食品に肩入れし過ぎたため、一般の人たちの反応を高いコストをかけて学ぶことになった。新技術に対する科学の世界の見方と、一般社会の受け止め方には隔たりがあった。

科学の世界では、農薬の使用を減らし、収穫量を増やす、画期的な技術だと考えていたが、一般市民の目には、予想外の悪影響を及ぼしかねない、危険な実験であると映っていた。

実験上の障害を知っておく

どんな実験にも言えることだが、個人的な実験の場合は特に、事実の判断に、多くの予見や先入観が入り込むのをいかに防ぐかが大きな課題になる。メンタルモデルの実験は、実験室と同じ環境では行なえない。統計的に有意な人数を対象に、二重盲検法を使うことなどできない。そのため、様々なバイアスがかかる可能性がある。これをできるだけ排除しなければならない。

■短期的なバイアス

あらゆる実験の弱点を象徴しているのがダイエットだ。個人でも、医学的な研究でも、難しいのは、長期的な影響の評価である。多くのダイエット法は、短期的には効果が上がるが、本人が熱意を失うと、たちまち効果はなくなる。人間は短期的な行動を次々と繰り返すので、その行動の行く末の徹底的な評価がいつもできるとはかぎらない。だが、ほかのダイエット法の長期的な影響を知る手がかりがあれば、その情報を手に入れる努力をすべきだ。また、ある方法について、長期的に起こりうる結果を考える「思考実験」を行なわなければならない。特定のダイエット法については、長期的にやり続ければ効果があることを示す証拠は見つからないかもしれないが、ダイエット法は一般に継続しなければ効果を期待できないことは理解できるだろう。そういう視点に立てば、個別のダイエット法の効果や弱点について、もっと厳密に評価するようになるはずだ。一般に短期的な実験では、すぐに成果を求めて物事を最適化しようとする。状況が変わらなければ、これでもうまくいくが、最適化を進めるほど、将来、状況が変わったときにうまく対応する柔軟性が失われていくものだ。

■変数に関する適切なコントロールの欠如

変数を適切にコントロールしなければ、他の要因の影響で、実験結果が損なわれる。例えば、有名な「ホーソン効果」がある。この実験では、照明の明るさなどの環境要因が工場の生産性に与える影響を調べた。照明を明るくした結果、生産性が上昇したように見えたが、調査期間中に、従業員が注目されたことが生産性上昇の原因だとの結論に至ったのである。新薬の臨床試験では、プラセボ（偽薬）を渡すコントロール・グループを活用し、薬効成分ではなく、錠剤を受け取ったこと自体が結果に与える影響をみている。同じように、新車購入者の顧客満足度調査にもバイアスがかかる余地がある。購入の満足度を聞かれるという行為そのものによって、顧客の満足度は上がってしまうのだ。

■結果との距離を失う

公平な見方を維持するのは、難しい。あることを証明するために実験を行ない、結果がそうなるよう物事を作ってしまうことがよくある。価値のあるＲ＆Ｄをするには、不愉快であっても、結果から離れて、データを冷徹に見なければならない。世間ではそれなりの立場にあって公然とそうすることが難しいとしても、少なくとも個人としてはその能力を磨くことに努めるべきだ。それができて初めて、自分の行なった実験の本当の意味がわかるようになる。

いつ実験すべきか――心のR&Dのコストとリターン

適応的実験は時間と労力を必要とする。いつも実験しているわけにはいかない。日々の活動とは別に実験しようとすると、時間と労力がかかる。シミュレーションばかりしているパイロットは、飛ぶ準備はできていても、会社にはなんら貢献しない。だが、生活の中で実験できる時間は限られている。パイロットが、コックピットで絶えず新しい操縦法を試しているようでは、乗客を怒らせるし、墜落事故すら起こしてしまうだろう。

企業では、小さな新規事業を次々と立ち上げたり、再編を繰り返したりしていると、既存事業がおろそかになるかもしれない。次々と知り合いを増やそうとする人は、誰とも安定した関係を作れず、付き合いを深めることができない。新しいダイエット法が流行るたびに試す人は、ダイエット本を読み、計画を立てることにばかりお金と時間をかけているが、エクササイズに投資した方がやせられるかもしれない。

実験には、時間と熱意、物理的資源などのコストがかかる。心の実験の最大のコストは時間と労力だ。心以外の実験では、ある仮説を検証するために、人材や資金などの資源の投入が必要な場合もある。実験を行なう際のポイントは、投入を抑えることだ。それでも、幾つかの実験を行なう場合は、投入する資源がかなり多くなることもある。さらに、実験への投入をどれだけ抑えても、そのような学習への投資は既存のメンタルモデルの下での事業や生活への投資をその分だけ減らすことになる。

どの程度の時間と労力を実験に充てるべきだろうか。実験にかかりきりになるわけにはいかない。生活があり、仕事がある。だが、まったく実験をしなければ、見当違いの仕事を効率的にやってしまう結果になりかねない。実験ばかりしていると、仕事をする時間がなくなる。成果と学習、仕事とR&Dの適切なバランスを見いだすことが重要だ。

資源の一部を、意識的に「心のR&D」に割り当てる努力をすれば、少なくとも既存のモデルについて、そして、そのモデルがどう変わるかについて確実に考えるようになる。新しいモデルの追跡、実験、開発にどのくらい投資するかは、自分や組織が直面する決断の重要性と、間違ったモデルをもつことのリスクに左右される。幾つもの要素が絡んだ複雑な方程式なのである。

■ 決断の重み

高額商品を買うときには、決断するまでにかなり注意深く調べるものだ。自動車を買う際、何時間も何日も何週間もかけて、モデルを検討し、試乗し、車種やメーカーに関する記事を読む。消費者が喜々として時間をかけるのは、自分の裁量の余地が大きいからだ。これに対して、スーパーでキッチン・ペーパーを選ぶときなどは、あれこれ考えない。たいていは、何も考えず、前回と同じ選択を繰り返しているだけだ。だが、その場で少し注意力を働かせれば、ほかのブランドが安売りしているのに気づき、そのブランドを試してみるかもしれない。

状況次第

状況によっても、メンタルモデルの重要性は変わる。同じスープを買うにしても、夕食用ならあまり考えずに買うが、エベレストに持っていくなら、もっと時間をかける。同じように、メンタルモデルが重要な状況に関わるのであれば、メンタルモデルを適切にし、ほかのモデルを探すのに時間をかけなければならない。既存のメンタルモデルのリスクが高まるような形で外部環境が変化したときには注意しなければならない。環境の変化は、無自覚に受け入れているメンタルモデルに注意せよ、とのシグナルだ。

単純なモデルの効用

そこそこのメンタルモデルで事足りるのは、どんなときか。ニュートン物理学は、突き詰めていけば限界はあるが、単純に物事を説明するだけなら、複雑な量子力学を持ち出さなくてもいい。

車で猛スピードで壁に激突するとどうなるか、屋根から球が落ちたらどうなるかを手っ取り早く知るには、ニュートンの理論の方が役に立ち、効率的なことが多い。

環境が劇的に変化するときには、否応なく古いメンタルモデルを見直し、新しいモデルを開発するのにエネルギーを注ぐ。個人の生活では、職を失うとか、離婚するなど人生の岐路に立たされたとき、既存のモデルについて考え、ほかのモデルを試すようになる。

言うまでもないが、この議論は、心のR&Dへの投資がゼロ・サム・ゲームである、との仮説に基づいている。実際には、どんな実験でも、今取り組んでいる活動にまったく集中できなくなるわけではない。人間は、生活そのものを壮大な実験として考え、行動を続けながら観察したり、学習したりすることもできる。通勤の経路は同じでも、途中の看板にもっと注意を払う。通勤経路は同じでも、CDブックを聞いて、新しい分野の知識を学ぶこともできる。パソコンの経路検索で、他の経路を探せば、少しの投資ではるかにいい経路が見つかる。このように、実験のコストを最小化し、実験する能力を強化しなければならない。

世界を実験室に変える

どうすれば、こうした実験のプロセスを、プライベートや仕事の課題に生かせるだろうか。持続的な実験と学習を促す方法を幾つか紹介しよう。

事後評価を行なう

外科医の間では、週に一度集まって、その週の手術で難しかった点やうまくいかなかった点を話し合う習慣がある。主任教授や上級研究員が出席し、何が良くなかったのか、そこから何が学べるかアドバイスする。同じように、軍隊では、「事後評価」を行ない、戦略や戦術を練り直す。プロのアメフト選手は、過去の試合のビデオを見て、なぜ決定的なボールを逃したのか分析し、プレーを改善する。いずれも、定期的に課題やミスを見直す時間を作ることで、仕事の中の自然実験から多くを学んでいる。契約が打ち切られたり、プロジェクトが失敗したりしたとき、その原因を突き止めるのに、どれくらい時間を割いているだろう。図表やビデオを見て、「後ろ向き」の実験を作る機会は数多くある。完了したプロジェクトを実験だと考えれば、その設計や仮説から、どのようなことが学べるだろうか。

シミュレーションを活用する

何事にも失敗はつきものだが、よくできたシミュレーションを使えば、時間とお金といったコストをかけずに、失敗を経験できる。参加者は一つの経験をし、そこから学ぶことができる。トレーディングであれ、飛行機の操縦であれ、戦争ゲームであれ、シミュレーションは、実際に直面する可能性のある問題を理解するのに役立つ。コンピューター上のシミュレーションや戦争ゲームは、複雑でコストもかかるが、「思考実験」やロール・プレイングなどを使えば、もっと簡単にできる。ロール・プレイングは、ある方法を試したり、人間関係の難しいやり取りを練習したりするのにも使えるが、やる気のある人を一人か二人見つけるだけでできる（椅子を幾つか並べ、一人がすべての役を演じてもいい）。思考実験はもっと簡単だ。すべては頭の中で起こるのだから。ある行動をとることを想定し、それがどんな結果を招くかを徹底的に考える。これらのシミュレーションでは、極端な経験を設定し、幾つも課題を詰め込み、実人生で出会うには何年もかかるような可能性を探ることができる。さらに、深刻な結果から自由になって、想定した自分の行動のフィードバックを得ながら、後ろに下がって事の成り行きを眺めることができる。そのため、系統だったアプローチで、自分のメンタルモデルや行動を分析することが可能になる。シミュレーションでは、現実の実験につきもののリスクをとらずに、メンタルモデルや行動をテストできるのだ。

■

自然実験に学ぶ

アメリカ陸軍は、採用の手段として無料オンライン・ゲームを開発したが、そこから戦術に関する有用なヒントを得た。オンライン・ゲームは、軍事作戦の自然実験として、魅力的な実験場であることがわかった。若いプレーヤーは仮想の新兵訓練を経て、様々な任務に送りこまれる。このゲームでは、採用候補者の柔軟性や才能、戦略的思考が測れるが、それだけではない。陸軍作戦本部は、プレーヤーの出撃回数が一億回に達したとき、この仮想体験が、新たな戦術や作戦を研究するための膨大な資料になることに気づいたのだ。成功したプレーヤーが使った型破りな戦略は、予想外の作戦や方法として戦場で応用できるかもしれない。現実を模したゲームとして始まったものが、ゲームを模して現実を変えるまでになった。こうした実験を利用するには、自分の周りで起きていることに注意し、それを新しい角度から検討しなければならない。[*1]

既存のメンタルモデルを仮説として扱う

既存のモデルを、現実ではなく仮説として扱う。自分がしようとする決断を実験として見て、次のように自問する。そこから何を学びたいか。どんな仮説を試そうとしているのか。結果を観察し、学習するための仕組みを導入したり、プロセスを見直したりできるだろうか。自分が思っている現実は、現実そのものではなく現実についての仮説であることが理解できれば、考え方が柔軟になり、実験ができる。自分のメンタルモデルを仮説だと考えられれば、そのモデルを簡単に検証し、修正できる。この過程で、自分自身の偏りに注意し、偏りがあれば修正し、補わなければならない。イアン・マクミランとリタ・ギュンター・マクグラスは、新規事業の計画立案で、自分たちの想定を意識化し、検証する体系的プロセスを示した。この「発見主導型計画」プロセスは、「逆収益計算書」といったツールを活用して、事業計画の裏にあるたいていは漠然とした想定を明確にするとともに、実行の過程で仮説を検討し、実験の結果が当初の仮説に合わなくなったときに、その事実を認識できるようにしている。[*2]

実験のための時間と空間を作る

実験のプロセスは往々にして、ビジネスの慌しさの中に埋もれる。プライベートでは、新しいことを試したり、新しいアイデアを考えたりする時間を別にとっておく。仕事では、世の中についての自分の見方を創造的に見直し、自分の経験の意味を探求する時間をとる。朝の散歩の時間や、車で通勤する時間でもかまわない。こうしたことを考える空間を作ることも考えた方がいい。実験に必要な「道具」がそろっているホームオフィスでもいいし、図書館や地元のカフェでもいい。新しいアイデアや活動が刺激になって、考えがまとまるかもしれない。こうした時間や空間を意識的に作り出さなければ、日々の生活に追われて、実験どころではなくなる。

意識的に関わる

実験のための時間と空間を作ることに加え、実験への関わり方を決めておくのも役に立つ。企業が予算の一定割合を研究開発に充てるのと同じだ。実験に自分の時間の何パーセントを充てるのが理想的かを知るには、前述のように自分の仕事や状況について考えておく必要がある。スリーエム（3M）は、従業員に独自のアイデアの追求に使える時間を与えている。人生において、あるいは組織の発展段階において、このR&Dへの投資が多い時期と少ない時期がある。子どもはいつも実験している。学校を卒業し、成人するに従って、心のR&Dに充てられる時間の割合は、どんどん減っていく。この点で、実験を意識的に増やす努力をしなければならない。どのくらいの時間と労力を充てるのが理想的かを注意深く考えると、実際に実験に時間をとるようになるはずだ。

多い少ないは別にして、時間と資源の一定割合を心のＲ＆Ｄに投入しなければ、古いモデルが無効になったり、新しいモデルが必要になったりしても気づかない。心のＲ＆Ｄを継続的にやらなければ、古いモデルで破局を迎えるか、達成できない新たなモデルを掲げて悲惨な結果に終わる可能性が高くなる。

■他者と協力する

実験は真空で行なわれるわけではない。他人の実験結果を調べ、自分の実験結果や課題を人に話すことによっても学ぶことができる。ほかの人も同じ実験をして、同じ結果が出ているのだろうか、まったく違う経験をしているのではないだろうか。前述の事後評価は、個別のミスや懸念に焦点を当てる中で協力するプロセスだ。同じような悩みや関心を持つ人とコミュニティーをつくる方法もある。想定や結果を様々な角度から検証するには、コミュニティーには多様な視点が入っているのが望ましい。また、コミュニティーは、固定的で頑なな世界観ではなく、実験精神を備えているべきだ。

人生は実験室——適応的実験を継続する

生活の中で実験する習慣を身に付けよう。企業に関する報道を見たら、その企業の意思決定の背景にあるメンタルモデルを考えてみる。この実験から何が学べるか。コメンテーターは、どんなメンタルモデルで企業の行動を理解しているか。自分ならどうするか。さらに、その企業の動向を長期間にわたって注目し、その影響を考える。理解できるか。理解できるとすれば、それはなぜか。理解できないとすれば、それはなぜなのか。

この方法は、メンタルモデルのスキルを磨き、実験する姿勢を養う上で重要だ。実験で考えたことをノートや日記に書いておくといい。仕事やプライベートで困っていることについても、同じことをしてみる。新しいメンタルモデルの仮説を立てる。あるいは、ほかの人に教えてもらう。そのモデルを当てはめるとどうなるか。その可能性については、第12章で詳しく見ていこう。

新しいメンタルモデルの実験を繰り返していると、それが習慣になってくる。どんな問題や状況にぶつかっても、この方法を使うようになる。この方法で、入ってくる情報を分析するようになる。問題に対処し、状況を理解するときの直観の一部になる。

同時に、実験という方法の虜にならないよう注意しなければならない。恋愛の相手を選ぶのに、科学の方法を使ってはいけない。その実験は失敗する確率が高いが、科学的方法を金科玉条にする人は、失敗にすら気づかない。実験のプロセスに気を配り、自分のやり方を実験する。適応的実験の一部として、実験そのものを実験する。実験を堅く考え過ぎない。自分の物の見方と、それを獲得した方法を検証し続けよう。

インポッシブル・シンキングの技法

- 周りでは、どのような自然「実験」が行なわれているだろうか。そこから学べる仮説をどうやって立てるか。
- 最近の失敗を思い浮かべよう。どのような事後評価を行なえば、その失敗から学べるだろうか。
- 自分のモデルの限界を検証し、新たなモデルのヒントとなるアイデアを得るために、どのような実験を設計していけばいいだろうか。
- 実験から学び、他の人と共有するには、どうすればいいだろうか。
- 実験で仮説の正しさが証明されるか、否定されたとき、それを踏まえて次の仮説や実験を設定するには、どうすればいいだろうか。

注

1. Brown, John Seely. "Peripheral Vision" Conference. The Wharton School, Philadelphia. 1-2 May 2003.
2. McGrath, Rita Gunther, and Ian C. MacMillan, "Discovery-Driven Planning." *Harvard Business Review.* 73:4 (1995). pp.44-52.

PART 3
TRANSFORM YOUR WORLD

第3部

こうして世界を変える

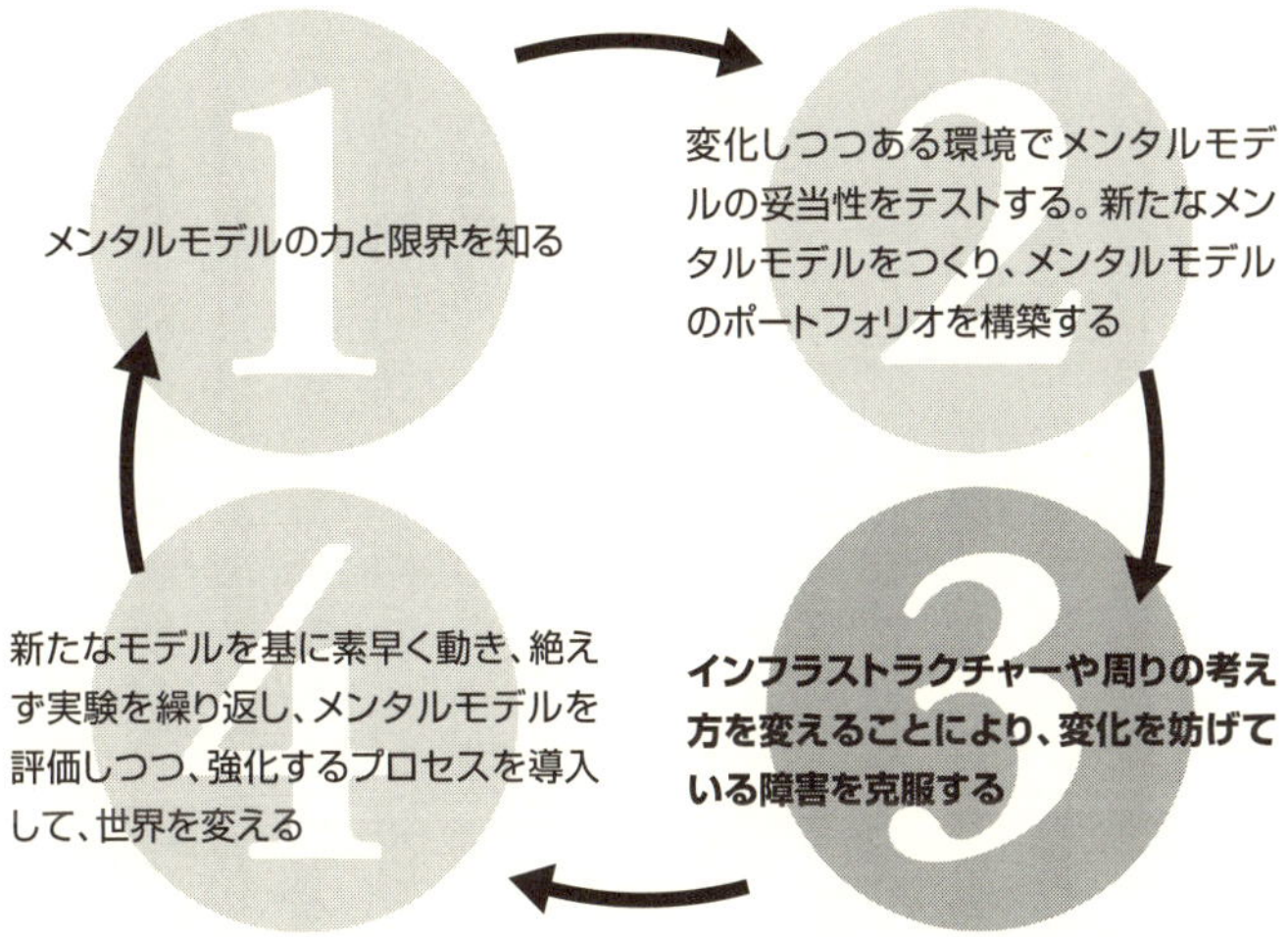
1
メンタルモデルの力と限界を知る
2
変化しつつある環境でメンタルモデルの妥当性をテストする。新たなメンタルモデルをつくり、メンタルモデルのポートフォリオを構築する
3
インフラストラクチャーや周りの考え方を変えることにより、変化を妨げている障害を克服する
4
新たなモデルを基に素早く動き、絶えず実験を繰り返し、メンタルモデルを評価しつつ、強化するプロセスを導入して、世界を変える

第8章
古い秩序を壊す

空中に楼閣を建てたなら、その仕事を無駄にすべきではない。そこがあるべき場所なのだ。その下に基礎を作ろう。

ヘンリー・デヴィッド・ソロー

タバコをやめたいがやめられない

唯一の問題は、生活のすべてがタバコを中心に回っていることだ。ニコチン中毒なら治すパッチがある。だが朝十時に、ビルの外で仲間と一服する時間はどうなるのだ。車にはタバコを置いてあり、会社の行き帰りに一本吸う。会社帰りの一服がないと、一日が終わった気がしない。いつもタバコを買う店では、店員が愛想よく接してくれる。日常のすべてがタバコを中心に回っている。タバコをやめるのは、生活のかなりの部分を捨てることにもなるのだ。

既存のメンタルモデルには、それを支えるために築き上げられたプロセスやインフラがある。冷戦期の軍事システムや核兵器がそうだ。これらを壊すのは容易ではない。このように古い秩序を支える骨組みがあるために、その意思や能力はあっても、メンタルモデルを変えるのが難しくなっている。タバコをやめたいのに、もう一本へ手が伸びる。こうした過去への執着を認識し、克服するにはどうすればいいだろう。剣を鍛え直して、鋤にするにはどうすればいいか。この章では、古い秩序を壊す際にぶつかる問題と、それに対処する方法についてみていく。

理想の夫婦を描いたドラマ『オジーとハリエット』はフィクションだが、一九五〇年代に広く支持されていた仕事観や家庭観を象徴していた。夫は仕事に行き、妻は家庭で子育てに専念する。オジーが帰宅した時、テーブルには夕食が並んでいる。このモデルでは、夫は仕事に専念して一つの会社に勤め、家を買い、家族を養うために働き、退職後に備えて貯蓄する。この構図が崩れるようになっても、モデル自体は廃れなかった。

やがて、女性は役割を限定されることに息苦しさを覚えるようになり、男性は大企業での終身雇用が崩れると、従来の役割が果たせなくなった。そこで夫婦のモデルを変えようとしたが、朝起きたら新しいメンタルモデルに変わっているほど、事は簡単に進まなかった。結婚や仕事に関わるあらゆることが、伝統的な夫婦モデルを前提としていた。人間関係、日常の習慣、手続き、投資、法制度もすべてこのモデルを前提としていた。ブライダル産業も、企業の給付制度もこのモデルを前提に作られていた。人間関係のメンタルモデルは、それを支えるインフラやプロセスを変えないかぎり、変わらないのだ。

仕事や家庭に対する考え方を変えても、それまでの絆を完全に断ち切るには至らなかった夫婦もいるが、古い人間関係を壊すしかなくなって苦しんだ後、やっとの思いで新しいモデルを基に新しい関係を築いた夫婦もいる。メンタルモデルを変えた場合の影響を考えずに、仕事観や家庭観を変えようとした人の中には、生活が崩壊して茫然とすることになった人もいる。

メンタルモデルを変えるときには、それまでのモデルを基に築いてきた世界に目を向けなければならない。自分たちが築いてきた世界に縛られているので、モデルを変えるのはそう簡単ではないと考えておくべきだし、それまでの投資を新しいモデルでどう扱うのかを明確にしておく必要がある。モデルを変えるには、それまでの投資を目に見える形で償却しなければならない。古い秩序のインフラを無視することはできない。メンタルモデルを変えるなら、インフラを破棄したり、作り変えたりするプロセスを十分に考えておく必要がある。このプロセスを意識していれば、新たなメンタルモデルをもっとスムーズに導入できる。例えば、家庭や仕事が内側から壊れていくのを見ているのではなく、作り変えることができるのだ。

この章では、過去にはうまくいき、人々の間に根付いた基礎的なメンタルモデルを変えるにはどうすればいいのかをみていこう。ここまで、新しい視点でみる方法を示してきたが、それを実際の生活に取り入れるにはどうすればいいのだろうか。どのような変化が必要なのか。どんな犠牲を払わねばならないのか。そもそもやる気はあるのか。何もかも捨ててしまうのか、それとも救えるものがあるのだろうか。

既存のモデルの頑強さ

人間はメンタルモデルに規定されているので、メンタルモデルを手放すことは、自分自身の一部を手放すことになる。だが、人間は手放すのを好まない。行動心理学では、冷静に考えれば合理的でない場面でも、人間は失うことを回避する傾向があることが以前から指摘されている。マグカップを売るか買うという単純な実験をすると、マグカップを持っている参加者（マグカップを手放すよう求められた参加者）は、マグカップを持っていない参加者の購入希望価格の二倍から三倍の値段をつけた。[*1]

マグカップはマグカップであって、家宝でも何でもない。しかし、「掌中《しょうちゅう》の小鳥」を手放したくない、という欲求から、買う方より売る方が高い価値をつける。自分のものを手放したくないというこの欲求は、メンタルモデルにも当てはまる。

失うことを避ける、という心理的な問題に加えて、既存のメンタルモデルの基で行なわれた投資や人間関係がある。変わりたいと思っている人の周りには、物の見方や価値観が今のモデルに似ているか、少なくとも矛盾しない友人がいるものだ。恐らく妻も似たような価値観の持ち主で、上司、従業員、同僚、友人、家族は似かよったバックグラウンドをもっている。そのことによって、既存のメンタルモデルは強化されている。

メンタルモデルは壁に囲まれたコミュニティーで、ほかのメンタルモデルを締め出している。メンタルモデルを変えようとすると、自分たちが作った壁が、異質なアイデアの攻撃から守ってくれるだけでなく、変わろうとする力に歯止めをかける檻《おり》の役割も果たすことに気づく。既存のメンタルモデルには大きな価値がある。メンタルモデルを手放すことは、確実に大きな痛みを伴う。組織や企業にとって、相当のインフラやブランドなどへの投資が絡んでいるからだ。

メンタルモデルと、それを支えるインフラの変化のペースは、個人や組織によって異なっている。ローマ・カトリック教会のような組織では、メンタルモデルは千年に一度変わるかどうかなので、変化のない構造――大聖堂のように巨大でビクともしない建造物ができた。有名な大聖堂を建てるのに何百年かかってもかまわない（シャルトル大聖堂のように何百年もかけて再建される場合もある）。

教会には、たっぷり時間があるのだから。同様に、社会は大きく変化していても、カトリック教会の社会問題に対する姿勢は変わらない。建物や組織への長期投資は、カトリック教会のメンタルモデル——人生や地球上の現実に対する見方が安定しているからこそ可能になった。教義を十年に一度変えているようなら、不可能だっただろう。そして逆に、組織や人、プロセス、建物など、あらゆるインフラが、メンタルモデルの変更を困難にしてもいる。

国家は永遠の象徴として宮殿などの建造物を建てたが、建物の目的は変化している。ヨーロッパには君主制が続いている国が多いが、統治ではなく象徴という意味合いが強い。王宮は美術館に衣替えし、君主制という古いモデルではなく、新しい文化を支えている。古い秩序の建造物を保存しながら、異なるメンタルモデルを支えるものに転用しているのだ。企業の例では、送電線が多くの発電事業者に利用され、小売のアウトレット店がスターバックス・コーヒーの店舗に転用され、ウィリアムズ社は遊んでいたガス管を光ファイバー通信のブロードバンド網に転換した（このアイデアは、一九八〇年代にはうまくいったが、結局、インターネットや通信業界のバブルの犠牲になった）。

メンタルモデルの変更——革命か改宗か

サウル（後の聖パウロ）がダマスカスへの途上で突然の啓示を受けてキリスト教に改宗したように、突然で劇的な変化もある（ビル・ゲイツのインターネットへの取り組みもそうだ）。サウルは一夜にして、メンタルモデルを変え、人生を一八〇度変えた。劇的な変わりようだが、サウルの家族や仲間がどう思ったかは、ついぞ聞かない。恐らく、多くの人に衝撃を与え、悲しませたのではないだろうか。サウルの場合、新たなメンタルモデルを受け入れることは、雷に打たれたように劇的なものだったので、それまでの人生は消え去り、崩壊した。かなり高い代償を払って、過去と決別したわけだ。今の時代に、サウルが周りの人たちに何の相談もなく、これほどの転身をすれば、義務の不履行で、離婚訴訟を起こされ、家計は破綻し、職を追われるだろう。

過去と決別しなくても、考え方が根本から変わる場合もある。アルベルト・アインシュタインはスイスのベルンの街路を歩いていた時に、突然ひらめき、特殊相対性理論を思いついた。問題とその解答を一度に手にしたのだ。あまりの興奮に、翌日、同僚のベッソと会った時には、ろくに挨拶もしないで、「答えを思いついた、時間は絶対的なものではなく、信号の速度と関連している」と話して、驚かせたという。*2 これはまさに革命というべき展開で、古いメンタルモデルに多くの問題を引き起こした。

カリスマ的な指導者や組織の下で、新たなメンタルモデルが、それを支えるインフラとともに導入される場合もある。カルト集団は、信者を古い世界から完全に切り離してジャングルで生活することがある。こうすれば、教祖の価値観を基に、新しい世界を一から作り上げることができるからだ。カルトに入信する場合であれ、世間を捨てて禁欲的な生活をする場合であれ、たいていは、新しい信念体系を支えるインフラや生活様式があるものだ。企業のＣＥＯですら、プライベート・ジェットや個人秘書などの役得がインフラとなり、引退後、それなしで生活するのが難しくなる。

改宗を効率的に進めるには、考え方だけでなく、行動を変える仕組みが必要であることを指導者は認識している。ダイエットやスティーヴン・コヴィーの『七つの習慣』を実践するなど、前向きな変化の場合も、新しいメンタルモデルを基に生活が組み立てられるよう、グループ討論やソフトウエア、日程管理などの仕組みが取り入れられている。

改宗といえば、宗教を思い浮かべがちだが、似たような例はいくらでもある。ビジネス・スクールや会社の研修は、信者に新しい考え方を身に付けさせ、改宗させて、異なるメンタルモデルを授けるためのものだ。減量プログラムやアルコール依存症の治療プログラムなどは、集会を開いたり、メンターを配置したりするなど、行動の変化を支援する仕組みがある。飲酒は社会的な行動であることが多いので、こうしたプログラムでは、逆戻りしないよう、新たな社会状況や人間関係をつくっている。

新たなメンタルモデルを導入するには、古いモデルを支えるインフラを壊すしかない場合もある。新しいビルを建てるには、古いビルを壊して地面を均さなくてはならないのと同じだ（古いモデルは二度と使わない、というわけではないが、背景に後退するか、異なるインフラで異なる使い方をされる）。古い秩序の破壊は、ゆっくり進む場合もあれば、ベルリンの壁やソ連の崩壊のように、一気呵成に進む場合もある。ソ連の崩壊で冷戦が終結すると、各国の指導者は新たな関係とモデルの構築に乗り出した。アメリカ軍が、超大国との戦争から人権擁護や地域紛争の解決に重点を移したのは、こうした変化の一環である。軍人はみな原子力潜水艦やＩＣＢＭ（大陸間弾道ミサイル）など、古いモデルの戦争のために訓練を受けてきたので、メンタルモデルを変えるのは、痛みを伴う遅々としたプロセスである。

どのような方法を取るにせよ、生活の中に新しいモデルを取り入れ、定着させていくには、何かをあきらめざるをえない。そして、この「何か」とは、大抵ものの考え方だけの範ちゅうにとどまらない。

新たな秩序への道を平坦にする

新たなメンタルモデルを導入するとき、システム・アプローチを取り入れれば、摩擦は少なくなる。システム・アプローチは、古い秩序を支える複雑な要素―プレーヤーや利害関係者の個々のニーズ、プロセス、体制と仕組み、資源と情報、技術、インセンティブと報酬、文化などの全体を考慮しなければならない。解体のプロセスでは、古い秩序と新しい秩序の線引きを明確にしなければならない。古い秩序を解体し、新たなモデルを支えるインフラを築くにはどうすればいいのか。その方法を以下に示そう。

■他人の期待によって既存のモデルに縛りつけられていることを自覚する

スターバックスは、世界の店舗数を三年で六千店から一万店に拡大するという強気の方針を打ち出した。成長は、投資家に対する強力なアピール・ポイントになっていたので、同社は株式市場の求める成長パターンに縛られていた。目標を達成するには、成長を速め、海外市場に積極的に進出できるインフラづくりが必要だ。自社店舗展開という当初のビジネスモデルでは、ここまでの成長は達成できないので、海外では合弁事業を増やす必要があった。成長を加速するため、無線のインターネット接続や朝食の提供など、飲料以外の収入源を増やした。また、スーパーやガソリンスタンドでもブランドの使用を認めたが、こうした場所では質の管理が行き届かないので、ブランド価値を損ねかねない。スターバックスは、投資家の期待に応えるには、こうした戦略を追求する以外に選択肢はなかったのだが、体制を変えて合弁を増やすのが、いい戦略なのだろうか。スターバックスは今後も拡大したネットワークの質と健全性を維持できるだろうか。主要な顧客のジェネレーションXも若くはなくなり、既にスターバックスのビジネスモデルは傷ついているのではないか。だとすれば、手遅れにならないうちに変わることができるだろうか。

企業も個人も野心的な目標をもっている。その目標が達成できないとき、目標を引き下げることもあるが、既存のインフラや公約に縛られて、目標を引き下げられない場合もある。スターバックスの例がまさにそれだ。子どもが親の期待に応えようとするのも、経営者が会社の期待に応えようとするのも、市民が社会の期待に応えようとすることにも、同じことがいえる。さらに、自分のモデルや公約や期待にとらわれる。すると、モデルを世界に合わせるのではなく、モデルに合わせるために世界を変えようと、極端な手段に訴えようとする。

こうした制約に注意しなくてはならない。制約は簡単に変えられない。スターバックスは株式市場から簡単には抜け出せない。だが、公約によって、一つのモデルに縛られる可能性があることを認識していれば、そのモデルへの投資がうまくいかなくなったり、事業に悪影響を与えたりする状況に備えられる。デパートのモデルに投資した九〇年代のシアーズ・ローバック、メインフレームにこだわった八〇年代のＩＢＭは、古いモデルにこだわって機能不全に陥った例だ。それに気づいた時には、組織も財務力も相当、痛んでいた。

周りの期待によって、既存のメンタルモデルに縛られているのではないか。新しいモデルに合うように、業績や行動に対する周りの期待を変えるには、どうすればいいいだろうか。

■インフラによって既存のモデルに縛られていることを理解する

「過去の蓄積」が原因で、ひとつのモデルに縛られることがある。技術や工場への投資が最たる例だ。導入されているソフトウエア・システムによって、問題への取り組み方が決まり、人材の採用と研修の制度によって、メンタルモデルを転換する能力が決まる。ゼロックスが「ドキュメント・カンパニー」に変わろうとした時、短い周期の商品ばかり販売していた営業部門は、取引先企業のＣＩＯ（最高技術責任者）に長期的な視点で高度なネットワーク・ソリューションを提案できる体制になっていなかった。個人のメンタルモデルは、家族や友人、隣近所、仕事など、生活のあらゆる要素から影響を受けている。身の回りのインフラによって、どのような形で古いモデルに縛りつけられているだろうか。このインフラを、新しいメンタルモデルを支えるものに変えるには、どうすればいいいだろうか。

後戻りできない投資に注意する

ＡＯＬとタイム・ワーナーの合併は、優良なコンテンツと多様なオンライン、オフラインのチャネルの融合、という新しいモデルの象徴と考えられていた。だが、インターネット・バブルの崩壊と九・一一以降の広告市場の落ち込みで、このモデルはうまくいかなかった。期待された相乗効果はかなりの部分、広告主に対して包括的なメディアを提供できること、インターネット事業が持続的に成長することが前提となっていた。同社は、この新しいモデルを実現し、支えるためのインフラにばく大な投資をしていた。だがモデルが破綻したため、過去最大の営業赤字を計上し、巨額の償却を行なう結果になった。モデルが間違いだったとの認識が広がった時、株式市場は巨額の損失の償却を望んだ。同じように、冷戦モデルが消滅したとき、ソ連は冷戦下で作られたロケットや潜水艦を廃棄した。撤退すべき時期、損失を受け入れるべき時期を、見極めなければならない。既存のモデルへの投資を減らし、将来の選択肢を残しておく方法はあるだろうか。

小さな変化から始めて、より大きなシステムの中での認識や行動に影響を与える

一見、ささやかだが、システムを根本から変える取り組みを積み重ねることによって、新しいメンタルモデルが浸透する場合がある。ニューヨークのルドルフ・ジュリアーニ市長と、ウィリアム・ブラットン市警本部長は、ニューヨーク市警の変革を「都市型警察に関する想定をすべて見直す」ことから始めた。[*3] 制服の色を変える、軽犯罪を見逃さない、といった変更はささいなこ

とのようだが、重要であり、その効果は大きかった。軽犯罪は容認できるというメンタルモデルが変わり始め、犯罪が起きてから取り締まるのではなく、犯罪を未然に防ぐ姿勢に変わったからだ。この変化はさらに警察にも一般市民にも、目に見える勝利をもたらした。例えば、警官は、交差点で止まっている車の窓を拭く物乞いを黙認していたが、こうした軽犯罪を取り締まるようになった。すると法に対する市民の見方が変わった。法の良い点に注目し、真剣に受け止めるようになったのだ。市警では、犯罪のパターンをリアルタイムでより効率的に把握する方法を取り入れ、リーダーが結果に責任を負うようにした。重犯罪は、一九九三年から九四年の一年間で一二・三パーセント減少した。犯罪率の減少ペースは、全国平均を三倍から六倍上回っていた。小さな変化が重なるとどこかで「臨界点」に達して熱狂や革命が起き、野火のように一気に全体に広がっていく。[*4]

二〇〇二年十二月、コカ・コーラ社は、四半期ごとの業績予想を公表するのをやめると発表した。これはごくシンプルなステップだった。当初は物議を醸したが、すぐにマクドナルドやAT&T、マテル、ペプシコなどが追随した。四半期の業績予想を発表すると、投資家は長期ではなく目先のことにばかり関心をもち、経営陣は予想の達成に躍起になる。コカ・コーラをはじめとする企業は、業績発表のプロセスを変える、という現実的な手順を踏んで、自社のメンタルモデルを転換し、投資家の視点を変えようとした。これにより、事業に対する投資家や経営者の見方が変わった。ときには、インフラを変更することが、古いメンタルモデルを転換し、新しいモデルを支持するシグナルになることがある。[*5] 古い秩序を壊し、新たな秩序を築くことのできる小さな変化とは何だろうか。

徹底的に分析し、敢然と措置をとる

ジュリアーニ市長は、犯罪撲滅を進める中で、既存の指標は、逮捕率や初動時間を重視していて、市民の安全や犯罪の減少は重視されていないことに気づいた。全国ベースの犯罪統計はあるにはあるが、四半期か一年に一度しか公表されず、遅過ぎて効果はない。ニューヨーク市警では、犯罪の減少に直結する指標を開発し、毎日の報告を義務付けた。警官は結果の改善に責任をもち、説明することを求められている。

厳密な分析から、思わぬ事実が判明することがある。シティバンクでは長年、商業不動産をバランスシート上の優良資産と考えていたため、期せずして不動産保有額がアメリカ最大となった。だが、九〇年代初めに経営危機に陥った際、「ワークアウト」グループが精査した結果、「資産」のはずが大きな「負債」になっていることが明らかになり、保有する不動産の大半を売却することになった。さらに、企業や個人向けの貸し出しについても、厳格な資産分析を行ない、償却した。

男女平等が盛んに議論され、同一労働同一賃金という考え方が広く受け入れられているので、男女間に賃金格差はないと思うかもしれない。だが、男女別の給与を厳密に分析すると、いまだに大きな格差がある。一九六三年米国同一賃金法や一九六四年公民権法によって、人種や肌の色、性別、宗教、国籍で給与や賃金を差別することは禁じられている。だが、二〇〇〇年の国勢調査によれば、女性の給与は男性の七三パーセントにすぎない（女性は低賃金労働に従事する割合が多く、学歴や経験に差があるのも一因である）。それでも、七〇年代初めの五七パーセントからは上昇している。具体的な数字を見ることで、新しいモデルが実行されているのかをチェックできる。[*6]

古いモデルを壊し、新しいモデルを支えるには、どんな数字に注目すればいいだろうか。

■情報を目に見えるようにする

組織全体で変革を進めるには、こうした指標を誰の目にも見えるように「ダッシュボードの計器」に組み込まなくてはならない。適切な指標を選び、それらを変更する必要性をビジネス・リーダーが認識していれば、ダッシュボードの計器は、事業の原動力になる要因に組織全体の関心を向かわせるインフラになる。こうした計器は数多くあり、組織全体で協力し、行動の焦点を絞り込むための方法として採用する企業が増えている。事業を「運転」する経営陣は、このリアルタイムのフィードバックを活用し、行動を微調整し、ビジネス感覚を磨くことができる。個人では、例えば、浴室に体重計を置くというインフラの変更が減量に役立つ。

■インセンティブを調整する

多くの企業再編や合併に見られるように、インセンティブを変える方法で、行動を変えることができる。長期間、公的扶助を受けてきた人たちの仕事への復帰を支援する「ワークフェア」計画は、インセンティブの変更が、古いインフラや考え方を断ち切るのに役立つことを示している。ロンドンでは、渋滞緩和を目的に、自家用車の乗り入れを制限するため、ナンバープレートを監視して、ロンドン市内に乗り入れる自家用車から渋滞税を徴収している。これで渋滞は緩和されたが、ロンドン市内での娯楽や外食が減り、渋滞税の延滞が増えるなど、意図せざる結果を招くかもしれない。渋滞の緩和を目指す市当局のメンタルモデルから見ればプラスのインセンティブも、レストランの経営者や税金を徴収する役人のメンタルモデルでは、マイナスになる。

古い秩序を支えるインセンティブを壊し、新たな秩序を支えるインセンティブをつくるには、どのような方法があるだろうか。

■可能であれば、「剣を鍛え直して鋤にする」（少なくとも、より良い剣にする）

古いインフラへの投資を償却するのは簡単ではないが、そもそもその必要がない場合もある。アメリカ軍は、トライデント潜水艦やＢ52爆撃機などを装備し直して再配備し、新たな戦争に備えている。技術によって、それほどコストをかけずにモデルを変更できる場合もある。ヴァージニア州の「トラシュモア」のように、自治体の一部は、ゴミの埋立地を公共の娯楽施設に変えている。古い秩序を壊すよりも、変えた方がいい場合もある。既存のインフラを新たなメンタルモデルを支えるものに変えるにはどうすればいいだろうか。

■必要とあれば、進んで壁を壊す

ベルリンの壁崩壊のように、ある種の変革は、古いモデルの象徴を劇的に破壊することから始まる。古い秩序の終焉を示す儀式として、プロセスやシステムの葬式を出す企業もある。戦略を大胆に転換し、古い秩序を一掃するために、新しいＣＥＯを迎え入れる。個人のレベルでも、経営幹部は、次のポストが決まっていなくとも、退くべきタイミングだ、と感じるときがある。古いインフラを取り除くことで、新しいインフラを開発する余裕をつくる。古いビルにお別れしなければ、新しいビルは建てられない。新しいモデルを構築するのに、手放さなければならないものとは何だろうか。

■信頼を築く

変革を進めるには、インフラの「見えにくい」面の重要性を認識しておかねばならない。例えば、企業文化によって新たな秩序の導入が容易になる場合がある。特に信頼関係がある組織では、新たなメンタルモデルへの導入が円滑に進む。誰もが疑心暗鬼になっている組織は、柔軟性がなく、新しいことに取り組む意欲が低く、異なる意見に耳を貸そうとしない。冷戦を煽った一因は、超大国間の相互不信と疑念だった。冷戦を終結させた要因のひとつは、高官レベルの協議によって、コミュニケーションが密になり、信頼感が築けたことだ。信頼感を高めることが、メンタルモデルを転換し、インフラを変える基礎になる。

空中楼閣——新しいモデルをつくる

一九九〇年代末のインターネット・バブル期に、ウォーレン・バフェットは、自身が経営する投資会社バークシャー・ハサウェイの株が投資家からたたかれても、ハイテク株には手を出さなかった。批判を受けても既存のモデルと投資戦略を堅持し、新たなモデルには懐疑的だった。しかし、結局、それは正しかった。古いモデルを捨てるべき時なのか、それとも、守るべき時なのかを見極めなければならない。

古い秩序を壊すと混乱を招きかねない。既存のインフラを生かしつつ、その中でメンタルモデルに基づいて行動できるようにしなければならない。そうでなければ、モデルは仮説にすぎず、それを基に動くことはできない。基礎的なメンタルモデルの有効性を絶えず問い直すことはできない。そんなことをすれば、組織も人も機能不全に陥る。

メンタルモデルをいつ変えるか、効率的で建設的に変えるにはどうすればいいかを知ることは、大きな価値がある。変化について議論すらできない文化や企業があり、個人がいる。だが、現実からかけ離れるまで放置しておくなら、破綻するか、革命が起きるしかない。調整のプロセスに耐えられる人や企業は、適応力があり、考え方だけでなく世界を変える能力がある。

新たな秩序を導入する上で大きな障害になるのが、変化や新しいモデルに対する個々人の抵抗だ。これについて次章で扱う。モデルが異なる者同士、あるいは変化のペースが違う者同士の「適応的断絶」について論じる。

新たなメンタルモデルは、ヘンリー・デヴィッド・ソローの言葉の「空中楼閣」のようなもので、既存の世界の上を漂い、その影響は目に見えない。本で読んだり、授業で習ったりした知識が、日々の生活の中で忘れられるのと同じだ。新しいモデルは、その下に基礎を築かないかぎり、現実感がなく、影響力ももたない。古い秩序のインフラを変える能力があるかどうか。タバコをやめたい人と、本当にやめられる人との違いはそこにある。斬新な「ビジョン」をぶち上げるだけの企業と、大胆な戦略を実行できる企業との違いはそこにある。新たなメンタルモデルを実行できる組織や個人には、変わる勇気と古いインフラを壊し、新しいインフラを築く能力があるものだ。

インポッシブル・シンキングの技法

- 既存のメンタルモデルを支えている体制やプロセスとはどんなものだろうか。
- メンタルモデルを転換するために、変える必要のある体制やプロセスとは何だろうか。
- それらを変えるのは、どの程度難しいか。過去の遺物を守ることに利害のある者は誰か。

●新たなメンタルモデルを導入する上で、抵抗が少なくて効果の大きい、小さな変化とはどのようなものだろうか。

注

1. Kahneman, Daniel, J. L. Knetsch, and R. Thaler. " Experimental Tests of the Endowment Effect and the Coase Theorem."*Journal of Political Economy*. 98 (1990).pp.1325-1348.
2. Einstein, Albert. "How I Created the Theory of Relativity." Kyoto. 14 December 1922. Trans. Yoshimasa A. Ono. Reported in *Physics Today* 35 (1982). P.46.
3. Giuliani, Rudolph. *Leadership*. New York: Hyperion, 2002.p.71.（『リーダーシップ』楡井浩一訳　講談社）
4. Gladwell, Malcom. *Tipping Point*. Boston: Little Brown and Company, 2000.（『ティッピング・ポイント　―いかにして「小さな変化」が「大きな変化」を生み出すか』高橋啓訳　飛鳥新社）
5. Byrnes, Nanette. "Commentary: With Earnings Guidance, Silence Is Golden." *Business Week*. 5 May 2003. P.87.
6. National Committee on Pay Equity. "Questions and Answers on Pay Equity." *Feminist. Com* <http://www.feminist.com/fairpay/f-qape.htm>.

第9章

共通の基盤を見つけて、適応的断絶を埋める

世の中は変化を嫌うが、進歩をもたらしたのは変化に他ならない。

C・F・ケタリング

父親として必死に話しかけるが、娘はうわの空のようだ

年ごろの娘にヘッドフォンを外してもらい、話をするのは容易なことではない。やっと話ができても、異星人ではないかという気がしてくる。こちらは責任や勉強のことを話しているのに、娘はショッピングモールで友達とたむろしている話をする。自分の唇は確かに動いているはずだが、言わんとすることは伝わらず、娘の目はうつろで、退屈の色が浮かぶ。話せば話すほど、うんざりしてくる。こちらの意図が、この世代間格差を超えて伝わる見込みはあるのだろうか。

親と思春期の子どもであれ、ブッシュ大統領とサダム・フセインであれ、遺伝子組み換え食品に反対する活動家であれ、病院の関係者をにらみつける中絶反対派であれ、メンタルモデルが人と人との断絶を生む。周りのメンタルモデルを変えるには、断絶に気づき、それを埋める方法を見つけなければならない。

親は最悪の事態を恐れるが、娘は成長するにつれ、良かれ悪しかれ、親とよく似たメンタルモデルを身に付けるものだ。メンタルモデルは思春期のそれから、成熟したそれへと変わっていく。そのスピードは、親が「適応的断絶」にどう対処するかにかかっている。メンタルモデルの変化は、就職や結婚など、大人の責任を負う中で生じるのが普通だ。こうした経験を通して、メンタルモデルが形成され、修正されていく。活動家は街頭での抗議行動を通じて、企業を環境保護に目覚めさせる。

この章では、人の意識を隔てる断絶と、それを埋める戦略、相互理解の手法について見ていく。

一九九六年、ソーシャル・テクスト誌は、ニューヨーク大学物理学教授、アラン・ソーカルの論文『境界を侵犯すること――量子重力論の変換的解釈学に向けて』を掲載した。実はソーカルが超えた唯一の境界が、論理の境界だった。論文は専門用語を散りばめた難解なもので、「昔ながらの頭の固い科学者」を自認するソーカルがこの論文を発表したのは、一流の人文社会科学雑誌が、科学論文のパロディといえるこの論文を掲載するかどうかを試すのが第一の目的だった。掲載された論文は、「ソーカルの斧」として有名になった。この出来事は、科学系と人文系の間で今なお続くゲリラ戦の中で有名な攻撃の一つであり、二つの世界の断絶を際立たせることになった。

この断絶は、一九五〇年代、C・P・スノーが『二つの文化と科学革命』で取り上げ、科学と人文科学について「異なる二つの文化」だと指摘した点である。[*1] スノーは、二つの世界はかけ離れ過ぎていて、共通の言語すらもっていないと指摘し、両者の断絶が世界の問題を解決する上で障害になっていると主張した。科学と人文科学の間の断絶は、政策当局が科学の問題を法律に翻訳し、それを国民に説明する際の難しさにも見て取れる。ヨーロッパにおける狂牛病、遺伝子組み換え食品、幹細胞研究、地球温暖化などへの取り組みにもみられる。政策当局は科学者から説明を受け、リスクを国民に説明しなければならないが、国民の考えも多様で、マスコミという不完全なフィルターを通すために、問題はいっそう複雑になる。人文科学と科学は世界が違うとみるのは行き過ぎかもしれないが

――そして、両者は日々、近づいてはいるが――二つの文化の異なる進化は、「適応的断絶」の象徴である。断絶によってコミュニケーションや協力、メンタルモデルの共有が難しくなる点を浮き彫りにしている。

適応的断絶とは

適応的断絶は、個人や組織において、メンタルモデルを変更するスピードが周りと異なる場合に生じる。新たなメンタルモデルを採用しようとする人や組織がある一方、古いモデルにこだわる人や組織がある。両者の隔たりが大きくなれば、極端な場合には違うレンズで物事を解釈するようになり、コミュニケーションがとれなくなる。こうした断絶は、個人にも組織にも社会にもみられる。歳月とともに価値観が違ってくるカップル、守旧派と意気盛んな若者、持てる者と持たざる者、先進国と発展途上国、タカ派とハト派、リベラル派と保守派、科学者と宗教家、これらはすべて適応的断絶の例である。新製品開発では、研究開発部門の技術者と製品を市場化するマーケティング担当者は、違う世界に住んでいるようなものだ。両者は同じ世界を、違うモデルで見ている。

少なくとも、新たなメンタルモデルを導入しようとするとき、こうした断絶によって進捗が妨げられる。だが、メンタルモデル間の断絶も、自然界の海や川、山のように、橋をかけたり、トンネルを掘ったりして埋めることができる。断絶が大き過ぎて埋められない場合は、全面戦争や衝突になる。だからこそ、どのように断絶に対処し、それを埋め、新たなメンタルモデルを導入するのか、その方法を知るのが重要なのだ。

言うまでもないが、変化を提唱する側が、新たなモデルはより良くなるためのものであり、周りを説得できると信じていることが前提だ。適応的断絶に橋をかける過程では、相手の主張に注意を払わねばならない。相手の意見が正論である可能性もあるし、両者の摩擦から新たなモデルが生まれる可能性もある。相手の主張に耳を傾けることによって、自分自身のモデルを見直し、変えなければならないことに気づくこともあるだろう。

たいていの場合、断絶は埋められる見込みがある。スノーが指摘した人文科学と科学の断絶が好例だ。両者は互いの方法論の有効性に気づき、共通基盤を見いだしつつある。人間のクローン技術など、医学の進歩によって提起された倫理的な問題が、哲学や倫理学など人文科学の視点で語られている。一方で、人間に関する哲学的な疑問は、高度な医療技術を駆使して、意思決定を行なう際の脳の働きを見るなどの方法で検証されている。ウッディ・アレンは、隣の学生の頭の中をのぞき込んで物理の試験を切り抜ける姿を描いたが、これも途方もない話ではない。人文科学の分野では、古典文学をCD—ROMに焼き付け、出典や関連の論文、映画や本の情報にアクセスできるようにするなどの方法をとっている。人文科学が科学の有用性を理解する一方、科学が人文諸科学の有用性を理解した結果、「二つの文化」が共通の基盤を見いだしている。両者は常に目と目を合わせているわけではないが、相手の視点で世の中を見られるようになってきた。

冷戦期のソ連とアメリカの間では、共産主義と資本主義の断絶が大きく、両者が意思を疎通できるのはもっぱら戦争の場か、戦争になりかねない状況しかなかった。対話の基盤がないため、キューバのミサイル危機や朝鮮戦争、ベトナム戦争などでは膠着状態に陥った。ついに沈黙は耐えがたいほど苦痛になり、高くつくようになった。ゴルバチョフ大統領の「グラスノスチ」政策により、それまでなかった戦略的対話、共通言語、協力への道が開かれた。こうした変化が一因となって、ベルリンの壁が崩壊し、旧ソ連では市場経済が台頭した。

世界の変化が加速するにつれ、メンタルモデルの断絶はありふれたものになる。メンタルモデルの変更という観点からの世界の格差は広がっている。例えば、技術の急速な進歩によって、技術を持たない地域や、哲学や文化的理由から技術に反対する地域は、取り残されるようになった。発明されたばかりの飛行船が田舎の畑に着陸したとき、鋤やたいまつを手に怒った農民が待っていた、という逸話があるが、新しい技術も同じように迎えられる。こうした断絶は、適応のペースが異なるグループの間で緊張を生む。こうした適応的断絶が深刻になると、共通の世界観や問題意識をもつのは難しくなり、不可能にすらなる。

小さな勢力であれば、無視できることもある。その実例が、一九世紀後半の素朴な技術と農耕の伝統を守るアメリカのアーミッシュ文化だ。アーミッシュは、技術進歩と現代的な世界観をもつ文化の真ん中で、自分たちの島をつくっている。同様に、北朝鮮のような小国なら特異な世界観をもてなくはないが、核兵器開発といった問題になると、世界との衝突は避けられない。

既存の知識を捨て去る

神経生理学者のウォルター・フリーマンは、一人ひとりの脳は、内部で矛盾しない世界を作り上げていると結論付け、これを「認識論的独我論」と名付けた。この言い回しこそ、フリーマンの頭の中の世界と、一般人の頭の中の世界を分ける言葉だろう。「独我論」という言葉の意味するところは、自己が知るのは自己が解釈したものだけであり、自己だけが唯一の存在である、という理論である。自己は孤立した世界である。「認識論的」は、何を知るか、どう知るか、ということだ。別々の軌道上を回る世界をつなぐために、何ができるだろうか。

フリーマンは、いったん学んだことを忘れる「アンラーニング」によって、意思疎通が可能になると主張する。課題に直面したり、他人の影響を受けたりすることで、脳は既存の考えを捨て、社会的な協調行動を通じて、新たな考え方を学んでいく。既存の知識を意識的に捨てるプロセスは、かなり難しい。まず、自分のメンタルモデルを変える必要性を認識しなければならない。その上で、自分の世界を壊し、新たな情報を基に新しい世界を築いていかねばならない。既存の知識を捨てた後は、少なくとも経験の一部について、子どものころ勉強を始めたプロセスをやり直す。まったく新しい科目を学ぶとき、洪水のように押し寄せる情報は脈絡がなく、わけがわからない。だが、学習を続ける中で、次第にモデルをつくり、そのモデルを使って理解できるようになる。ついには、この新しいモデルを通して世界を見るのが簡単で自然なことになる。

学習を続けることの必要性は広く認識されているが、「学んだことを捨てる」ことの重要性は過小評価されている。我々の世界を形作っているモデルを解体することを覚えなければ、新しい世界を作るのは難しい。古い世界にいつまでもつきまとわれる。適応的断絶を埋めるには、既存の知識を脱ぎ捨てることが欠かせないのだ。

適応的断絶に対処する

断絶に気づき、断絶を埋めるにはどうすればいいのだろうか。詳しくは後述するが、この問題に取り組むには、基本的に三つの方法がある。

1. 自分自身の適応的断絶に気づく
2. 他人との溝を埋める
3. 溝を埋めるプロセスを開発する

自分自身の適応的断絶に気づく

メンタルモデルは潜在的に他者との間を隔てるものであり、この隔たりが問題につながる。かなり均質な組織やコミュニティーでも、メンタルモデルの違いに気づくはずだ。断絶を避けるにはどうすればいいか。自分自身の考え方を捨てることなく、他人の意見に耳を傾けられるようにするにはどうすればいいのだろうか。

■適用範囲を限る

メンタルモデルを適用する範囲を区切って、適応的断絶に対処する場合もある。例えば、仕事では科学的な方法にこだわる研究者も、配偶者を選んだり、宗教行事に参加したりするときには、まったく異なるメンタルモデルを選択する。偽善的に見えるかもしれないが、断絶を埋め、目の前の問題に最も適したメンタルモデルを活用する点で、きわめて効果的な方法だ。日常生活に徹底した合理性を持ちこむ科学者は、それほど厳密に意思決定を行なっていない人に比べ日常生活が充実しているとはかぎらない。自分のメンタルモデルの限界を認識し、状況に合わせて、メンタルモデルを使い分けるべきだ。

■頭の中にメンタルモデルのポートフォリオを持つ

引き出しの中のメンタルモデルの数が多ければ多い人ほど、他人のメンタルモデルを理解し、大切にできる。美術史を勉強したにせよ、絵を描くことを学んだにせよ、画家の視点を学んでいれば、画家の視点を尊重できる。あるいはクリエイティブな才能があり、画期的なアイデアを思いついた部下の意見を尊重し、それによって事業が変わることになるかもしれない。他人のメンタルモデルを尊重できれば、少なくとも対話ができる。例を挙げよう。石油会社は当初、環境保護論者と敵対していた。だが、非生産的だと気づき、地球温暖化などの問題について環境保護団体と協調し始めた。中には、活動家を雇い、広告に起用している企業もある。環境保護論者に完全に同意しているわけではないが、その視点で見ることによって、協力できるようになったのである。

■他者の評価を受け止める

認めるのは簡単ではないが、あなたのメンタルモデルは時代遅れで、状況に合っていないかもしれない。自分に対する評判を気にし、尊重しなければいけない。CEOなら、タウンミーティングを開いて、従業員の率直な意見を聞き、全従業員がいつでも意見を送れる電子メール・アドレスを公開し、顧客調査を実施して顧客の声を聞こうとする。ペンティアム・プロセッサーに不具合が見つかった時のインテルの対応や、ヴァルデス号の原油流出事故でのエクソンの対応は、フィードバックに時間がかかり過ぎた例だ。耳を澄まし、耳に入ってきたことを尊重しなければ、メンタルモデルが世界の良心からかけ離れたことに気づかず、深い痛手を負う。また組織内では、情報共有に透明性を確保しなければならない。

■原理主義を避ける

原理主義は、その名が示すように変化を嫌う。原理主義にもいろいろあるが、共通しているのは、一つのメンタルモデルを教条主義的に信奉し、それ以外を排除することで、戦闘状態を招いているということだ。一つの世界観を堅持することは、反対や惰性に抗して自分たちの考えを広めるために必要だが、ほかの立場を理解できないことで前進が妨げられる。戦線を固めることはできるが、そのために他者の目を通してみることが不可能になる。これにより対話が打ち切られる。

ブッシュ大統領が、イラクをはじめとするテロ支援国家を評するのに、「邪悪な」（evil）という言葉を使ったことについて考えよう。この言葉は宗教的な色彩が濃く、アメリカの政策が原理主義的な色彩を強めた兆候だとヨーロッパ各国は受け止めた。アメリカは、国家としては政治と宗教の分離を掲げているが、その言説や行動には、原理主義に近い世界観が反映されている。

原理主義が及ぶのは宗教ばかりではない。技術などの問題にも波及する。特定のソフトウエアやハードウエアなどプラットフォームに依存したシステムを作る企業もあるが、そうした基盤技術に依存しないシステムを作る企業もある。プラットフォームの制約によって、異なるシステム間のコミュニケーションは難しくなり、断絶が生まれる。

断絶を埋める

あるメンタルモデルを、敵対する文化や、両立し得ない文化に導入しなければならないとき、どうするだろうか。新任のＣＥＯや経営コンサルタント、起業家、宗教活動家がぶつかる問題だ。自分が発見した「次の大きな動き」に気づいてもらうには、どうすればいいだろうか。何世代にもわたって受け継がれ、強化されて、深く根付いた世界観を変えるには、どうすればいいだろうか。慣性を打ち破り、周りの考え方を変えるには、どうすればいいだろうか。

交渉術や対話術の中に、こうした断絶を埋める方法がある。大企業の変革で活用された方法も、何がうまくいきそうかという、仮説を立てるのに役立つかもしれない。新たなメンタルモデルを浸透させる方法を以下に幾つか示そう。

■ 対話をする

話をしなければ、断絶を埋めるために何もしたことにならない。相手に自分の見方を理解してもらう機会も与えず、相手の見方への理解を深める機会も得られない。対立する勢力を同じテーブルにつける。あるいはコミュニケーションの道をつける。キャンプ・デービット会談は必ずしも和平条約には結びつかなかったが、会談が行なわれなければ、和平計画も進展しなかった。必ずしも対話で考えが変わると期待されているわけではないが、コミュニケーションの場があって初めて、断絶を埋め、共通の基盤を見いだす手がかりがつかめる。対話は長々とやる必要はなく、議題は細かく詰める必要もない。少なくとも顔を合わせる機会になり、その後に会食などで本音が話し合える可能性がある。

利便性を強調する

企業や家庭で自動車やパソコンが使われるようになったのは、利便性が強調されたからだ。コストやリスクに見合う以上のメリットを示すことができれば、周りが使ってくれる可能性は高まる。自動車は、スピードや乗り心地、メンテナンスの費用で、馬よりも勝るようになって、一般に普及した。コスト削減や顧客サービスの向上の点で、コンピューターのメリットが示されると、企業はＩＴ部門を設け、電子化を進めた。一八三〇年代初め、サイラス・マコーミックが開発した草刈り機の顧客を探そうとした時、農民はその奇妙な形を見て笑うばかりで取り合わなかった。そこでマコーミックは実演することにした。二頭の馬でひく草刈り機が、六人分の仕事をすることを示した。草刈り機はアメリカのみならず、世界中を席巻した。サイラス・マコーミックのように、メンタルモデルの豊かな実りを示すことができれば、普及を促進できる。ただし、相手の立場に立って利便性を理解していなくてはならない。

文化を変える

大きな変革に着手するとき、文化に手をつけなければ、適応的断絶は絶望的になる。一九八九年のソニーによるコロンビア・ピクチャーズの買収は、理想の結婚に思えたが、文化の衝突によって困難にぶつかった。両者の文化は、異なるメンタルモデルとインフラに支えられていた。理論的にメンタルモデルは一緒にできるとしても、インフラを統一して、新たなモデルをつくることができるだろうか。

■正面から入れないなら、窓を探す

品質の伝道師、W・エドワード・デミングは、本国アメリカでは認められなかったが、TQM（総合品質経営）手法を持ち込んだ日本で歓迎された。受け入れる素地のあった日本（日本は古い製造法を放棄しても失うものは少なく、品質を高めれば、アメリカのライバル企業以上に得るものが多かった）の改宗に成功すると、デミングはこの考え方をアメリカに逆輸入できるようになった。日本企業の攻勢の中で、アメリカのメーカーは品質管理の新手法に目を向けるようになり、その有用性を見いだしたのだ。

全世界を一度に改宗させる必要はないし、標的とする相手を改宗させる必要すらない。ときには、一番、受け入れてくれやすい観客から始め、信者を増やし、その後で、本来の標的に戻ってきてもいい。新製品を開発する際、大口ユーザーを設計段階から巻き込めば、採用してくれる可能性は飛躍的に高まる。他社が後に続く。コンサルティング会社やソフトウエア企業は、新たな方法論や技術を導入する際に、この戦略を活用する。新たなモデルは試験的なプロジェクトとして、少数の顧客で試し、その成果を幅広い顧客に持っていく。

■ **危機的な状況をつくる**

経営者ならわかっていることだが、組織のメンタルモデルを変えるのに、あえて危機をつくったり、起こしたりするのが最善の方法となる場合がある。予算を削減することによって、全社にコスト削減と資源の有効活用を促す。同様に、アルコールや薬物依存の疑いのある人は、友だちから忠告を受けて、自分がおかしいことに気づく。結婚生活に不満があるなら、試しに別居するか、離婚すると脅すことで、配偶者に真剣に考えてもらえるかもしれない。危機を生み出すことで失うものの大きさをはっきりさせ、メンタルモデルの転換を促す。外部からの危機も同様の効果をもつ。第一次世界大戦の終結時に国際連盟ができ、第二次世界大戦の影響下で、国際連合が生まれ、国際政治の中心になった。戦争という危機が、孤立主義から国際協調へと、メンタルモデルの転換をもたらしたのだ。危機を生み出せる立場にあるなら、危機をつくることが発火点になり、メンタルモデルの転換が広がる可能性がある。

■ **バウンダリー・スパナー（異文化の通訳）を見つける**

著者の一人、コリン・クルックが、中国企業の幹部との会議で、プロジェクトの詳細について説明していた。大きな会場だったが、出席者の表情からは、内容が理解されているとは思えなかった。言葉だけでなく、細かい技術がわかっていないようだ。シティバンクの同僚、ニナ・ツァオが後を引き受けようと申し出た。ツァオは広東語で話し始めたが、助けになったのは言葉だけではなかった。聴衆にわかるように、かみ砕いて話すことができたのだ。コリンの仕事の中身をよく知っていたし、出席者のこともよく知っていたので、両者を取りもつことができた。両方の視点がわかっていたからこそ、コリンのメンタルモデルと、中国系ビジネスマンのメンタルモデルの仲介者になることができた。

越えがたい溝だと思っても、橋はあるものだ。「仲介者」や「異文化の通訳」が、その橋になる。彼らは、片足を一つの世界に、もう一方の足を別の世界にかけている。こういう人物を見つけられたら、ガイド兼通訳として、未知の世界を案内してもらえる。自分とはかけ離れた新しい考え方に接して戸惑ったとき、自分の考えと新しい考えの両方をよく知り、ギャップを埋めてくれそうな人がいないか探してみよう。

こうした人たちは、メンタルモデルの転換を大いに助けてくれる。例えば科学の分野では、スティーヴン・ピンカーやリチャード・ドーキンス、スティーヴン・J・グールドなどの解説者が数多くいて、高度な科学の話を一般大衆にもわかるようにしてくれている。新しい世界観を多くの人々に紹介するという点で、偉大なコミュニケーターだといえる。こうしたアプローチの唯一の危険性は、ある専門分野に対する見方が、きわめて狭いグループの目を通したものになる、という点だ。それにより自分自身が経験することによる豊かさが失われることもある。

連携のプロセス

一般に、新たなメンタルモデルを世に送り出し、適応的断絶を克服するには大きな課題が三つある。

■ **コミュニケーションがとれるか**

対話の基盤がなければ、どんな世界観も紹介するのに苦労するだろう。

■ **価値をきちんと伝えられるか**

新たなメンタルモデルの利便性（コストやリスクに見合う以上のメリット）を示すことができれば、導入される可能性は高まる。

■ **共通認識を確立できるか**

対話の基礎があり、利便性を示すことができれば、共通認識を確立できる。

組織や日常生活の中で、「悪魔の代理人」役を設けて、対立する見方を正当化し、幅広い問題について溝を埋めるような、正式なプロセスをつくる。

適応的断絶に橋をかける

進歩はときに、過激なメンタルモデルが主流になることから生まれる。一九六〇年代の公民権運動は異端の運動から始まったが、全国的な論争で主導権を握り、アメリカ全体のメンタルモデルを変えることになった。六〇年代末、ジョン・F・ケネディ大統領が提唱した月面着陸計画は、科学者や政治家がこの計画に魅力を感じて真剣になったことから、現実のものになった。同時に、新しいアイデアを試す過程では、守旧派の抵抗も貴重な役割を果たす。革新的なアイデア、新たなメンタルモデルと、守旧派の抵抗のバランスの中で、ある状況で効用が最も高いモデルを選ぶことができる。

サミュエル・バトラーはかってこう言った。「理性的な人間は自分を世界に合わせるが、理性的でない人間は、世界を自分に合わせようとする。したがって、あらゆる進歩は、理性的でない人間にかかっている」。バトラーの見解は、正しいが、完全ではない。「理性的でない人間」が、その見方の適切さや効用を、周りに納得してもらえなければ、進歩は生まれない。「イカれた」考えの持ち主は、ただそれだけでは、社会から孤立する。アルベルト・アインシュタインは相対性理論という急進的な理論を信じてもらえなければ、あるいは抽象画家のジャクソン・ポロックは天才的な世界を理解してもらえなければ、それぞれの分野の歴史で脚注に追いやられていただろう。あらゆる進歩は、「理性的でない」人々の大胆な世界観を、適応的断絶を超えて、「理性的な」見方にすることによって生まれる。そのためには、適応的断絶に橋をかけ、異なる世界をつながなければならない。

インポッシブル・シンキングの技法

- 自分とは違うメンタルモデルは、どのようなものだろうか。誰がなぜ、そのメンタルモデルをもっているのか。
- 「適応的断絶」にどのように橋をかけられるだろうか。
- 異なるメンタルモデルを支持する人々には、どのようなメリットがあるのだろうか。
- 新たなメンタルモデルの利便性をどうやって示せばいいだろうか。
- 異なるメンタルモデルの持ち主と対話するには、どうすればいいだろうか。
- ギャップを埋める手助けをしてくれる、バウンダリー・スパナー（異文化の通訳）は誰だろうか。

注

1. Snow, C.P. *The Two Cultures*. Cambridge and New York: Cambridge University Press, 1993.（『二つの文化と科学革命』松井巻之助訳　みすず書房）

PART 4
ACT QUICKLY AND EFFECTIVELY

第4部

迅速に効果的に動く

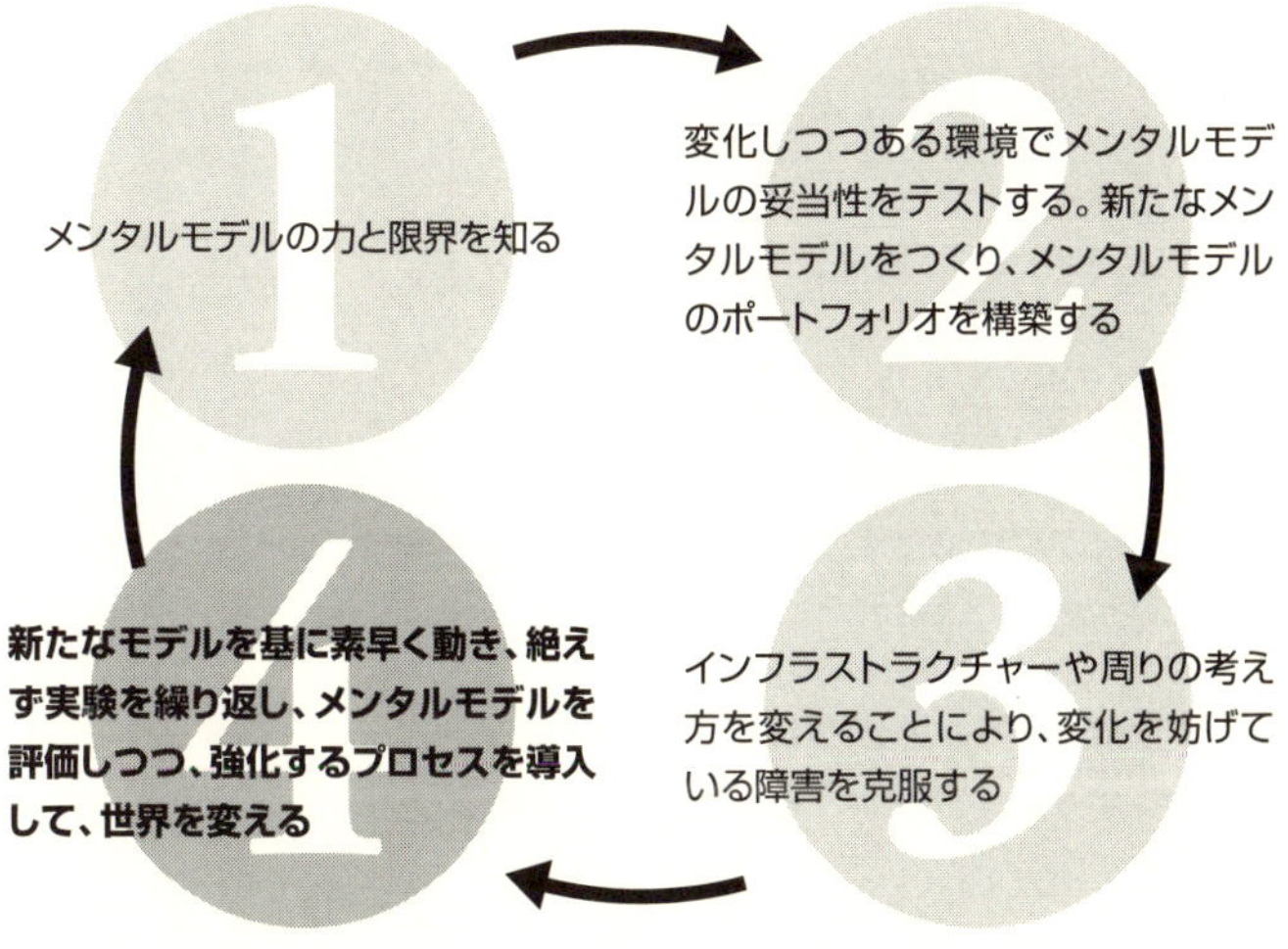
1
メンタルモデルの力と限界を知る
2
変化しつつある環境でメンタルモデルの妥当性をテストする。新たなメンタルモデルをつくり、メンタルモデルのポートフォリオを構築する
3
インフラストラクチャーや周りの考え方を変えることにより、変化を妨げている障害を克服する
4
新たなモデルを基に素早く動き、絶えず実験を繰り返し、メンタルモデルを評価しつつ、強化するプロセスを導入して、世界を変える

第10章

直観を磨いて、迅速に動く

究極の目標は、宇宙のすべてを純粋な演繹によって説明できる普遍的な基本法則を発見することだ。論理的な経路では、この法則にたどりつけない。ただ、経験に裏打ちされた直観によってのみ到達できる。

アルベルト・アインシュタイン[*1]

●何かがおかしいと「直観」がささやく

契約交渉は最終段階だ。目の前のテーブルに整然と積まれた書類を眺める。細部まで完璧だと思える。弁護士や会計士が微に入り細に入り練り上げたものだ。細かい点も見落としはないはずだ。会社にとって大きな案件で、持ち込んだのは自分だ。だが、テーブルの向かいに座る相手の笑顔を見た時、何かが違うと思った。自分が怖気づいているだけなのか、それとも他に何かあるのだろうか。

自分の勘を信じることにする。適当な口実をつけて、契約の締結を延ばす。相手は不満げだが、これで時間稼ぎができ、突っ込んだ調査ができる。おかしいと思ったきっかけは、先方の内部監査人が婚約者だということだ。書類は一見、整っているが、詳しく調べてみると、継ぎはぎだらけで、大きな穴が幾つか見つかった。交渉は打ち切った。打ち切らなければ、会社は巨額の損失を負い、何年も悩まされることになっただろう。

だが、この契約に疑問を抱かせた「勘」は、どう説明すればいいのだろう。幾つもの案件や数え切れない交渉の中で培ってきた「直観」が正しいと、どうして言えるのだろうか。

自分が自覚する以上に、よくわかっている場合がある。それが直観だ。直観があれば、考えることなくメンタルモデルを活用し、それに基づいて動くことができる。現実の世界で決断するには、直観が不可欠だ。だが、直観とは何かを説明するのは難しい。そして、もとのメンタルモデルが、状況に合っていないと、直観が外れることもある。

直観とは何か。素早く理解し、行動する上で、どのように役立つのか。直観を磨くことはできるのだろうか。そして、直観をその時々の環境に合ったものにするには、どうすればいいのだろうか。

一五〇〇年代末に茶道を体系化した千利休は、修養を積んだおかげで、直観が磨き抜かれた。点前の微妙な所作から、豊臣秀吉の意図を見抜いた。秀吉は誰にも打ち明けたことがなかったが、利休は、細部に注意し、磨き上げられた直観で、秀吉が朝鮮に出兵するつもりであることを見抜いたのだ。うまくいかないのではないか、と進言する利休に、秀吉は怒り狂った。進言の内容だけでなく、内に秘めた野望を見抜かれたことに怒ったのだ。秀吉は利休に切腹を命じた。その一年後、秀吉は十六万人の兵を送り、朝鮮を攻めたが、悲惨な結果に終わった。

利休は、秀吉の意図や計画の弱点を優れた直観で見抜いた。だが、秀吉に何を言うべきか、という点では直観が働かなかったのだろう。

この逸話が物語るように、直観があれば即座に理解し、動くことができる。特に危険が差し迫ったときには直観が役に立つ。また、直観は、慎重に考えていれば二の足を踏んだかもしれない行動をとらせる。直観が状況に合っていないと、深刻な間違いを犯すことになる。

何かを決断するとき、考えてから、行動するまでの時間はそうあるわけではない。直観があれば即座にメンタルモデルを活用し、それに基づいて動くことができる。直観は、メンタルモデルが洗練され、凝縮されたものなので、それを活用すれば、分析する場合よりもはるかに速く決断ができるようになる。直観とは、メンタルモデルを形成し、理解し、活用するのを助け、それによって迅速で効果的な決断を促すものである。

直観とは何か

ひとつの分野を深く知っている者は、誰よりも早く状況を理解できることがある。戦場での指揮官や危機に直面した経営者は、細かい点にこだわることなく、状況の本質を素早く理解して、迅速に決断する。たいていの場合、ほかの人よりはるかに少ない情報で、状況を正しく認識できる。行動するには意思決定が必要だが、その決断は、時間がなく、先が見えず、情報がない、といった重圧の中で行なわれることが少なくない。

意思決定のプロセスは、基本的に二通りある。分析的で正統的なプロセスと、直観的なプロセスである。分析的な意思決定は、言葉で表現でき、他人に説明できる。反復が可能なものであり、よく知られたプロセスを使う。このプロセスはビジネス・スクールや医学部など、重要な意思決定を行なわねばならない数多くの分野で教えられている。分析的手法は次のような幾つかのステップを踏む。問題の設定、情報の収集、選択肢の設定、種々の基準による選択肢の評価、選択、そして成果の尺度などのフィードバックの仕組みの開発。情報を集めて、それを分析し、選択肢を作り、その中から選ぶのである。

現実の意思決定は、この通りに行なわれるとはかぎらない。時間がない場合もあれば、型通りのプロセスを踏みたくない、という場合もあるだろう。そんなときに頼るのが勘だ。

個々の問題解決のために無限の時間があるのであれば、分析的手法を使えるが、迅速な意思決定を迫られるなら、もっと直観に頼らなければならない。持ち時間制限のないチェスの試合を考えてみよう。能力が十分にあるのであれば、指し手ごとに、打てる手のすべてについて影響を分析できるだろう。厳密な分析ができるコンピューターがどれだけ分析に時間をかけても、優れた勘をもった名人を破るのは難しいが、それを実現したのがＩＢＭのコンピューター、ディープ・ブルーだ（ディープ・ブルーは、駒の動きを分析するだけでなく、名人級の指し手の過去の対戦のデータベースを内蔵していて、対戦相手の「頭の中に入り」、相手がどういう手を打つのかを分析できる）。だが、同じゲームでも、持ち時間が一手当たり五分しかない場合や、名人級の人々のように、一人が複数の相手と一度に対戦する場合には、もっと勘に頼らなければならない。こうした状況で頼れるのは、体系的な分析ではなく、経験の積み重ねで磨かれた勘だ。そして、我々がしなければならない決断の多くは、制限時間のあるチェスのようなものなのだ。

直観はどれだけ重要なのだろうか。トレーディング・ルームや戦場など、状況が刻々と変わり、複雑で重圧の大きい環境では、特に直観がモノをいう。ある調査で、ウォール街のトレーダーとベテランの海兵隊員を戦争ゲームで戦わせたところ、意外にも勝ったのはトレーダーだった。なぜ、こんなことが起きたのか。トレーダーの方がはるかに勘がさえていて、即座にリスクを判断し、動くことができたからではないかと思われる。海兵隊員は、もっと厳格なルールに従っていた。この調査結果から、海兵隊は、複雑で流動的な戦場では正式な分析手法を棚上げにして、もっと勘を利用するよう指揮官に求めた。[*2]山登りやカヤックでの急流下り、自動車レース、サーフィンなどのスポーツでも、同じように勘がモノをいう。競技に関する深い知識と経験が、とっさの判断と行動を生んでいる。

本能、ひらめき、直観

直観が、ひらめきとも本能とも違うのは、ある分野での深い経験が基になっている点だ。ひらめきとは、突然、何の前触れもなく起こるもので、「アハ!」の瞬間である。直観は、直接的で深い知識に根ざしているが、その知識は、論理や知覚で得られたものとは違っている。直観が働く時には、問題はほぼ解決している。解決策が意識に上る前、そもそも問題だと意識される前に解決していることもある。

本能は直観とよく似た働きをする。どちらも、状況を即座に判断し、行動に結び付ける。だが、直観が個々人の深い経験(ある分野での経験が凝縮して勘になったもの)に根ざしているのに対し、本能は、ある種の集団的経験の蓄積に根ざしており、人間が生まれながらに備えているもの、あるいは、少なくとも発達するようにできているものだ。ロビン・ホガスは、恐怖を感じたときの反応など、基本的な本能は、身を守るために進化したメカニズムだと論じている。歩いていて犬がほえる声を聞いたなら、飛び上がるか、とっさに逃げ出すのではないだろうか。これは反射的な行動だ。じっくり考えた結果ではない。時間をとって状況を分析すれば、犬は鎖につながれていて、危険でないことがわかるかもしれない。こうした慎重な分析は、状況のリスクを評価する別のプロセスであり、はるかに時間がかかる。だが、とっさの反応は、危険から身を守ってくれる。それが間違った反応だとしても、どう猛な犬にかみ殺されるよりいいのではないだろうか。[*3]

研究によって、こうした反応の一部は、生まれながらに備わっていることがわかってきた。恐怖を感じたときにとっさの反応が生じるのは、脳の後部にある小さな器官、扁桃体だ。脳に入ってくる感覚的な情報は、新皮質でも処理されるが、時間がかかり、分析的である。だが、生死を分けるような差し迫った状況のとき、分析していては間に合わない。人間のオペレーティング・システムのハードウエアには、高い所や蛇などといった、ある種の恐怖をすぐに学習する仕組みがあらかじめ組み込まれている。

創造的な飛躍の力

直観は創造的な飛躍を可能にする。直観による意思決定プロセスは、人それぞれ違っていて、説明できない。決断は感情的なものであることが少なくなく、肉体的なものであることすらある。アルベルト・アインシュタインは、ドイツ語で「指先の感覚」と表現する直観について語ったことがある。スターバックスの創業者、ハワード・シュルツは、イタリアのカフェで、アメリカに同じようなカフェをつくるアイデアを思いついた時、興奮で武者震いしたという。

最初の制御された核分裂反応の実験でノーベル物理学賞を受賞したエンリコ・フェルミは、一九三〇年代、イタリアで中性子実験を行なっていた。実験を修正する中で、フェルミは、鉛ではなくパラフィン・ワックスに中性子を通せばいいのではないかと、ひらめいた。これが「中性子減速」の発見につながり、世界初の原子炉が開発された。フェルミは物理の高度な知識があったが、なぜパラフィン・ワックスを試したのか説明できなかった。パラフィンを使ったことは、「恐るべき直観」のなせる業だった。勘が働いた。フェルミは優れた直観をもつ実験物理学者として知られるようになった。

認知心理学者のゲーリー・クラインが消防士を調査したところ、消防士は正式なプロセスを経た意思決定はしていないことがわかった。選択肢を比べたりしない。最善に思えるアイデアをつかみ、それが駄目なら次善の策に移る。クラインは著書『決断の法則』の中で、ある消防士がとっさに部下を燃えるビルから引き揚げさせた話を紹介している。消防士は何かがおかしいと感じた。なぜ、外に出させようと思ったのか、本人も説明できない。外に出た直後、消防士たちが立っていた床が崩れ落ちた。どうして、床が崩れるとわかったのだろう。このベテラン消防士は、恐らく意識的に考える時間すらないうちに、過去の経験を総動員して、何をすべきかを正しく判断したのだろう。

直観の危険性に留意する

磨き抜かれた直観に強みがあるのは確かだが、弱点を知っておくことも重要だ。第一に、直観が間違っていれば、とっさのその判断は的外れになる。素早く効果的な判断をしたつもりが、まったくの見当違いであったりする。

直観が間違うのは、そのときの状況と合っていないからだ。初心者のダイバーは海底深く潜ったとき、生存本能から急いで浮上しようとする。だが、経験を積むと、潜水病にならないように、本能と闘い、ゆっくり時間をかけて浮上すべきであることがわかる。車がスリップしたとき、直観的に滑った方向とは逆にハンドルを切る。路面が乾いていればそれでいいが、凍結していたら、滑った方向にハンドルを切らなくてはならない。

世界が変わると、磨き抜いた直観も通用しなくなる。例えば、自国の文化では、人との接し方は直観的にわかっていても、文化の異なる国に行けば、どうすればいいのかと戸惑う。この場合は、その場に合った勘を自分で磨き、異国の文化でどう振舞うべきかを身に付けなければならない。欧米企業の幹部の多くが、アジアに進出した当初、戸惑うのは文化の違いのためだ。欧米の経営者が契約締結を急ぐのに対し、アジアの経営者は忍耐や人間関係の構築に重きをおく。せっかちな欧米流はまったく通用せず、新しい感覚を身に付けるしかない。

直観を磨く方法は、学習する環境が「親切か」「意地悪か」で違ってくる、とロビン・ホガスは言う。「親切な」環境では、適切なフィードバックを受けるので、勘が自然に磨かれていく。例えば、気象予報士なら、予報が間違ったときに、天気がはっきり示してくれる。これとは対照的なのが、ウエイトレスの例だ。忙しいときには、身なりの整った紳士に親切に応対すれば、チップが稼げると思っていると、そうなるように自分で行動してしまう。ほかの客を無視して、こぎれいな客ばかりにサービスし、チップをはずんでもらえると、こぎれいな客の方が得、という勘がますます強化されることになる。だが、ラフな格好の客にサービスをよくすれば、チップをもらえるかどうかは試していない。ホガスは、これを「意地悪な」環境と呼んだ。今もっている勘をテストしたり、磨いたりするのではなく、単に強化するからだ。[*4]

直観は伝えにくいもの

直観に頼ることのもうひとつの弱点は、周りとコミュニケーションをとったり、協調したりするのが難しい点にある。第二次世界大戦中、アドルフ・ヒトラーは、直観で作戦を決めたことから、対戦国は次の作戦が読めなかった。だが、ドイツ軍の司令官ですら、重要な作戦がなぜそう決められたのか理由がわからず、ついていくのが大変だった。重要な決断はすべてヒトラーが下し、全体を調整するシステムがほかになかったため、ヒトラーの直観が外れた時、体制全体が根底から崩れた。これに対して、連合国には、はるかに効率的で合理的なシステムがあった。合同のワーキング・グループや委員会が協力・協調しながら意思を決定した。

一九四九年、モンタナ州マン・ガルチの火災で惨事が起きた時、スモーク・ジャンパーのリーダー、ワグナー・ドッジは、見事な直観で精鋭部隊を襲った炎から逃れることができた。スモーク・ジャンパーとは、山火事が起きた時に、パラシュートで現場に降り、斧やショベルなどを使って、延焼を食い止める消防士のことだ。山火事は火の回りが速い上に予測がつかず、火に取り囲まれる恐れもある。

マン・ガルチで、ドッジ以下十五人のチームが火に囲まれた。炎が迫ってきた時、ドッジは草むらに火をつけ、周りを焼け野原で囲った。これは、延焼を防ぐために通常使われる向かい火ではなかった。ドッジは、消防士の周りを焼け野原で囲んで、火が迂回するようにしたのだ。「逃げ火」が使われたのは、これが最初だった。今では逃げ火はスモーク・ジャンパーの常識だが、この時点で、ベテラン消防士、ドッジが直観的にひらめいたアイデアだった。そして、これでドッジは救われた。

残念ながら、部下にはドッジのような直観はなく、理解できなかったので（向かい火で対応するには遅過ぎることはわかっていたので）、ドッジの行動の意味がわからなかった。気でも狂ったかと思ったかもしれない。逃げ火の焼け跡の中で体を丸めるドッジを残して部下は必死に逃げ、そして命を落とした。スモーク・ジャンプ史上最悪の惨事となった。ドッジは素晴らしい直観で何をすべきかをつかんだが、それを部下に伝えることができなかった。伝わっていれば、命を救えたはずだ。このケースでは、燃え盛る炎に阻まれ、隊員と話すのは難しかった。だが、話す機会があったとしても、直観で決める人物が、周りに理解してもらうのは難しい。直観とは、伝えるのが難しいものなのだ。[*5]

個人の場合は、生涯の伴侶を選ぶときなどに直観に頼りがちだ。この直観は、「一目惚れ」や相性などと呼ばれていて、徹底した分析によって得た結論よりも優れていることが少なくない。その一方で、公式、非公式を問わず、人間関係がつくられては壊されているのを見ると、「直観」がいかに人を迷わせるか、他の要素によって曇りやすいのかがわかる。そのときには正しいと「感じて」も、間違っていることがよくある（そのときには、直観が正しかったかもしれないが、時間がたつにつれて二人が変わる場合もある。このことから、直観はどの程度の期間にわたって通用するのかという問題が浮かび上がる。重視すべきなのは、短期的な正しさだろうか。それとも長期的な正しさだろうか)。

直観を磨き上げる

直観を磨き、直観に従って動くにはどうすればいいだろうか。直観の源泉になるのは、適切なメンタルモデルのレパートリーと、それを利用して物事を即座に理解し、問題を解決する本能的な方法である。メンタルモデルが状況に合っているかどうかを判断し、必要に応じて変えていく方法も必要である。

直観といえば、いつも素晴らしい勘を発揮する特別な人たちを連想する。その判断力の確かさ——「勘」で決めたことが、いつも正しいことに驚かされる。ほとんどの人は、こうした特別の直観をもっていないと感じている。だが幸い、直観は磨くことができる。それには、直観が発揮できるように、幾つかの能力を開発しなければならない。以下に、直観を高めるための方法を示そう。

■自分の専門分野でのみ直観を磨く

直観は、ある分野に非常に詳しいことと関係している。したがって、直観を磨くのは、自分が膨大な知識と経験があると思える分野に限るべきだ。専門外の分野で直観を働かせようとすると、的外れになる。天賦の才に恵まれている少数の人以外は、優れた直観はもっていない。直観は、ひとつの分野に深く没頭し、分析しなくても感覚的にわかるようになったときに、働くものだ。華麗な演奏をする音楽家、立会場のトレーダー、先が読める交渉人、言うべき言葉を知っている経営者はみな、長年の経験と失敗によって直観を磨いてきている。ある分野では経験豊富でも、ほかの分野では勘が働かない。ずば抜けた直観をもつ科学者も、その経験は実験室の中だけのもので、外に出れば不器用な人かもしれない。

■「勘」を信じることを学ぶ

まずは、自分の専門分野を楽しみ、自信をもち、リラックスできていなければならない。それがないと、直観的な決断を信じることができない。自分の直観に耳を傾けるスペースを作る。「執着を手放し」、直観が自由に浮かび上がるようにし、世界を止め、直観に耳を傾ける。感情や感覚、偏見と思われるものまで含め、意思決定に使える手段をすべて活用できるようにする。分析的方法では、これらは不適切で危険だと切り捨てる人が少なくない。こうした人たちは、「気持ちいい」とか「気持ち悪い」という言い方はしない。だが、感情は、心の奥底でのとらえ方を反映したものなので、直観的な意思決定に取り入れるべきだ。こうしたやり方は、具体的なデータや、厳密な分析、選択肢の設定を基に行なわれる、冷徹で分析的な意思決定プロセスとは対照的なものだ。

周りを引き込む

「任せてください。これには詳しいんです」と言わなければならない時があるかもしれない。分析的な意思決定プロセスでは、広範なデータの分析に基づいて「最善の」意思決定を求めることになる。これに対して、直観的な意思決定では、感覚的な理解に基づいて、「うまくいく」手っ取り早い解決策を探すことを重視する。最善の解の基準では、体系的で実直な方法で、多くの候補の中から一つの解決策を選ぶが、直観的な意思決定はこれを避ける。そこに柔軟性はない。データがなく、過程が説明できないので、異論も出やすい。「任せてください」という言葉には、それほど説得力がない。成功しているオピニオン・リーダーやグル（導師）は、自然に尊敬を集めている。組織や集団の中で直観的に動けるようにするには、自分の直観が尊敬されるようにし向ける方法を見つけなければならない。

練習、練習、また練習

厳しい状況下での迅速な意思決定は、練習すれば身に付くものだ。分析を学ぶには、体系的なデータと問題を分析するツールが必要だ。直観的な意思決定では、問題を「つかみ」、解決策が「見える」ようにならなければいけない。まずは「独りで」練習する方法が使える。ある程度、満足できる水準に達したら、実際にやってみる。

消防士や救急隊員は、現実的な訓練に時間を使って勘を磨いている。訓練で勘が磨かれ、実際に生死に関わる現場で、とっさの判断ができるようになる。パイロットも、操縦室で遭遇する可能性のある問題について、迅速かつ効率的に対処する方法をシミュレーションで学んでいる。同様に、経営者も、シミュレーションやロール・プレイング、シナリオ・プランニングなどで勘を磨けば、企業の命運を分ける決定を迅速に行なえるようになるはずだ。

特に、データが少なく、時間が足りず、ストレスがかかる状況で、直観的な判断をする練習をすべきだ。こうした練習によって、決断についての自分の勘に慣れ親しみ、決断ができないときにも、絶望的にならずに済む。練習すればするほど、意思決定が必要な場面で勘が働くようになる。そうなれば、自信がわいてくる。

グルのコミュニティーを広げる

専門知識は、幅広い知識人と接することで深められる。既に自分は賢明で柔軟な発想の持ち主だと思っているかもしれないが、実は世間には他にも大勢そういう人がいて、ものの見方が少し違うかもしれない。こうした幅広い人たちと対話し、フィードバックをもらうと、学習意欲が高まる。こうしたプロセスを通して勘が磨かれる。

自分の直観が正しかったかどうかを確かめる

いちいち確認していたら、迅速な行動はできないが、時々自分の直観が外れていないかどうか、テストすることが重要だ。直観によって、適切な方向に行けたか、それとも迷ったか。同僚から浮き、状況にそぐわなかったのではないか。環境が変わり、過去の経験の価値は下がったのではないか。自分の直観の間違いを示すフィードバックを受けていないだろうか。

■直観を適切なものにする

複雑で変化する環境では、健全な好奇心と外向きの視点を持ち続け、直観を適切なものにしなければならない。直観は自分でもよくわからないところで生み出されるものなので、一つの分野を絶えず深く掘り下げ、優れたメンタルモデルを持ち続けなければならない。新しいアイデアや実験、山勘も柔軟に受け入れる。何より斬新なものを受け入れ、経験を強化する。常に外に目を向ける。外部のことに注意し、敏感になる。外部の兆候やパターンに注意する。ほかの人が見ていないものを見る。ただし、広範なデータに圧倒されないよう、「本能的な識別能力」を活用する。思い出してほしい。兆候から結論に飛躍する人は、小さな差異を「無視」して、自らの期待を再確認し、重要な兆候を見落とすものだ。

■混乱と不確実性に注意する

混乱したり、確信がもてなかったりしたときは、直観が間違っているサインかもしれない。高い専門性とは、メンタルモデルの優れたレパートリーを持っていることに関連している。直観とは無意識のうちにこれらのメンタルモデルに繰り返し、効果的にアクセスして、状況を素早く判断する能力である。これは、意思決定のときだけではなく、常に状況をつかんでいることを意味する。決定に戸惑ったり、明確な方向性が感じ取れなかったりするのは、直観が働いていないことを意味する場合がある。この場合、もっと分析プロセスを使い、経験を積み、知識を習得し、情報を入手しなければならない。

■「執着を手放す」訓練をする

内なる直観のささやかで小さな声に耳を傾けるため、絶えず「執着を手放す」能力を養わなければならない。定期的に、しばらく世界を止め、内なる声を聞き、直観を使う状況を考える。禅の瞑想もひとつの方法だ。静かに座り、体と心、呼吸に意識を集中することで、分析から遠ざかる。直観を磨くには、習慣になっている日常の活動を打ち切り、新しいことを考えるスペースを作らなければならない。通常の生活では、膨大な情報が押し寄せるので、メンタルモデルの既存のレパートリーを使って絶えず考えている。ときには、意識してこのペースを落とすか休止することが必要だ。瞑想もその方法のひとつだが、それほど神秘的でない方法としては、静かに考える時間をスケジュールに組み込むだけでもいい。これによって、心のスイッチが切り替わり、外部の刺激から、内なる静謐《せいひつ》へと向かう。

まずは「執着を手放す」ことから始め、頭の中の既存のメンタルモデルにすぐに飛びつくのではなく、物事の感触を探るようにする。カギは、新しいことに心を向けることだ。そうすれば、世界のありのままの姿に敏感になれる。新しいアイデアを探し、水平線を広げる。あるいは今の視点を捨てて、もっと優れた視点や、もっと役立つ解釈を取り入れる。こうすれば、最近の出来事や経験をもっと繊細な目で見られるようになる。新しいアイデアや新しい考え方について、じっくり考えることもできる。自分を見つめ、内省的になることで、心を落ち着け、新しいことや、新しい出来事に早い段階で気づくようになる。最終的には、「現象学的」視点から、複雑な理論を使って物事を説明しなくても、物事をありのままに経験できる能力が身に付く。

■直観と分析を照らし合わせる

直観を磨くからといって、厳密な分析を捨てる必要はない。時間と情報と資源があるのなら、分析によって判断する方がいい場合がある。その結果を直観と照らし合わせる方法もとれる。正しい判断に対する直観が変わるかもしれない。最高の分析と直観を組み合わせて、メンタルモデルを洗練し、効果的に活用できるようにするべきだ。意思決定ツリーや価値—期待モデル、コンジョイント分析などのトレード・オフ・モデル、最適化モデル、シミュレーション、ＡＨＰ（階層分析法）などのツールは、直観や主観的意見と厳密な分析を照らし合わせるのに役立つ。頭と心をひとつにして決断する方法を探してみよう。

分析は直観を磨くために使う

あなたはあなた自身が思っている以上に知っている。直観を活用することで、正式なプロセスを経るよりも速く、目に見えないメンタルモデルを利用できる。直観の危険性——特に、環境に合わない直観の危険性には注意が必要だ。健全な注意力と謙虚さがあれば、世界を理解するとき、直観を信じることができる。

「指先の感覚」、つまり直観によって、正式なプロセスでは見えなかったであろう新しい方向が開けることも少なくない。混沌とした状況では、徹底した分析に頼りたくなるかもしれない。分析は有用だが、直観に置き換えるのではなく、直観を磨くのに使うのが最善の活用法だ。必要とする情報を入手するが、その後は、心の声に耳を傾ける。

直観を使えば、メンタルモデルや経験、思考、感情を総動員して、明確な行動を定めることができる。見ているものを独創的な視点で見直し、世界のある側面がいかに重要なのか、頭ではわからなかった点を明らかにしてくれる。直観の助けがあれば、新しいパターンを見つけ、新しい結論に導き、世界の見方を変えることができるのだ。

インポッシブル・シンキングの技法

- 最近、仕事やプライベートの決断で、直観に頼ったのはどんなときだろうか。結果はどうなっただろうか。
- 今直面している深刻な問題について考える。静かな環境で、「直観は何と言うか」と自問してみる。
- 毎日、数分間、心の声を聞く練習ができるだろうか（その通りに行動することはできないとしても）。直観は何と言っただろうか。分析的に導いた答えと、どう違っているだろうか。
- 身近な人やニュースに出てくる著名人は、直観を信じたか、信じなかったか。結果はどうなっただろうか。
- どのような点で、直観がうまく働かなかったのか。直観を「磨いて」現実に合わせるには、どうすればいいだろうか。

注

1. ベルリンの物理学会でマックス・プランクの六十歳の誕生日に行なったスピーチから。
2. Stewart, Thomas A. "Think with Your Gut." *Business 2.0*. November 2002. pp.99-104.
3. Hogarth, Robin "Insurance and Safety after September 11: has the World Become a 'Riskier' place?" *Social Science*

Research Council. http://www/ssrc.org/sep11/essays/hogarth.htm/

4. Hogarth, Robin. *Educating Intuition.* Chicago: University of Chicago Press, 2001.

5. Maclean, Norman. *Young Men and Fire.* Chicago: University of Chicago Press, 1992.

第11章

インポッシブル・シンキングの力——三人のイノベーター

「ありえないと思えることを考えられる」と、何が達成できるのだろうか。メンタルモデルが変われば、陸上の記録を塗りかえ、新たな事業を起こし、生活を変えられることを見てきた。本章では、「不可能なことを可能にする実践家」、ハワード・シュルツ、オプラ・ウィンフリー、アンディ・グローブを取り上げ、メンタルモデルの転換がいかに力を持っているかを論じる。三人は活躍する分野も影響力も違うが、周囲の考え方に挑戦し、生活を変え、産業を変え、そして世界を変えた。

ハワード・シュルツ

ハワード・シュルツは正気をなくしたにちがいないと思われたことだろう。

彼はニューヨークの低所得者用住宅から大学に進み、スウェーデンのハマプラスト社の家庭用雑貨子会社で副社長兼アメリカ営業本部長になった。マンハッタンのアッパー・イーストにアパートメントを所有し、高額の報酬をもらい、社用車を使い、休暇はロングアイランドの高級保養地で過ごす身分だった。それらをすべて捨てたのだ。ありえないと思えることのために。

一九八一年、シュルツは、シアトルの小売店が、ドリップ式のコーヒーメーカーを大量に注文してきたことに気がついた。そこで大陸を横断し、注文主のスターバックス・コーヒー・ティー&スパイスを訪ねることにした。スターバックスは、その十年前に大のコーヒー好きの起業家数人が起こした小さな会社だ。当時は四店舗を構え、最高級の深炒り焙煎《ばいせん》のコーヒー豆を販売していた。ファンは少ないながらも、増えつつあった。

コーヒーの概念を見直す

一九八一年当時、シアトルは衰退への道を歩んでいた。同市で最大の雇用主であるボーイング社は大規模な人員削減を行なっていた。コーヒー業界は成熟期にあり、激烈な価格戦争を演じ、品質は落ちていた。製品を差別化する知的財産など何もなく、ありふれた商品を売るだけの事業だ。一日当たりの消費量は、一九六一年の一日三・一杯をピークに下がり続けており、八〇年代後半まで下落が続いている。部外者の目には、参入するには業界も時期も最悪だと思えた。

だがシュルツの見方は違った。違ったからこそ、翌八二年に仕事をやめて、三千マイルも離れたスターバックスにマーケティング部長として入社したのだ。シュルツが自著『スターバックス　成功物語』で書いているように、人生とは、「ほかの人たちに見えないものを見て、誰がなんと言おうと、ビジョンを追求することなのだ[*1]」。

発見と直観の旅

一九八三年、シュルツは、出張先のイタリアでヨーロッパ流のエスプレッソ・バーに出会う。そこで考えが変わった。「カフェでコーヒーを飲みながら談笑する」モデルを発見し、それをアメリカに持って帰ろうと決意したのだ。

当時のスターバックスは、コーヒー豆とコーヒーメーカーの販売だけで、飲むコーヒーは販売していなかった。シュルツは、アメリカでのエスプレッソ・バーの実現に熱意を傾けたが、会社の事業の柱を変えるのは難しかった。創業者は、利益が上がり成長している事業の方向を変える気はなかった。そこで、会社から許可をもらい、新しいビジネスモデルを小さな規模で試すことにした。スターバックスの店舗の一角にエスプレッソ・バーを設けたのだ。実験の成果は上々だったが、創業者はビジネスモデルの転換には乗り気ではなかった。コーヒーの焙煎という出発点から離れたくなかったのだ。

この「適応的断絶」に直面して、シュルツは八五年に会社を去り、広いステージで実験することにした。自らエスプレッソ・バーを立ち上げ、イル・ジョルナーレと名付けた。「うまくいくはずがない」「アメリカ人のコーヒーに対するイメージを変えるのは不可能だ」というのが大方の見方だった。だが、シュルツの見方は違った。「反対するだけの人たちの言うことを聞いていては、何ごとも成し遂げられない」。二年後、成功したイル・ジョルナーレは、スターバックスを買収した。

株式を公開した九二年には、店舗は百六十五まで増えていた。二〇〇四年時点で、店舗数は約七千五百、パートナー(従業員)は七万五千人、売上高は四十四億ドルを超えている。既存店ベースの売り上げは、百四十二カ月、つまり十二年近く成長を続けた。上場以来、売り上げは年率二〇パーセントで伸び、一株当たり利益は年率二〇―二五パーセントで伸びている。

適応的断絶の埋め方

シュルツは会社の考え方や行動を変えただけでなく、成熟産業を活性化し、コーヒーを愛する世代の習慣やものの見方まで変えてしまった。アメリカでコーヒーといえば、缶入りの粉のコーヒーを値段だけ見てスーパーで買うのが一般的だった。スターバックスは時間と労力をかけて、最高級コーヒーと様々な種類のエスプレッソが味わえるよう、消費者を啓蒙していった。成功のカギは、スターバックスのカフェでコーヒーを飲む、という「経験」を作り出したことだった。この経験に満足した人たちが、友人や知人に話し、この現象が口コミで広がっていった。

新しい秩序を築く

こうした変革の影には、様々な努力がある。シュルツは、アメリカ人のコーヒーを飲む習慣を変えるため、店舗の設計から家具のデザイン、バリスタ（最高の状態でエスプレッソをいれる職人）の養成まで、あらゆることを見直さなければならなかった。会社の成長に合わせて、質の良いコーヒーを大量に確保するほか、進出先の都市でコーヒーを飲むという経験を演出できるバリスタを養成しなければならない。こうしたメンタルモデルを支え、実現するために新たなインフラを築き、細部に配慮する仕組みを作ったことが、同社の成功の大きな要因だ。一般の小売企業が、従業員を最低賃金で雇い、福利厚生も与えない中で、スターバックスではパート従業員にまでストック・オプションを与え、福利厚生を充実させた。また、コーヒー市況が低迷した時、一般の卸売業者が買取価格を引き下げたのに対し、スターバックスは価格を維持したため、生産者のロイヤルティが高く、長期にわたり高級豆を安定的に確保できている。

シュルツはあくまで、スターバックスの基本理念に忠実であったが、会社が成長するにつれ、自分の考え方やウォール街の常識に挑まざるをえなかった。小規模なベンチャー企業から、尊敬を集める世界ブランドになるには、最大の課題は「自分自身を作り変えること」だとシュルツは語る。シュルツは、エスプレッソ・バーの可能性を見いだし、その実現に向けて資金を調達する夢想家から、事業を成功させた起業家、大企業を率いるプロの経営者へと、自らを作り変えていった。個人としての成功に対する考え方を見直し、高給を保証された職を投げ打ち、情熱的に目標を追いかけた。

ズーム・インとズーム・アウトを試みる

一九九五年のクリスマス・シーズン、スターバックスの成長は頭打ちとなり、ウォール街からは同社の経営陣が急成長を追い求める中で肝心な点を見失っているとの不満の声が上がった。同社では、投資家の懸念に応えるために、短期的に事業の体制を若干、修正したが、アイスクリームの販売や、ユナイテッド航空との戦略的提携など、長期的な革新に注力した。この提携がやがて、スターバックスのさらなる躍進に役立っている。

その後は、プリペイド・カードの導入（二〇〇二年には七千万枚にまで増加）、店内でのゲームやCDの販売、ペプシ・コーラやキャピトル・レコード、大型書店のバーンズ&ノーブル、百貨店のノードストローム、クラフト（スーパーマーケットでの販路確保）、など世界的規模での提携を進め、事業を拡大していった。一方で、短期的な業績や業務上の課題にも目を光らせ続けた。シュルツが指摘するように、CEOは遠近両方を見る目がなければならない。言い換えれば、大局を見るズーム・

アウトと細部に焦点を絞るズーム・インの両方ができなければならないのだ。

継続的な実験によりモデルを見直す

成長を続ける中で、スターバックスは、コーヒーのミルクをレギュラーか無脂肪を選べるようにしたり、フラペチーノなど新しいドリンクを投入したりするなど、商品ラインを見直した。経営幹部は体系的に計画し、文化やブランドを守る強い意思をもっていたが、成功と高い成長を追い求めるには、考え方を変えなければならなかった。

「我々は考えを変えることをいとわなかった、その結果、会社が変わった」と、倉庫の一台の焙煎機だけで全店にコーヒーを供給できた時代に入社し、現在は社長兼ＣＥＯのオリン・スミスは語り、こう説明する。

成長を阻む壁は、たいてい、自ら作ったものだ。わたしが入社した当時、スターバックスはコーヒーの会社ではないのか、という大論争があった。世界最高のコーヒー豆を買い、最高の方法で焙煎する。それが気に入らないなんて困ったことだ。ミルクを入れてラテを作るなんて、どういうことなのか。その次は無脂肪ミルク。次はフラペチーノだ（今では売り上げの二〇パーセントを占め、特に重要な商品になっている）。当初は、店舗の総合管理が必要だと考え、フランチャイズ展開は一切しなかった。それが、今は、ライセンスをしている。我々は繰り返し、やるはずのないことに取り組んで事業を変えてきた。常に、コア・ビジネスを作り変え、拡大している。

スターバックスは実験を続けている。予約販売（デンバー地区の六十店舗で試験中）や、朝食の提供（シアトルの二十店舗）、Tモバイルとの提携での無線インターネット接続など。新事業は全部が全部、成功しているわけではない。例えば、スターバックスと同じ家具を家庭用に販売する家具店は、ひっそりと息を引き取った。だが、多くの実験は、新たな収益源となるとともに、スターバックス・ブランドと店舗の新鮮さを保つのに貢献している。

可能性の向こう側へ

スターバックスは一貫して不可能と思えることに取り組み、達成してきた。常に高い目標を掲げてきた。一九九三年には早くも、二〇〇〇年時点で店舗を二千店に拡大すると株式市場に向け語っている。はるかな目標ではあったが、実現可能に思えた。店舗数は二〇〇〇年に、既に三千店に達し、その後も増え続けている。

創業当時に掲げた「コカ・コーラ並みの強力なブランドを築く」という目標は、途方もなかった。だが、ここ数年で、世界で最も尊敬されるブランドのひとつに挙げられるようになった。「我々は、一笑に付されかねないほどの高い目標を掲げてきた。どの段階でも、バーをかなり高く設定し、それを越えようと努力してきた」とスミスは言う。

世界各地を旅したり、新しい考え方に触れたりしたとき、シュルツがヨーロッパのエスプレッソ・バーで発見したようなアイデアに気づいたことはないだろうか。それを持ち帰り、仕事や生活を変えるにはどうすればいいだろうか。周りのメンタルモデルを変えることの難しさや可能性について、スターバックスから何が学べるだろうか。実現不可能と思えるアイデアに、早々に見切りをつけているのではないだろうか。

オプラ・ウィンフリー

オプラ・ウィンフリーは、トーク番組の司会者としては、およそ似つかわしくない経歴の持ち主だった。ウィンフリーは、ミシシッピ州コスキスコの電気も水道もない家で生まれ育った。正式な結婚をしていなかった両親は、ウィンフリーが生まれてまもなく別れたため、母方の祖母に育てられた。子どものころ、男性親族や友人から性的虐待を受けた。家を飛び出し、十三歳で少年院に送られる。こうした複雑な幼少期が、後にトーク番組の進行やショーや本で取り上げる話題に影響を与えることになる。

ウィンフリーは十四歳の時に父親と暮らし始め、父親の助言としつけ（新しい単語を五つ覚えるまで、夕食は食べられなかった）によって、成功への道を歩み始めた。大学の奨学金をもらい、一九七一年には黒人を対象としたミス・テネシーに選ばれた。テネシー州立大学のコミュニケーション・演劇科を卒業した。

大学時代からテレビに出始め、ナッシュビルのCBS系列局で夕方のニュースでキャスターをしていたが、卒業後は、ボルティモアのABC系列局でレポーターや総合司会を務めた。ウィンフリーは、局側が描く司会者のイメージとはかけ離れていたので、イメージチェンジのためニューヨークに送り込まれることになった。髪の毛は多過ぎ、鼻は大き過ぎ、顎が張り過ぎているというのだ。だが、ウィンフリーは型にはまるのではなく、型を破ることで成功した。

トーク番組のコンセプトを作り変える

一九七七年、『ボルティモア・イズ・トーキング』の共同司会者になった。ウィンフリーのリードのおかげで、視聴率はトーク番組の神様と呼ばれていたドナヒューの番組を上回った。ボルティモアで七年勤めた後、八四年に、シカゴのABC系列局に雇われ、『シカゴの朝』の司会者になる。この番組は視聴率が低迷していたため、ウィンフリーに自由な番組づくりが任された。内容を一新すると、視聴率は一カ月で最下位からドナヒューの番組に肩を並べるまでになり、その後もぐんぐん上昇した。八五年九月には、番組名が『オプラ・ウィンフリー・ショー』に改められた。そして一年もたたないうちに、全米一のトーク番組になった。その後、トークの女王として二十年近く君臨している。『オプラ・ウィンフリー・ショー』は現在、百カ国以上で放映され、二千三百万人が視聴している。

オプラ・ウィンフリーは、トーク番組に関して、まったく異なるモデルをもっていた。ドナヒューがレポーターのようにマイク片手に視聴者から情報を引き出そうとするのに対して、ウィンフリーは友達のように接する。対話の中で、自分の生い立ちを明かし、自分がぶつかった試練や経験を話す。このスタイルは、女性の視聴者に気に入られた。ウィンフリーは、平日の午後をリビングルームで過ごす視聴者が人とのつながりを求めていることを知っていた。そこで自分自身の話しや子ども時代の虐待、パートナーのステッドマンとの関係などを話したのだ（ステッドマンは、オプラ同様、ファーストネームで通用している）。公共のメディアを、私的で親密なメディアに変え、数百万人の視聴者と親しくなった。

オプラ・ウィンフリーはトーク番組の性格を一新し、視聴者の手の届くもの、身近なものにした。ウィンフリーは「人々の生活を変える」という目標を掲げた。トーク番組に対するイメージや、生活に対する考え方を変え、メンタルモデルを変えた。ウィンフリーは、トーク番組や自身が運営するブッククラブのテーマを決める際、自分自身にとって重要な問題も取り上げている。同時に、視聴者や読者にメンタルモデルを変え、自分自身を見直すよう働きかけている。

適応的実験——本、雑誌、その他のメディア

トーク番組の概念を変え、熱心なファンができると、ファンを新しい方向に連れていけるようになった。斬新な視点をほかの分野にも持ち込んで、他業界の既成概念に挑み、衝撃を与えた。一九九六年には、テレビ番組でブッククラブを作り、視聴者に本格小説を読むよう薦めた。ここで紹介される本は、ベストセラーになるたぐいの本ではなかったが、ウィンフリーのおかげでまったく新しい読者

層が生まれ大ヒットした。

書評はそれまで、ニューヨーク・タイムズ紙など印刷メディアの独壇場だったが、ウィンフリーの番組は、本について幅広い視聴者と話し合う場になった。これによりウィンフリーは出版業界のご意見番になり、番組で取り上げられれば、販売部数が五十万部以上伸びるようになった。二年もたたないうちに番組で紹介した本の二十冊以上がベストセラー・リスト入りした。タイム誌のリチャード・ラケイヨ記者はこう書いている。

オプラ・ウィンフリーのブッククラブが、活字の歴史の中で、最も重要な発明というのは正しくない。第一に文字の発明がある。次に活字がある。オプラは三番目だ。だが、それ以下ではない。少なくとも、オプラが番組で取り上げた本の需要に頼っている出版社や書店にとっては。[*2]

二〇〇〇年四月には、『O、オプラ・マガジン』を創刊して、雑誌業界を揺るがせた。同誌は創刊号としては記録的な成功を収め、月間の発行部数が二百万部を超えるまでに急成長した。広告収入の減少で、『マドマゼル』などの老舗雑誌が廃刊に追い込まれる中で、成長を続けている。雑誌では表紙にモデルを起用するのが普通だが、オプラ誌は、本人が表紙を飾っている。オプラは、視聴者との結びつきと個人的な見方を雑誌という新しいチャネルにまで広げた。読者が延々広告ページを繰らなくても済むように、雑誌の慣行を打ち破り、目次を二十二ページではなく、二ページ目に持ってきた。

また、九八年には、女性向けのケーブル・テレビ、インターネット関連会社、オキシジン・メディアを共同で立ち上げ、映画制作部門を設けた。ここからは『モリー先生との火曜日』など、映画賞を受賞する作品も生まれている。

ウィンフリーの活動は、ビジネスだけにとどまらない。世界中で慈善活動に精力的に取り組んでいる。「オプラズ・エンジェル・ネットワーク」は、視聴者から多額の寄付を募り、世界中で学校建設や児童支援を行なっている。児童虐待など、自分が大事だと思う問題の法制度の整備にも積極的だ。

適応的断絶への取り組み

ブッククラブを育てる過程で、ウィンフリーは自分の番組を使って、現代文学という近寄りがたい世界と視聴者の間の「適応的断絶」に橋をかけた。本のテーマと番組で取り上げるテーマの共通点を視聴者に示した。文学という遠い世界を身近なもの、魅力的なものにし、視聴者の人生を変える手助けをした。ウィンフリーは、数百万人の視聴者を新たな領域に引き込むガイドや解説者の役割を果たしたわけだ。この方法は、新たな読者層の開拓に大きな力を発揮した。オプラのおかげで、文学作品に対する視聴者の見方が変わり、読者に対する作家や出版社の見方も変わった。評論家のためではなく、ウィンフリーと、彼女が代弁する読者のための本が出版されるようになった。ウィンフリーは信頼されていたので、いったん支持を得るようになると、視聴者を様々な方面に連れて行くことができたのだ。

世界秩序をつくる――オプラ・ブランドを支えるハーポ社

ウィンフリーは、視聴者に身近なトーク番組、という新たなモデルを支えるためのインフラを作り上げた。マーサ・スチュワートが会社の株式を公開し、様々な商品にマーサの名前を冠しているのに対し、ウィンフリーは頑なまでに、自分の名前と成長途上の帝国を守り固めている。ブランドを守り、自らのエンターテインメント会社、ハーポ社（オプラの綴《つづ》りを逆にして命名した会社）を守っている。同社の株式は公開していない。こうした管理の徹底は、個人資産を築くだけでなく、番組や雑誌などの編集方針を守るのに役立っている。番組や雑誌が常にウィンフリー自身の考え方や個性を反映したものになるよう努力しているのだ。

『オプラ・ウィンフリー・ショー』は、エミー賞の最優秀トーク番組賞を何度も受賞し、ウィンフリー自身も最優秀司会者賞を受賞している。九三年には、逆境に打ち克って各分野でリーダーになった人に贈られるオラティオ・アルガー賞を受賞した。九六年には、タイム誌のアメリカで影響力のある二十五人の一人にも選ばれた。また、フォーブス誌の起業家の高額所得番付にも入っている。

ウィンフリーは常に自分自身と業界、そして、視聴者の考え方を作り変えてきた。自分のメンタルモデルを持ち込んで、トーク番組のイメージを一新した。視聴者に対して、自身に挑戦するよう呼びかけている。視聴者が既存のメンタルモデルの限界に気づき、生活の中の可能性に気づくようにした。公開トークの「最高の人生を生きる」[*3]で話したように、「可能性を柔軟に受け入れれば、人生は満足でき、大きく、大胆なものになる」のだ。

読者にとって、子どものころの特別な経験は何だろうか。どんな教育を受けてきただろうか。それが物の考え方にどういう影響を与えているだろうか。オプラ・ウィンフリーがトーク番組の概念を変える機会を見いだしたように、自分だからこそ見える可能性はないだろうか。ウィンフリーがコミュニケーションの場をテレビからブッククラブ、雑誌へと拡大したように、一つの分野の見方をほかの分野にも拡大できないだろうか。

アンディ・グローブ

半導体メーカー、インテルの四人目の社員で、躍進の原動力となったアンディ・グローブの人生は激動の中で始まっている。一九三六年、ハンガリーのユダヤ人の両親のもとに生まれたグローブは、第二次世界大戦とホロコーストというおぞましい時代を生き抜いた。共産党政権下のハンガリーで生き、五六年のハンガリー蜂起の時に、アメリカに亡命した。[*4] 化学工学を学び、六三年にカリフォルニア大学バークレー校で博士号を取得した後、創業したばかりのフェアチャイルド・セミコンダクターに入社した。当時は、半導体革命の黎明期だ。幼少期に苦労したことが、グローブの「不屈の精神」、決断力、成功への野心を形作ったのかもしれない。工学を学んだことで、徹底的な分析手法を身に付け、細部の重要性を理解し、データとその解釈を重視するようになった。さらにグローブは、こうした基盤の上に新たな視点を取り入れ、インテルを先進企業に変えるとともに、自分自身の考え方を変えていった。

継続的な革新と実験

ボブ・ノイスとゴードン・ムーアによるインテル創業が、グローブにとってビジネスの旅の出発点になった。設計・生産部門を任されたグローブは、業務に猛然と取り組む姿勢を持ち込んだ。グローブは細部を重視することで知られていた。フィナンシャル・タイムズ紙で毎週、ハイテク業界についてのコラムを執筆するティム・ジャクソンは、こう評している。「聡明で、歯切れよく、猛烈で、何かにとりつかれたようで、格好よく、鍛え抜かれている」。個人的な体験やビジネスの経験から、不変なものはないと思うようになり、のちに「パラノイア（偏執狂）」として開花する資質を身に付け、自らの考え方や事業のやり方を変え続けるダイナミズムに注目するようになった。[*5]

一九七〇年代末、マイクロプロセッサー革命が起きると、インテルは一度に幾つもの課題にぶつかった。だが、インテルは、マーケティングや設計など多くの分野で有能な経営幹部をそろえていた。インテルの最大の強みは半導体製造だが、この分野は技術管理の難しさで有名だ。モトローラやザイログが画期的な設計のマイクロプロセッサーを投入するようになると、インテルは脅威を感じるようになった。そこでとった対抗策は、競争相手を完膚なきまでにたたきのめすというもので、「壊滅作戦」と悪評をとった。グローブが真価を発揮し、パラノイアと「徹底した」姿勢で、脅威を取り除いた。この作戦が奏功してインテルは世界のマイクロプロセッサー市場を制し、市場シェアは九〇パーセントを超えるまでになった。

グローブは、X86シリーズからペンティアム・シリーズに至るまで、チップの設計を試しながら、計画的に陳腐化させることにより、トップの地位を維持した。市場リーダーにとっては、それまでの主力製品が打撃を受け、売り上げを食われることになるので、勇気のいる戦略だ。だが、変化の激しいこの業界では、自社がやらなければ、他社に製品を陳腐化される。グローブは、絶えずチップを高度化し続ければ、新たな価値を生み出せるとみていた。こうしてインテルは前進し続けることにより、利益とマーケット・リーダーの地位を維持できた。このモデルは、既存の技術と優位性を守ろうとする従来のモデルとは、まったく違っていた。「より小さく、より速く、より安い」チップの追求は、ナノテクノロジーなど最先端の分野の実験につながった。また、高性能のチップを生かすマルチメディアのアプリケーション開発にも道を開いた。

馬を替える——戦略の転換点

今では半導体とマイクロチップ革命の中心になったインテルとグローブの旅は、変化とストレスに満ちていた。半導体業界では頻繁に革命が起こり、参加者は革新を迫られる。インテルの創業者の一人、ゴードン・ムーアが唱えた「ムーアの法則」からもわかるように、進歩し続ける半導体の世界では、研究開発と生産のあらゆる面で継続的にばく大な投資をしなければならない。グローブは、高度化する半導体の生産に規律と予測可能性を導入する必要と、過去の経験や知識が皆無に等しい分野で成長していく必要との間でバランスをとらねばならなかった。

一九八〇年代、インテルは、中核事業のＤＲＡＭ事業から撤退し、マイクロプロセッサーに集中するという、大胆な決断を下した。この決定とインテルのマイクロプロセッサー事業での決定は、「戦略転換点」の代表的な例だ。戦略転換点とは、グローブが考え出した概念のひとつで、グローブはこれを、新世界の「メンタル・マップ」と結びつけた。新世界では、領土の全体像はわかっていないかもしれないが、考え方や行動を変える必要があることは認識されている。こうした、馬を替える必要のある転換点はハイテク以外のビジネスにもあり、各自のキャリアの途中にもあるとグローブは主張する。

著書の中でグローブは、本当の転換点に達したかどうかを判断することの難しさを指摘している。変化はたいてい漸進的なものであり、事態が深刻になるまで、小さな変化は無視される。問題は、目の前の変化が意味のある信号なのか、雑音なのかを見分けることだ。事業が健全なうちに、重要な変革を達成しておくのが理想的だ。たいてい、警告のサインは見落とされる。同じ絵を見ても、まったく違う解釈をする人がいる。グローブはこれを「戦略上の不調和」と呼んだが、我々の言う「適応的断絶」と同じだ。

パラノイアとカサンドラを併用する

グローブは、組織において、最悪の事態を予言するカサンドラを活用することを奨励した。こうした予言者は、近づきつつある変化を早い時期に警告してくれる。また、検討すべき新たなメンタルモデルを示してくれる。さらにグローブは、経営スタッフや顧客などの外部の視点を含め、幅広い階層を巻き込んだ議論を提唱している。多様な視点は、既存のメンタルモデルを見直し、必要なら変更するのに役立つ。先が読みにくい環境下では、「戦略上の不調和」を解消するために、新しい技術や製品、新しい販路を開拓するなど、実験を繰り返すよう提唱している。

データと分析の重視で知られていたグローブが、直観の役割を強調したことも、きわめて興味深い。データはたいてい過去に関するものであり、転換点は将来に関するものだと、グローブは見ていた。顧客やカサンドラからの情報や視点は役に立つが、その論理を延長していけば転換点がわかるわけではない。データの合理的な推論を超えなければならない。転換点でのパラダイムから別のパラダイムへの飛躍は、「死の谷」を飛び越えるようなものだとグローブは言っている。

モデルの並走――技術にマーケティングの視点を加味する

技術が絶えず変化する中で、新しいマイクロプロセッサーのマーケティングには連続性が求められる。インテルはこうした認識の下、「インテル・インサイド」キャンペーンでブランドを確立した。それまでの半導体は、主に企業間市場向けの商品であり、性能と価格を基に取り引きされていた。競争が激化するにつれ、消費者にわかりやすいブランド力がものを言うようになった。ブランド化戦略によって、マイクロプロセッサーは、パソコンの中の隠れた部品から、消費者が余計に金を支払ってもいいと思う価値あるものに変わった。広告は視覚や情緒に訴えるものにし、エンジニアの専らの関心事である処理速度などの仕様については言及しない。これはまさに、技術力重視からマーケティング重視への転換だった。

ブランドの認知度の向上にはマイナス面もあり、技術中心の考え方が見直しを迫られることにもなる。技術とマーケティングのバランスの難しさを浮き彫りにしたのが、一九九〇年代の浮動小数点演算の問題だ。インテルのマイクロプロセッサーは複雑で、幅広い演算を行なうため、あらゆる用途を想定してテストするのは困難だ。インテルが新たに投入したペンティアムは、割り算を続けると九〇億回に一回の確率で誤った答えを出すことがわかった。これは特に驚くことではなく、影響を受けるのは一握りの人たちに限られる。インテルでは技術的な問題だと考えていたが、欠陥商品としてマスコミをにぎわせ、CNNがグローブにコメントを求めるまでになった。

インテルは当初、その歴史と古いメンタルモデルから、この問題を昔ながらのやり方、技術の問題として片付けようとした。しかし、インテルは気づいていなかったが、世界は大きく変わっていた。事の大きさに気づいたグローブは、消費財と同じように全商品の交換に応じると発表した。ほとんどのユーザーは、その必要はなかったのだが。インテルの損失は五億ドルに上ったが、この対応で評判は保たれた。グローブは後にこの時の教訓として、インテルは物の見方を変えなければならなかったのだと述べている。技術の視点だけで事業を進めることはできなくなった。技術重視のメンタルモデルという「古い秩序」は、組織の考え方に影響を与え続けていたが、ユーザーの視点がますます重要になっていた。

グローブとインテルは、絶えず自社のメンタルモデルと業界のメンタルモデルを見直すことによって驚異的な成功を収めた。

読者にとって、ビジネスや生活での「戦略転換点」とは何だろうか。手遅れになる前に転換点に気づくには、どうすればいいだろうか。転換点に到達したとき、グローブがＤＲＡＭからマイクロプロセッサーに転換したように、既存のメンタルモデルを手放し、新たなメンタルモデルを採用する勇気があるだろうか。既存の事業の利益を減らしても、将来のモデルを構築する強さを持っているだろうか。

三人が手がけたイノベーション

ここで取り上げた三人の逸話はいずれも、「ありえないと思えることを考える」ことがいかに力をもつかを示している。ハワード・シュルツ、オプラ・ウィンフリー、アンディ・グローブはみな、そんなことは不可能だと何度も言われた。だが、この三人は人とは違う見方ができた。シュルツにとっては、アメリカでエスプレッソ・バーを実現することであり、ウィンフリーにとっては、視聴者が身近に感じ、自分自身を見直すきっかけになるトーク番組を作ることであり、グローブにとっては、不連続な「転換点」を超えて、会社や業界が進化することだった。三人の成功物語は、本書が伝えたい幾つかのメッセージを補強してくれている。

幼少期の体験や、教育、最初の仕事がメンタルモデルの形成に大きな影響を与える

三人のイノベーターは、幼少期や最初の仕事の経験から、独特の世界観をもつようになった。シュルツは低所得者向け住宅で過ごした時期に育まれた労働者に対する共感や、販売での経験、スターバックスの創業者から教えられたコーヒーの知識を事業に生かした。ウィンフリーの場合、幼少期のつらい体験と、自分自身が変わったことが、新しいトーク番組を作る基礎になった。グローブは戦時下のヨーロッパの混沌とした状況で育まれたものの見方と、工学を学ぶ中で培った見方が一体となり、猛然と「パラノイア」のごとく変化を追い求めるようになった。三人の若い時期の経験は、マイナスにも思えるが、そこで育まれた独特のものの見方をテコにして、自社や業界、世界の常識を見直した。三人の力は、私生活での見方を、ビジネスの転換やもっと大きな社会の改革に活用したことから生まれている。生活や仕事の中で培われた自分なりの見方の中で、仕事や生活、社会を見直すために活用できるものがないだろうか。失敗や逆境だと思っている経験を生かして、課題に対する見方を変えるにはどうすればいいだろうか。

メンタルモデルを適切なものにする

三人のイノベーターは、早い時期の経験を出発点に、周りのメンタルモデルに挑んだが、自分の見方にとらわれはしなかった。三人とも、常に新しい見方を探し、現状に甘んじることがなかった。そのため組織は成長を続け、偉大なアイデアで大ヒットを飛ばしても、そのモデルに凝り

固まって停滞の罠に陥ることがなかった。絶えず新しいアイデアを試していった。スターバックスでは、海外進出やスーパーマーケットなど新たなチャネル、新商品を試している。ウィンフリーは、テレビの成功を足がかりに、書籍、雑誌、インターネットへと進出した。グローブも、常に製品を革新し、インテルの技術力を維持しながら、マーケティングという未知の領域に挑んだ。三人のメンタルモデルは固定的でも静的でもなかった。躍動的で活気があったからこそ、当初のモデルを見直していなければ、衰退したはずの時期を過ぎても、成長と成功を続けた。既存のメンタルモデルをどうやって見直せばいいだろうか。メンタルモデルの新鮮さを保ち、時代に合った実験をするには、何をすればいいいだろうか。

■周りを変えることによって目標を実現する

大胆なアイデアやユニークな視点をもっていても、何も起こせない人は大勢いる。この三人が世界に大きな影響を与えたのは、既存のメンタルモデルを見直しただけでなく、周りの多くの人たちを巻き込んだからだ。そして、新たな秩序の基盤としてインフラづくりに注力した。スターバックスの場合、バリスタを養成し、コーヒー生産者を組織化した。ウィンフリーは、運営会社の管理を徹底し、グローブは技術、製造、マーケティングで新たな取り組みを進めた。十年前にはエスプレッソなど聞いたこともなかった人たちが、今では何のためらいもなく「キャラメル・マキアート」を注文する。本格的な小説など読んだこともなかったテレビの視聴者が、オプラ・

ウィンフリーの薦めで、この新たな領域を開拓している。ハードディスクやマイクロプロセッサーの処理速度など、何も知らなかったコンピューター・ユーザーが、「インテル・インサイド」のロゴを探し、マルチメディア・ソフトの処理速度を上げるにはどうすればいいかを真剣に考えている。

三人のリーダーは、自分自身が新しい見方をしただけでなく、周りの考え方や行動を変えることができた。対話の仕方を変え、社会全体が共鳴するように、対話を再構築した。そのために、業務と人材の難しい課題に取り組み、障害を克服し、懐疑的な人たちを納得させた。自分の考え方を支える組織をつくり、強化するインフラをつくった。最初は組織内の、その後は一般社会の人々のマインドを変えるという難しい課題に取り組んだ。この取り組みは、エジソンが言う九九パーセントの汗であり、一パーセントの才能を支えなければならないものだ。この汗と細部への目配りがあるかどうかが、ただの大胆なアイデアで終わるのか、世の中を変えるアイデアになるのかの分かれ目になる。周りが自分の見方に賛同し、ついて来てくれるには、どうしたらいいか。「不可能なことを思いつく」から、「不可能なことを実行する」に移行するには、どんな教育やインフラが必要だろうか。謙虚さを保ちながら、考え方を変えるにはどうすればいいだろうか。

■素早く効率的に動く

三人は行動を恐れなかった。学び、挑戦し、自身のメンタルモデルを変え続ける一方で、ときには、周りの助言に逆らって自分の直観に従っている。ハワード・シュルツは、スターバックスの創業者の反対を押し切り、エスプレッソ・バーがアメリカでも流行るとの直観に従って事業を立ち上げた。オプラ・ウィンフリーは、イメージを変えて主流に近づけという助言に抵抗し、自分の独特の見方を信じ続けた。アンディ・グローブは、インテルの過去の成功の源泉であるDRAM事業から撤退し、マイクロプロセッサー事業に賭けた。何かを決断するとき、直観に頼ることができるだろうか。直観が、周りの状況と合っていると確信できるだろうか。

三人の物語は、既存のメンタルモデルを転換することの力を示している。こうしたたぐいの話は、後からはいくらでも語れるが、先を見越して実践するのは難しい。不可能と思えることを考え、それに従って行動するには、大いなる勇気と忍耐が必要だ。これらの逸話が示している通り、新たなメンタルモデルは、それをもった個人とその会社、さらには社会を大きく変える力をもっている。

インポッシブル・シンキングの技法

- 仕事を始めたばかりのころの三人の立場に立って考えてみよう。
- 三人のように行動するガッツと信念があるだろうか。
- シュルツがコーヒーに革命を起こしたように、成熟産業や汎用品といわれる分野で、既存のモデルを打破できないだろうか。

●オプラ・ウィンフリーが個性を生かし、トーク番組の概念を変えたように、個人的な体験を生かして、仕事の流儀を変えることはできないだろうか。

●商品やサービスを変えようと思っているのなら、アンディ・グローブのように、市場で支配的な地位にあっても、既存のビジネスを破壊する勇気――パラノイアのごとき姿勢――があるだろうか。

注

1. Schulz, Howard. "*Pour Your Heart Into It*" New York: Hyperion, 1997, p.44. （『スターバックス成功物語』小幡照雄、大川修二訳　日経ＢＰ社）
2. Lacayo, Richard. "Oprah Turns the Page," *Time*, 15 April 2002, p.63.
3. Sellers, Patricia. "The Business of Being Oprah,"*Fortune*, 1 April 2002.
4. Jackson, Tim. "Inside Intel: *The Story of Andrew Grove and the Rise of the World's Most powerful Chip Company*, Dutton, 1997; Grove, Andrew S. High Output Management" Vintage Books, 1985. （『インサイド・インテル』渡辺了介、弓削徹訳　翔泳社）
5. Grove, Andrew S. "*Only the Paranoid Survive: How to Exploit the Crisis Points That Challenge Every Company*" New York: Doubleday, 1999. （『インテル戦略転換』佐々木かをり訳　七賢出版）

第12章 自分の考え方を見直す方法——個人、企業、社会

発見とは、誰もが見ているものを見て、誰も考えなかったことを考えることである。

アルベルト・フォン・セント・ジョルジ

●敵か味方か？

硝煙の中、目の前に武器を掲げて立ちふさがる者がいる。戦場の喧騒と混乱のうちでは、兵士を一人見つけただけでもお手柄だ。とっさに判断しなければいけない。この場の判断力が、自分と仲間の生死を分ける。心は決まった。引き金を引いた。

こうした状況での判断の難しさは、「味方の誤射」によっておびただしい数の兵士が死んでいることからもわかる。誤ったメンタルモデルは、自動小銃を持った敵と同じくらい危険なのだ。

日々の生活の中で、数少ない情報を基に即座に状況を判断し、意思決定を迫られることはよくある。戦場と違って、判断の結果がすぐ出るわけでも、生死を分けるわけでもないが、自分が採用するメンタルモデルは、周りに大きな影響を与えかねない。メンタルモデルは、個人の生活（ダイエットやエクササイズや仕事と家庭のバランスなど）や、ビジネス（eビジネスに投資するかどうか）、社会での決定（テロや貧困への対策）などにおける意思決定を大きく左右している。メンタルモデルは考え方や行動にどのような影響を与えているのだろうか。この章では、個人の生活やビジネス、社会でメンタルモデルがどう使われているのかを探り、読者にメンタルモデルを見直すことを勧める。

「ありえないと思えることを考える」のは、学問的な興味の対象ではない。本書の目的は、世界をより深く理解し、ある状況に最も適したメンタルモデルを活用して、行動することにある。メンタルモデルは一過性で抽象的な存在だと思えるかもしれないが、そのコストと結果はきわめて具体的だ。人間が目にしているもののほとんどは心の中にあるからといって、それを幻想だと切り捨てていいわけではない。

メンタルモデルが世界を決め、行動を決める。健康や人間関係、企業の業績、社会の生活の質に影響を与えている。企業経営者は活用するメンタルモデルによって、尊敬されることもあれば、投獄されることもある。企業を繁栄に導けば、破綻にも追い込む。メンタルモデルは、社会の中の貧困や無知を放置することもあれば、急速に改善することもある。政治指導者のメンタルモデル次第で、一国の国民の生活の質が低下する場合もあれば、向上する場合もある。第二次世界大戦後の西ドイツのコンラッド・アデナウアー首相、キューバのフィデル・カストロ議長、カンボジアのポル・ポト首相、イラクのサダム・フセイン大統領を見ればいい。また、冷戦の終結のように、長らく支持されてきたモデルが突然、変わることによって、一般市民の生活や国際政治の力学が変わることもわかっている。メンタルモデルは様々な形で、世界を形作っているのだ。

以下では三つの例を取り上げ、メンタルモデルを転換する方法を考えていく。個人については、健康、企業の場合は、インターネット・ビジネスに関する考え方、社会においてはプライバシー保護とテロ対策のバランスをどうとるかを考えていこう。本書で述べてきた点は、こうした問題に対処するのにどのように役立つだろうか。さらに、自分自身のメンタルモデルを検証するプロセスを示し、練習課題として多様な例を示そう。

健康管理——個人における考え方

健康について、どのようなメンタルモデルを採用するかで、行動や結果に大きな違いが出る。鍼などの東洋的なモデルがあれば、薬と手術が中心の西洋的モデルもある。カイロプラクティックの施術師もいる。栄養やエクササイズを重視する考え方もある。病気の予防を重視する考え方と、治療を重視する考え方にも分けられる。ダイエットや健康法に関する情報は次々と入ってくるが、中には矛盾するものもある。

オステオパシーは当初は、主流の西洋医学に代わるものとして登場した。一九世紀の内科医、アンドリュー・タイラー・スティルが提唱したものだが、心身を一体として見る点で、西洋医学とは対照的だ。その哲学は以下の四つの原則で構成される。（1）体、頭、心は一体である。（2）体には自己調節の能力がある。（3）自然治癒と健康の維持。（4）構造と機能は密接に関連している。治療は、こうした原則を踏まえて行なわれる。アメリカのオステオパシーの医師は、この哲学の下で研修を受けるが、薬や手術についても一通り学ぶ。だが、オステオパシーは以上の原則から離れるようになり、その施術は特徴のないものになってきた。今では、骨の調整といった狭い役割だけを担うようになり、病気を体系的に考えるという、貴重なメンタルモデルが失われている。

メンタルモデルは健康に直接、影響を与えることもある。これで病気が治ると信じていることを実践すれば、ある程度の効果があるが、それは、良くなると信じているからだ。有名な「プラセボ効果」で、砂糖でできた薬を渡された被験者が、薬だと思って飲んで良くなる場合があることが示されている。薬自体に効果はなく、効くと思って飲んだから効いたのだ。ポジティブ・シンキングに限界があるのは確かだが、最も信頼する治療法が最善の治療法だともいえる。

健康に関する様々なメンタルモデルを整理し、最も効果的なものを活用するにはどうすればいいだろうか。考えられる方法を以下に示そう。

■新たなメンタルモデルを探す

まずは、ほかの方法論を知らなければならない。病気の治療法や健康増進法には、ほかにどんなものがあるだろうか。雑誌や本を読んだり、友人や施術師と話したりするなど、新しい情報源を探す。それぞれの長所と短所を見る。ばかばかしいと思うような代替療法にも目をとめてみる。隠れた良さがあるかもしれないし、ほかの方法と組み合わせられるかもしれない。

■方法論のポートフォリオをつくる

予防医学を重視するからといって、治療を否定するわけではない。代替医療の支持者の中には、予防医学へのパラダイムシフトは一方通行であり、主流の西洋医学から離れるものととらえている人たちがいる。だが、多くの人たちは二つの方法を組み合わせている。薬の副作用に比べてリスクがそれほど高くないとき、ホリスティック医療を選ぶ。例えば、軽い病気なら、抗生物質ではなく、チキンスープやお茶を飲み、ビタミン剤を飲む。病気が深刻でないかぎり、この方が効果的だ。だが、ライム病など、抗生物質を使わないと深刻な結果を招く病気の場合は医薬品を使う。多くの人たちは、教条主義的に一つの方法に固執するのではなく、状況に応じて最善の方法を選んでいる。こうした選択を特に考えることもなく、直観で行なう。様々な経験に照らして、うまくいきそうなモデルを幾つか選ぶ。厳密には論理的に両立しえないモデルであっても試してみる。健康に関する方法論のポートフォリオを、どうやって作ればいいだろうか。

■ほかの方法に切り替える時期を知る

二つの方法を使える医師や施術師を見つけること、あるいは相談できる分野の違う専門家を確保しておくことが重要だ。ホリスティック医療の施術師に頼り過ぎると、西洋医学で治療すべき深刻な症状を見落としてしまう。一方、西洋医学の医師に頼りきっていると、同じ程度かそれ以上に効果のある代替医療があるのに、治療し過ぎることになる。

■情報の洪水を整理する

医学に関する情報はめまぐるしく変わる。今日の研究結果が明日には否定されるかもしれない。代替医療には一時的な流行やインチキ治療も多く、説得力はあっても、厳密に研究されているわけではないものも多い。こうした情報の洪水を、どのようにふるいにかけるのか。

第6章で述べたように、ズーム・インで、新たな方法が根拠とする研究を細かく調べ、次にズーム・アウトして全体像を見る。例えば、食事内容は完璧でも、一日一箱のタバコがやめられず、ほとんど運動はしていないかもしれない。タバコをやめて、もっとエクササイズをすれば、生活や健康の質は大きく向上するはずだ。思い込みの落とし穴を避け、データに圧倒されないためには、後ろに下がって全体像を見ることがカギとなる。ズーム・インとズーム・アウトのこのプロセスをとれば、視野を広げ過ぎて身動きが取れなくなることはないし、新しい流行に飛びつくこともなくなる。このためには、何もかも調べなくて済むように、日ごろから自分に必要な関心の対象の幅を広げておく。絶大な効果があるので、ほかのアドバイスは聞く必要がなく、一つだけに絞れという「助言」に従っていると、全体像を見失い、バランスを欠くことになる。もっと批判的な目で見て、情報をふるいにかけなくてはいけない。

■自分自身のメンタルモデルを理解する

健康に関するアドバイスや情報を選別するときに、自分が使っているメンタルモデルを評価する。この情報をこう見るようになったのは、過去の何が影響しているためなのか。自分の興味のレベルはどのくらいか。その話題にどれだけ関心があるのか。（1）知るのが怖い（現実逃避）。（2）あまり関心がなく、自分の生活での優先事項ではないと思う。（3）関心はあるが、ほかにも興味がある。（4）非常に関心があり、そのことに時間を割きたい。（5）重大な関心事であり、時間と労力を使いたい。これらの態度と、関連するメンタルモデルを、自分自身で評価しなければならない。例えば、（5）の重大な関心があるのは、体調が悪いためか、健康診断で異常が見つかったためかもしれない。十代なら、死は遠い先の話で、もっと切実な問題があるので、メンタルモデルは「あまり関心がない」に近いかもしれない。こうした態度によって、病気や健康への取り組み方が決まる。

■自ら実験をする

ある人には効果的な健康法も、ほかの人には効かないかもしれない。そうしたいなら、あらゆる医学雑誌に目を通してもいいが、自分に合うものを見つけなければならない。食事を変えて、結果を見る。色々なエクササイズを試す。ある人がいいというフィットネス・クラブやエクササイズのビデオも、自分には合わないかもしれない。朝の散歩や週末のインラインスケートの方がライフスタイルや性格に合っていて、効果的かもしれない。友達には効いたダイエット法も、自分には合わないかもしれない。行動を変えるのが大変だという場合もあるし、人によって反応が違う場合もあるのだから。新しいエクササイズやダイエット法を始めてもやめる人が多いのは、うまくいかないからだ。だが、実験だと思えば、結果をノートにつけ、他の方法に移っても構わない。一つのエクササイズを継続して結果を出すのも大事だが、自分に合うものが見つかるまで、実験を繰り返すことも重要だ。

■古いメンタルモデルを支えている構造を知る

第8章で論じたように、古いメンタルモデルは、自分たちがつくった構造によって強化されている。職場での一服が習慣になってタバコをやめられなくなる。行動を変えるためには、メンタルモデルだけでなく、メンタルモデルを支える構造にも働きかけなければならない。この過程が最も難しい。ダイエット・プログラムは様々な方法で、この課題に対応しようとしている。例えば、社会的な仕組みやメンターによって、行動の変化を後押しする。カロリー計算システムを作り、食事に目を向けさせる。特定の食事のセットを作り、選択の余地を狭めて、より健康的な食事を提供する。健康を左右する習慣を変えるには、その習慣を支える構造を変えなくてはいけない。行動を変え、古い秩序に閉じ込めているインフラを壊すのは簡単でないことを認識しておく必要がある。

体重管理やダイエット、エクササイズ、癌の予防、酒、タバコ、ストレス、時間管理をどう考えるか、医学的なアドバイスに対して、どういう態度をとるかで、生活の質が変わってくる。ここで考えておくべき点を挙げておこう。これらの問題について、今はどんなメンタルモデルをもっているだろうか。周りの人とはどう違うだろうか。知り合いや、こうした問題について書いている著者で、自分とは視点が大きく違う人を探してみよう。その視点を採用すると、生活の質はどう変わるだろうか。シミュレーションをして、その人の目に映る世界を見ることができるだろうか。生活は良くなるだろうか、悪くなるだろうか。そのメンタルモデルは自分の役に立つだろうか。どんなリスクがあるだろうか。

健康に関して自分の行動を変えたいのであれば、そうさせないものは何かを考える。恐らく「意思の弱さ」だけではない。強固な既存のメンタルモデルの存在があるはずだ。自分が目にしているもののほとんどは、自分の心の中にあるものなのに、目に見えるものを信じている。その心を変えることができれば、ありえないと思えることを考えて、健康になる方法を変えられるかもしれない。

●個人的課題とそれを支えるメンタルモデルの例

仕事と家庭のバランス

出世の階段を昇り、ひとつの会社で勤め上げる、という従来のキャリア・モデルが崩れ、仕事とプライベートのバランスをどうとるかについて、かなり多様な見方がある。仕事上の成果と個人としての充実感の間でバランスをとるために、ジョブ・シェアリングや在宅勤務、フレックス勤務など、多様な働き方が生まれている。

そこで、幾つかの点を考えてみよう。仕事とプライベートに関してどんなモデルが、今の思考を形成しているだろうか。それでうまくいっているだろうか。ほかのモデルを使えば、キャリアや生活の質はどう変わるだろうか。

生活設計

景気の低迷と企業の運用失敗で、従来の企業年金に対する信頼や、確実に投資収益が上がるという考え方は失われた。寿命が延びているので、退職後の設計が一段と重要になっている。将来の財務プランには多くの選択肢がある。それは当人のメンタルモデルによって決まる。政府は退職者の生活を保証してくれない。将来の予想が難しくなる中で、今日使うのか、将来のために貯金や投資をするのかというジレンマが生じている。

そこで問題。自分自身の退職後の考え方を決めているのは、どのようなメンタルモデルだろうか。環境が変化する中で、そのメンタルモデルはまだ有効だろうか。

結婚と人間関係

まだ見ぬ相手に結婚を申し込むテレビ番組があるほど、結婚と人間関係のモデルは極限まで広がってしまった。正式な制度はまったく必要ないと切り捨てる人もいれば、永久的な関係のモデルを擁護する人もいる。同性のカップルは、長年連れ添ったことを法的に認めてほしいと訴えるが、同性の結婚に反対する人々は、結婚制度を脅かし、社会の根幹を揺るがすものだと主張する。「伝統的な家族」は、実態を反映しておらず、ますます実情に合わなくなっているにもかかわらず、そのメンタルモデルは、いまだに影響力をもっている。離婚と、それが子どもに与える影響に対する考え方も、時代とともに変わってきた。

幾つかの点を考えてみよう。人間関係について、今どのようなメンタルモデルをもっているだろうか。それはどのようにして形成されたのだろうか。パートナーはどのようなモデルをもっているだろうか。今の考え方は通用するだろうか。ほかに採用する可能性のあるモデルは、どのようなものだろうか。

「就社」から「就職」へ

「陸軍はひとつ」を標榜し、とりわけ集団意識の強いアメリカ陸軍ですら、任務の遂行に当たって個人の裁量を重視するようになってきた。企業の従業員は、仕事を一つの会社で昇進するためのステップではなく、市場価値のあるスキルを身に付ける機会とみるようになっている。アウトソーシングが進み、企業は個人のネットワークに近くなっている。かつては会社に対する忠誠心が重視されたが、その時々で人が集められるようになると、会社ではなく仕事への貢献の姿勢が問われる。これにより組織の意義に関するモデルが変わった。

そこで幾つかの点を考えてみよう。今、会社とはどのような関係にあるだろう。その背景にはどんなメンタルモデルがあるのか。ほかに採用の可能性があるモデルがあるだろうか。モデルが変われば、行動はどう変わるだろうか。

インターネット——ビジネスにおける考え方

インターネットは、オズの魔法使いの竜巻のように世界を席巻し、我々を古い世界の外に連れ出し、素晴らしい機会と予想もしない危険に満ちた奇妙な世界へと連れて行った。黄色いレンガ道に沿って、長くつらい旅を続けた後、我々はきびすを返し、元の場所に戻ってきた。もちろん、ドロシーと同じように、まったく同じ場所に戻ったわけではない。既存のメンタルモデルが揺さぶられ、かき回されたのだから。カンザスに舞い戻ってきたが、見える景色は違っている。実際、ドロシーの世界と違って、我々の世界は、新しい技術によって根本的な部分で変わったのだ。eビジネスに対する見方は、手に負えない熱狂から、まったくの失敗に至り、今また中心に戻ってきた。この技術をうまく活用できるかどうかは、ビジネスモデル、ひいてはメンタルモデルにかかっている。ドットコム・バブルとその後遺症から、メンタルモデルについて何が学べるだろうか。以下に教訓を示そう。

■モデルを理解する

バブル期、インターネットで可能になったベンチャーの将来性が大きな注目を集め、昔ながらの「ビジネスモデル」と、それを支えるメンタルモデルは見向きもされなくなった。新たなメンタルモデルの中身は明確でなく、理解されていたわけでもないが、受け入れるべきだとの議論が展開された。事態が進展すると、傍観者も投資家も顧客も、全員がまさに革命的な出来事に参加しているのだと信じ込まされた。物事が「インターネット時間」で展開する並行宇宙に入ったのだと広く信じられていた。経営者は、既存のメンタルモデルは、この並行宇宙では使いものにならないと思い込まされた。懐疑的な人たちは「わかっておらず」、時代遅れで、現実離れしていると見られた。過去の経験は重荷とされた。成長率はたぐいまれで、規模は驚異的だった。ユーザーは毎月、うなぎ上りに増えていった。

特異な性格をさらに強めたのが、多様な参加企業の資金調達と投資だった。一言でいえば、どう評価し、どう投資するのかは、誰にも経験したことがないものだった。誰も目にしたことがなかったもので、投資を正当化し、ビジネスを理解するためのモデルを大急ぎでつくらなければならなかった。古いモデルは目の前の現象を説明できないように思えたし、新しいモデルはきわめて魅力的で、その弱点に気づく者はほとんどいなかった。古いモデルについても新しいモデルについても、その強みと弱みを注意深く、厳密に検討した者はいなかった。

そこで問題。インターネットと、自社におけるその価値に対する今の見方は、どのようなメンタルモデルで形成されているだろうか。インターネットの可能性と自社の事業に生かす方法を評価する上で、ほかのメンタルモデルを活用できないだろうか。

■馬を替える時期を知る

シンプソン卿の例で見たように、一時的な流行に振り回されないように気をつけなければならない。マスコミがもてはやし、巨額の投資資金が流入する中で、インターネットを合理的に判断するのは難しくなった。歴史がないのでどんな逸話も信用されるという問題もあった。新たなメンタルモデルを慎重に検討しないまま、古いメンタルモデルが捨てられた。一部には、ドットコム企業の台頭をばら色の眼鏡で見るのではなく、歴史をさかのぼり、十八世紀のイギリスの「南海泡沫事件」や十七世紀のオランダの「チューリップ・バブル」になぞらえる人たちもいた。だが、多くの企業は「中年の危機」に陥り、長年、変化を先送りした後、急に飛躍しようとして裏目に出た。一方、投資家には、いつ飛び込み、いつ飛び出すかを熟知している者もいた。こうした人たちは、バブル前に買った株をバブルが弾ける前に売り抜け、巨額の利益を稼ぎ出した。ただ幸運に恵まれただけの人もいるが、明確なメンタルモデルをもち、株価の上昇を「根拠なき熱狂」と認識し、そこから利益を得る方法を見いだした人たちもいたのだ。

そこで問題。既存のメンタルモデルにこだわると、どのようなリスクがあるのだろうか。どのようなメリットがあるのだろうか。新しい技術や機会を高く評価するメンタルモデルに切り替えると、どのようなリスクがあり、どのようなメリットがあるのだろうか。

■パラダイムシフトが双方向であることを知る

インターネットの隆盛を革命だと考えた企業は、救命ボートを十分に用意していないタイタニック号に乗って航海に出たようなものだ。生き残る確率が高いのは、複数のメンタルモデルで世界を見、見方を切り替えられる人々だ。ウエブヴァンは、あらゆる食品をネットで販売しようとして破綻した。これに対してイギリスの小売大手テスコは、既存の小売店網を配送拠点として活用し、オンライン・サービスで高い利益率を実現している。テスコは、インターネットという新たなモデルを受け入れるために、既存のモデルを捨てる必要はないと気づいた。オンライン事業にこだわったネット企業は破綻していったが、インターネット専業のアマゾンは、古いモデルの良さを理解し、自社の業務と経営を見直した。玩具や書籍で実店舗を持つ企業と提携し、何が何でも市場シェアを獲得することから、利益を確保することに、目標を切り替えたのだ。

インターネット革命では、人材育成や報酬、評価、ドレスコード、ソフトウエアの開発手法、顧客チャネル等々、何もかも変える必要があると主張されていた。だが、ドットコム・バブルが弾けると、老舗企業では振り子がまったく逆に振れ、ネット事業は、もてはやされた時と同じ情熱で葬り去られた。こうした企業は、復讐心をもって古いモデルに戻ったので、反革命派に転じてしまい、新しい技術の価値やパワーを見落としているかもしれない。

そこで問題。インターネット・ビジネスという新たな世界で、古いメンタルモデルの価値とは何だろうか。新たなモデルと古いモデルは、どうすれば統合できるだろうか。新旧の異なるモデルを選択肢としてもち続けると、コストはどれだけかかるだろうか。

新しい見方を知る

インターネットの黎明期に、その可能性を認識できる経験のあった企業は少なかった。インターネットは、ウェブ・ブラウザーが開発されるまで長い間、取るに足らないものと切り捨てられていて、ブラウザーが開発された時点でも、その可能性に気づいたのは一部の関係者に限られていた。企業がこうした過激なインターネットのパイオニア——耳にピアスを開け、髪の毛を染めた若者——を招へいしていれば、インターネットの技術とサブカルチャーのメンタルモデルにいち早く触れることができ、後の意思決定に大いに参考になったはずだ。インターネット自体は長年、学者やプログラマーの間だけで使われてきた。もっと多くの企業が、この遊び場で遊んでいなかったのはなぜだろうか。

そこで問題。ブログやウィキペディアのように、インターネットで生まれている機会には、ほかにどのようなものがあるだろうか。こうした現象に接し、それを活用して、自社のビジネスモデルとそれを支えるメンタルモデルを見直すには、どうすればいいだろうか。

情報の洪水を整理する

今になってインターネット・バブルをしたり顔で解説する人たちは、一九九〇年代に登場した技術がいかに混乱し、複雑であったかを忘れている。ウェブ・ブラウザーが開発されてインターネットが離陸するほんの数年前までは、時代を変えるモデルは「双方向テレビ」のはずだった。企業は双方向テレビに巨額の資金を投じた。

だが、企業が技術の行く先を知り、その影響を理解することなどできるのだろうか。経営者の中にはズーム・アウトして全体像だけを見ている者もいれば、双方向テレビという一つの技術に集中して、ほかの技術の可能性を見逃した者もいた。技術を理解し、肌で知るためのズーム・イン戦略と、幅広いコンテクストに注目するズーム・アウトを併用していれば、混乱した絵を理解するのに役立ったかもしれない（初期のころ、インターネットを利用したことがない経営者が、いかに多かったことか）。

そこで問題。どの分野の技術やアプリケーションが地平線上にあるだろうか。それらを発見し、可能性に気づき、メンタルモデルとビジネスモデルを変えるにはどうすればいいだろうか。

■

実験を繰り返す

ドットコム企業の台頭で、数多くの実験が行なわれた。個人にとっても企業にとっても、ドットコムの爆発そのものが、ひとつの壮大な実験に思えたときもある。残念ながら、これらの「実験」の多くが、最大限に学べるように設計されてはいなかった。また、巨額の投資をする前に、面白い仮説を小規模に試すものでもなかった。実験は大規模で、並行的に行なわれ、ベンチャー資金や企業の投資が際限なく流入し、「社運を賭けた」ものだった。失敗も大規模で、株主価値を大きく毀損した。中には慎重に実験した企業もある。P&Gは、入浴剤や化粧品を扱うリフレクト・コムを立ち上げ、追加投資をしたり、小売店との提携関係を壊したりする前に、インターネット事業の可能性を探った。だが、インターネット関連の実験の多くは、コスト負担が大きく、学習という点で、見返りがあったかどうかは怪しい。

そこで問題。自社やインターネットを活用する他社の自然実験の事後評価から、学ぶにはどうすればいいだろうか。次はどのような実験を計画できるだろうか。

■適応的断絶を埋める

インターネットの問題のひとつは、インサイダーとアウトサイダーの断絶にある。この二つの世界の断絶を埋めることが重要だった。中には、インターネットという新規事業が既存の文化によってつぶされかねないことを認識し、別会社としてシリコンバレーに拠点を設けた企業もある。だが、ほとんどの企業は断絶を埋めることができず、新規事業が既存企業の経験を生かしたり、既存企業が新規事業から学んだりすることはできなかった。二つの世界が断絶していたことで、異なるモデルの有効性が制限され、問題に気づくのが難しくなった。適応的断絶が顕著に現れているのが、インターネットを評価しない人たちは「本質がわかっておらず」、共存はできないというドットコム企業の主張だ。断絶を埋める努力は行なわれず、このことが、相互に学習し、ハイブリッド型組織を作る上で大きな障害になった。

そこで問題。組織の中で適応的断絶を埋めるには、どうすればいいだろうか。例えば、技術の責任者と業務の責任者を集め、新しい技術がビジネスに与える影響を学ぶためには、どうすればいいだろうか。

■インフラを考える

古い秩序を支えている足場は大抵長い時間をかけて築き上げられたものだが、ドットコム企業の場合、社会の構造が様々な面で新たなモデルを後押しし、これら企業の成長をほぼ不可避的なものとした。世界の通信インフラに投じられた資本は、実需を大きく上回っていた。この投資が、新たなモデルを信じざるをえない根拠になった。信じなければ、この未曾有の投資に文字通り数千億ドルの資金が投じられたことは、非合理的で説明できない。ベンチャー・キャピタルが成長し、NASDAQ指数が上昇し、個人の投資が増えたことがインフラとなって、新興のインターネット企業への投資が驚くべき水準に押し上げられた。ドットコム企業の株価は記録的な上昇を示したため、多くの一般投資家は、未曾有の利益を得る機会を逃すまいと、長年の投資スタイルを捨て、デイ・トレーダーになるか、お世辞にも慎重とはいえない投資家になった。家庭やオフィスで急速にパソコンが普及したことに加え、パソコンの価格や通信費が下がったことも、ネット・ビジネスとそれに関連するメンタルモデルを支える要因になった。同時に、耐久消費財を扱う既存企業は好業績を維持していたにもかかわらず、株価が下がったことで、「古い世界」のインフラが壊された。

そこで問題。既存の事業の投資や構造、プロセスのうち、新たな技術や新たなメンタルモデルの受け入れを難しくしているのは何だろうか。新たなメンタルモデルを支えるには、インフラのどの点を設計し直せばいいだろうか。

■直観を信じる――同時に、経験を重ねて直観を鍛える

ドットコム革命当時、流れに逆らい、大袈裟な宣伝文句や利益は確実とする見方はおかしい、との直観を信じた人は少なかった。しかし、過去に根ざした直観が新たな環境では危険だと指摘した点では、革命の支持者たちも正しかった。いわば歴戦の経験を有した将軍の立場で、人々は直前の〝インターネット戦争〟を戦っていたのだ。

直観は経験に根ざしている点で、ひらめきとは異なる。だとすれば、深い経験から直観を引き出せるように、新たな技術とメンタルモデルで経験を積み重ねることが重要になる。こうした経験を追い求めた経営幹部はまれだった。技術はIT部門に任せた。細かい点を専門部署に任せるのは、理にかなっているように思える。だが、こうした幹部は、自ら体験することで勘を磨く重要性を見落としていた。数百万の顧客がインターネットを使うようになって、自ら経験することがますます重要になった。決定しなければならないのは技術の問題ではなく、会社全体に大きな

影響を及ぼしかねない戦略上の問題なのだ。経営者は、インターネットを実際に使った経験がなかったために、自分の直観を信じられなくなるか、経験に根ざさない「直観」を信じて、インターネットには素晴らしい可能性があると考えた。インターネットの「グル」が登場し、思想的な指導者になろうとしたことも、この点から一部、説明できる。ごく短期間であったが、スターの地位に駆け上った者すらいた。

そこで問題。インターネットなどの技術をどう利用すべきか、直観的にどう受け止めているのか。今の直観を信じることができるだろうか。経験を重ねて勘を磨くには、どうすればいいだろうか。

●ビジネス上の課題と、背後にあるメンタルモデルの例

戦略立案

変化が激しく、複雑で不透明な時代に、企業はどうやって計画を立てればいいのか。一九八〇年代初めには、中央集権的な計画では、動きの遅さ、柔軟性や創造性欠如といった点で状況に対応できないことが明らかになっていた。徹底的に調査して五年か十年の計画を分厚い書類にまとめたころには、もう時代遅れになっている。計画立案プロセスは、将来は予想可能であり、したがって長期計画を立

てることが可能だとの想定に基づいているが、世界は予想不可能なものになっていった。一九八三年、ゼネラル・エレクトリック（GE）のCEO、ジャック・ウェルチは、同社の中央計画を廃止した。その後の二十年あまり、様々な計画手法が登場した。一部の企業やコンサルタントは、将来予測を重視する手法を開発して大規模戦略を立てている。ドットコム時代には、戦略立案は、楽観的な事業計画や物語にすぎないこともあった。戦略立案には幾つか革命があったが、一部はのちに一時的流行にすぎないと見られるようになった。一方、不透明な環境に対応するため、シナリオ・プランニングやオプション・シンキングなど、応用の幅が広く、柔軟性の高い手法を活用している企業もある。戦略に背を向け、業務の効率化と短期的な目標を重視する企業もある。環境が不透明だとして、戦略立案を全面的にやめている企業経営者もいる。

そこで問題。自社の戦略立案を形成しているメンタルモデルはどのようなものか。どのモデルが自社に最も適しているだろうか。

成長は不可欠なのか

多くの企業は、持続的な成長という伝統的モデルを基に戦略を立ててきた。だが、成長が不可能か、限界に達したとき、このモデルは機能不全になるのだろうか。成長機会が乏しくなっていても、投資家が成長を重視しているので、成長モデルを捨てるのが難しくなっている。最近では、成長モデルが疑問視されることが多くなっている。アメリカ系の世界企業は、嫌米ムードが広がる中で成長をするのが難しくなっている。さらに、日本やドイツなど主要国の経済の低迷やデフレなど、世界経済の成長が困難になっている。

そこで問題。売上高を増やす以外に、企業価値を高める方法はあるのだろうか。成長の重視によって、機会や行動が制限されているのではないか。成功を維持している企業では、ほかにどんなモデルを使っているだろうか。自社の事業にそのモデルを活用できないだろうか。

合併・買収

合併・買収は書類の上ではよく見えるものだが、失敗の割合が高い点を見ると、実際に成功させるのは難しいようだ。投資銀行家や経営者には、合併・買収の相乗効果を楽観的に見るよう促すインセンティブがあり、そのために失敗が多くなっている。文化の違いや実行上の問題が、成否を分けることもある。合併・買収は事前に財務モデルで評価されるが、どれだけの成果が上がるのかは、文化の融合や経営者の指導力など、財務諸表では評価できないソフトの問題にかかっていることが多い。

そこで問題。予定している合併・買収に、既存のメンタルモデルでは気づかない問題はないだろうか。合併・買収以外に目標を達成できるモデルはないだろうか。そのモデルを活用するには、どうすればいいだろうか。

新興企業

ベテランの経営者が新興企業のトップにつくと、歴史がなく、ブランド力も評判も資源も少ない企業では、まったく異なるメンタルモデルを取り入れなくてはならないことに気づく。こうした「プロの経営者」が就任することは、創造的で出入りが自由な新興企業の段階から、規模の大きな有力企業として業務を重視する段階に入ったことを示す。自社について、このように見方を変えることは、重要な転換点になる。この時点で、当初は成功していた新興企業が、永続する企業になることに失敗する場合も少なくない。

そこで以下の点について考えてみよう。事業の立ち上げに成功したとすれば、成長の原動力となったメンタルモデルは何だろうか。規模が拡大した今、さらに成長するには、そのメンタルモデルをどのように変えるべきか。発展段階に応じて、どのようなモデルが必要となるだろうか。成熟企業にいるとすれば、事業の一部に新興企業のメンタルモデルを取り入れることによって、どのようなメリットがあるだろうか。

業績の改善

業績の改善を目指す場合の典型的なメンタルモデルは、コスト削減、経営幹部の交代、不良資産の償却、人員削減である。だが、人材が資産なら、このモデルは長い目で見れば破壊的であり、コスト削減できることは限られている。大胆な削減をすれば、優秀な人材が去り、「今の仕事にしがみつく人材」だけが残る結果になりかねない。コスト削減という常套手段以外に業績を改善する方法はないだろうか。損益計算書、財務諸表、キャッシュ・フローの管理を重視しているため、伝統的なメンタルモデルの効用は限定されている。通常のコスト削減に加え、ほかの選択肢を探さなくてはならない。

そこで問題。業績を改善する方法を、現在はどのようなメンタルモデルで見ているだろうか。コスト削減以外に、業績を改善するモデルがないだろうか。自社のビジネスに当てはめるにはどうすればいいだろうか。

企業統治

企業統治（コーポレート・ガバナンス）については、様々なモデルがある。CEOの中には、取締役会を必要悪だとみなし、管理し、チェックを要する存在だと考えている人々もいる。そうしたCEOにとって取締役会は、社交クラブであって、プレゼンテーションで目をくらませ、静かにお引き取り願うたぐいのものである。一方で、取締役は情報源でありパートナーであって、戦略など、様々な問題で貴重な意見を授けてくれると考えるCEOもいる。エンロンなど企業の不祥事を受けて、取締役会について伝統的な見方に戻り、投資家のために経営を監視し、経営陣に質問し、問題を特定し、解決するのに積極的な役割を果たすと期待されるようになった。

そこで問題。企業統治についての見方は、どのようなメンタルモデルに基づいているだろうか。ほかに採用できるモデルはないだろうか。

テロと個人の権利——社会における考え方

民主主義社会は、個人の権利とプライバシー保護の意識が強いが、こうした個人の権利によって、社会を守るための法律の執行が難しくなることがある。電話の盗聴や家宅捜索などが法律で厳しく規制されているために個人の権利が守られているが、当局が不法な活動に関する情報を収集する上で障害になっている。ＦＢＩのＪ・エドガー・フーバー長官やイギリスの諜報機関ＭＩ５が権限を悪用したこともあり、一般市民は生活を監視されることへの嫌悪感を抱くようになった。

九・一一の同時テロ以降、テロとの戦いと個人の権利の保護のバランスをいかにとるか、という議論が再燃した。政府機関が、電信送金や片道航空券の購入などの情報を広範囲に保有していれば、テロ攻撃を防ぐのに役に立ったのだろうか。

郵便局員や電話会社社員が、疑わしい活動の情報を報告し、中央データベースに集める、という「ＴＩＰＳ」計画が提案されたことがある。アラブ系住民が職務質問を受けたり、拘置されたりするなどの事態が起こり、人種差別ではないかとの非難が巻き起こった。こうした非難を避けるため、航空会社では検査を抜き打ち方式に変えたが、下院議員や物腰の柔らかな老婦人など、何らかの測りがたい理由があってテロに共鳴していたとしても、それを実行できる体力のない人に対してまでも服装検査をして、非難を浴びた。こうしたやり方は、政治的には正しいかもしれないが、ばかげている。直接、観察しても何の貴重な情報も得られないからだ。

第6章で述べたように、アメリカのＴＩＡ（テロ情報認知システム）では、過剰な情報を処理できない可能性が大きいが、問題はそれだけではない。このシステムの狙いは、個人の財産や経歴など様々な情報を集め、潜在的なテロの脅威を発見する点にある。こうした個人の権利への侵害は、アメリカという国の基本理念への攻撃と受け止められかねない。

こうした対立するモデルを整理し、プライバシーを守りつつセキュリティーを向上させるように、調停するにはどうすればいいだろうか。

■異なるモデルの効用に注目する

情報収集の強化についての議論の多くは、プライバシーと人権の保護が中心になっている。だが、前述したように、そもそも、こうしたやり方に効果があるのかという根本的な疑問がある。世界中のデータを集めたところで、潜在的な脅威について優れた情報や深い理解が得られるわけではない。人権を侵さない形で、脅威に対処する方法はほかにもあるはずだ。監視の対象を絞る。盗聴や家宅捜索に裁判所の許可を義務付けた現行の制度は若干、対象を拡大して、情報の収集と分析の方法として残すこともできる。効果を慎重に評価すれば、個人の自由をそれほど犠牲にしない形で、対テロ戦争の戦略が立案できる。最近のアメリカでのテロ事件は、世界的な現象の延長線上にあるが、既に多くの国で様々な主張を掲げる多くのテロ組織が活動してきた。そして、テロとの戦いの難しさから多くの経験知が生まれている（イギリスのＩＲＡ、スペインのＥＴＡ、イタリアの赤い旅団、イスラエルのヒズボラなど）。こうした経験知を合わせれば、個人の権利保護と、テロとの容赦なき戦いのバランスをとるために、メンタルモデルのレパートリーができる。アメリカの個人主義など、国の文化や共通の価値観の強さは、テロと戦う上で力になりうる。戦いの中で、文化を根底から変える必要はない。

テロと戦いつつプライバシーを守る方法として、それぞれのモデルの効用を考えてみよう。

■ 議論を活発にする

それぞれの戦略の課題や影響を慎重に検討するためには、各種の戦略が提示されることが重要になる。個人の自由を重視する人と、テロリストの発見を重視する人の両方の見方を示すことで、それぞれの目標が効率的に達成できる。どちらか一方の意見が押し付けられる状況では、危険が大きく、反対の見方が否定されたり、見落とされたりする。極端になると、ジョージ・オーウェルが『一九八四年』で描いた「ビッグ・ブラザー」のマインド・コントロールの状態になり、対立意見が抹消される。もう一方の極端な例が、各地に民兵組織が作られて、「自分の身は自分で守る」といった考えが強まることであり、共通の価値観やメンタルモデルが失われていく。個人と国家の両方の視点から見る能力を維持することで、個人の自由を守りながら、潜在的な脅威を見つけることができる。

それぞれのモデルの長所と短所が浮き彫りになるように、議論を活発にする方法を考えよう。

■異なる視点に気づく

問題が解消したときに元に戻ることが保証されていれば、個人は短期間、自由を放棄することをいとわないかもしれない。一方、政府の見方は違うかもしれない。第一次世界大戦が始まると、イギリスでは戦争に協力するため、パブで酒を飲める時間が制限された。八十年後まで、この規制は事実上、緩和されなかった。個人と政府（とりわけ官僚機構）では、選挙制度はあるにしろ、ものの見方がまったく違っているかもしれない。こうした見方の違いのために、個人は基本的な人権を放棄することを拒み、人権が侵害されることを拒むのかもしれない。

このような問題について、どのような見方があり、どのような関係者がいるのだろうか。メンタルモデルはどう違うのだろうか。

●社会における問題と、背後にあるメンタルモデルの例

市場経済と民主主義

冷戦期、市場経済と民主主義というアメリカのメンタルモデルは、中央計画経済と共産主義というソ連のメンタルモデルとは対極にあった。冷戦終結後、市場経済と民主主義社会に対する見方は洗練されてきた。市場経済と民主主義はどうあるべきか。自由経済の民主主義社会を実現するには、ほかにどのようなモデルがあるだろうか。アメリカが唯一の超大国となったことで、市場経済への嫌悪が増している。グローバル化によって、アメリカは自国の国益を追求し、企業はもはや個々の国に配慮しなくなったと非難されている。

グローバル化と市場経済という概念は、今やアメリカの負の面としてとらえられ、世界中のメンタルモデルを形成するのに使われている。制約のない市場経済で消費者が被害を受け、望ましくない結果になった事実から、市場経済にも何らかの管理が必要との見方が出てきている。

そこで問題。市場経済を支えるモデルには、どのようなものがあるだろうか。状況によって、どんな強みと弱みがあるだろうか。

どのような経済、政治のモデルを支持しているのか。採用する可能性のあるモデルはほかにあるだろうか。採用した場合、どのような影響があるだろうか。

「持てる者」と「持たざる者」の格差

先進国と新興国の違いは際立っている。両者は、同じ問題をまったく別の視点で見ている。違いが目立つのが、グローバル化や技術の進歩、環境をめぐる議論だ。一国の中でも富める者と貧しい者の違いがあり、中間層の縮小で、その違いはますます際立っている。富裕層の減税は、「持てる者」の立場では景気刺激策に見える。「持たざる者」の立場では、税金にあえぐ貧困層の負担を重くし、金持ちをさらに富ませるものに見える。世界的に、二つのグループの適応的断絶は、政府や社会が直面する重大な課題になっている。

持てる者と持たざる者との格差に、メンタルモデルはどのように関わっているのだろうか。両者の溝を埋め、双方にメリットがあるように、メンタルモデルを変えるにはどうすればいいだろうか。

精神病

精神病に対する社会の見方は、長い間に大きく変わった。中世には、悪魔がとりついているため、悪魔祓いなどの宗教的儀式が必要だと考えられた。十八世紀末には、薬で治療されるようになったが、精神病患者は動物の状態になっているのであり、衝撃を与えて人間性を回復しなければならないというのが有力な見方だった。檻《おり》に入れたり、おぼれる寸前まで冷たい水に執ように漬けたりする残酷な治療が行なわれた。一八〇〇年代の半ば、クウェーカー教徒の改革派の主導で「道徳療法」が盛んになり、患者に敬意と優しさを持って接し、食事や衣服も良いものを与え、監禁ではなく活動を奨励するようになった。

二十世紀初頭から半ばにかけて、遺伝的な観点から、「欠陥」のある個人や人種は取り除くことによって人類は繁栄するとの優生思想が盛んになった。精神病患者の隔離が増え、大規模な施設が作られ、ロボトミーなどの手術や避妊手術が強制された。こうした見方は、世界的に広く支持を集めたが、その究極の形がナチスのガス室だった。その後、薬物療法が盛んになり、大規模施設は、衝撃的な虐待の実態が明るみになり、スキャンダルや告発が相次ぐ中で閉鎖された。精神病の原因と治療法については、いまだに激しい議論がある。精神病の存在そのものについても議論が分かれている。一九六一年、アメリカの精神病委員会は、「一時的な流行や空想が盛んな」分野だと指摘している。社会や個人がもつメンタルモデルが、治療法や法律、行動を大きく左右してきたのだ。[*1]

現時点で、精神病に対する見方を形成しているのは、どのようなメンタルモデルだろうか。別の時代のメンタルモデルや、ほかの地域のメンタルモデルで活用できるものがあるだろうか。

世界規模のデモ

インターネットの登場によって変化したことのひとつが、社会組織と政府との関係だ。電子メールやインターネット・サイトによって、世界中で素早く組織を作り、政府と直接やりとりすることが可能になった。小規模な草の根運動が、インターネットによってまたたく間に全国的、国際的な運動になりうることは、WTO会議でのグローバル化に対する抗議行動や、二〇〇三年のイラク戦争前後の抗議行動を見ればわかる。ニューヨーク・タイムズ紙のコラムニスト、パトリック・タイラーらが、この世界的な世論の台頭を、アメリカを脅かす第二の「勢力」と名付けたほどだ。[*2]

だが、それは正確なモデルだろうか。政治団体を作るインターネットという新たなチャネルは、世界の地政学のメンタルモデルを変えるのだろうか。

世界を動かす米国モデルと国連モデル

二〇〇三年初め、イラク攻撃をめぐって国連で戦わされた議論で、世界の統治について、大きく異なる見方が浮き彫りになった。アメリカは、大量破壊兵器を開発している国の潜在的脅威に対しては、先制攻撃を仕掛ける権利があるとの見方を示した。それを「有志連合」が後押しした。一方、国連は多国間行動の重要性と国際機関の維持を強調した。アメリカの立場では、国連は弱腰で脅威には効果がなく、アメリカは自国の国益を守る権利があると考える。国連の立場から見れば、アメリカの行動は国際社会からはみだしており、国際システムと体制を揺るがすものと映った。

これらの二つのモデルの違いはどこにあるのだろうか。どちらかのモデルを採用した場合、世界はどのような影響を受けるだろうか。ほかに検討すべきモデルがあるだろうか。二つのモデルを両立させるには、どうすればいいか。一方の立場を支持しているとき、もう一方のモデルを支持する人を引き寄せるには、どうすればいいだろうか。

モデルに注目し続ける

生活の中で出会うあらゆる問題は、メンタルモデルの影響を考え、新たなモデルを開発し、採用する機会になる。新聞記事を読んだとき、試練にぶつかったとき、仕事で決断を迫られたとき、自分に問いかけてみる。この見方は、どのようなメンタルモデルから生まれたのか。この状況で、メンタルモデルは機会を狭めるか、広げるか。ほかの人はどのようなモデルをもっているか。ほかにどんなモデルが考えられるか。情報の洪水に圧倒されないためには、どうすればいいか。どうすれば実験が設計できるか。この問題に直観は何と言っているか。

この章のコラムで取り上げた問題は、個人の生活、ビジネス、社会の三つの分野で、有益なヒントになるはずだ。興味がある問題を取り上げ、自分のメンタルモデルが考え方にどのように影響しているのか、ほかのメンタルモデルを採用できる可能性がないか、考えてみよう。次に自分にとって、もっと重要な問題を探してみよう。メンタルモデルは人生のあらゆる面に影響を与えているので、こうした例はどこにでもある。このように考えていけば、メンタルモデルにもっと敏感になり、ありえないと思えることを考えられるようになる。継続的に訓練していると、新たな情報が入ってきたり、初めての状況に直面したりしたとき、ありえないと思えることを考えられ、素早く効果的に動くことができるようになるはずだ。

インポッシブル・シンキングの技法

- 個人の生活、ビジネス、社会の三つの分野から、それぞれ一つ例を選ぶ。それを評価するに当たり、どんなメンタルモデルを使っているだろうか。ほかのモデルは使えないだろうか。モデルの選択が、立場や判断にどう影響しているだろうか。
- 新聞記事を読んだとき、次のように問う習慣を身に付けよう。報道されている決定と行動を支えるメンタルモデルは何か。ほかにどんなモデルがあるか。どう変えていくのか。特に、モデルの違いによって対立点がつくられている国際政治の議論や裁判所の判断に注目してみよう。
- 一日のうち遭遇する状況の中で、そこに作用しているメンタルモデルを見つけ、書き出してみる。裏にあるモデルに敏感になるには、どうすればいいだろうか。

注

1. Whitaker, Robert. *Mad in America: Bad Science, Bad Medicine and the Enduring Mistreatment of Mentally Ill.* Cambridge: Perseus Publishing, 2002.
2. Tyler, Patrick E. "A New Power in the Streets," *The New York Times*, February 17, 2003

総括

考え方を変え、行動を変える

未来は、我々の中に入ってくる。それが起きるずっと前に。

ライナー・マリア・リルケ

決断を迫られたり、新たな試練に直面したりしたとき、いったん後ろに下がり、適切なモデルをもっているかどうか考えてみよう。

【メンタルモデルによって、行動の範囲が狭められたり、広がったりすることを知る】

今は、どんなメンタルモデルをもっているだろうか。そのモデルのために、見えてない世界があるのではないだろうか。どんな機会を見逃しているだろうか。新たなモデルを取り入れれば、どんな世界が見えてくるだろうか。どんな道が見えてくるだろうか。

【馬を替える時期を知る】

既存のメンタルモデルは状況に合っているだろうか。提案された新たなモデルは、本当に有効なのだろうか。新たなメンタルモデルを取り入れると、どのようなリスクがあるのだろうか。実験を重ねることで、リスクを減らせないだろうか。重要な新モデルを見落とす危険と、無批判に飛びついて夢中になり過ぎる危険の両方を避けるには、どうすればいいだろうか。

【パラダイムシフトが双方向であることを知る】

新しいモデルが登場したからといって、古いモデルが旧体制を象徴する影像のように倒れるわけではない。現在の課題に活用できる古いモデルはないだろうか。誰もが自動車を使っているなら、自分は馬を使えないか考えてみる。古いモデルが活用されている方法に、新しいモデルが与える影響を考える。多様なモデルをつくり、利用するにはどうすればいいだろうか。個々のモデルが、どのような状況で役立つかを考える。

【新しい見方を知る】

新たなモデルはどこで見つかるだろうか。自分のモデルを増やしてくれる人は誰だろうか。モデルを増やしてくれるのは、どんな状況だろうか。自分より年上の人、あるいは年下の人と話をしているだろうか。違う職業の人と話をしているだろうか。新しい秩序をつくりつつある過激な人たちと話す機会があるだろうか。

【ズーム・インとズーム・アウトで情報の洪水を読み解く】

データや情報にめまいを覚えていないだろうか。だとすれば、ズーム・アウトして、木ではなく森を見られるようにする。問題から遠ざかり過ぎていないだろうか。だとすれば、ズーム・インして細部を調べてから大局に戻る。日常の中でズーム・インとズーム・アウトを習慣付ける。

【実験を重ねる】

採用を検討している新たなモデルでは、どのような仮説が提示されているか。仮説を検証する実験を考える。プライベートや仕事の中で実験するには、どのような機会があるか。エレノア・ルーズベルトはかつてこう言った。「少し怖いと思うことを、毎日一つやりなさい」。今日できる小さな行動で、それほどリスクがなく、これまでの殻を破ることは何だろうか。

新たな見方を実現するには、古いモデルに縛られている要因に目を向けなければならない。また、周りを引き込める要因に目を向けなければならない。

【古い秩序を壊す】

古いモデルを支えるために、どんなインフラを築いてきただろうか。新たなモデルを支えるには、それをどう変えればいいだろうか。変化への決意は、新年の決意のようなものだろうか。最後までやり遂げる方法があるだろうか。古いモデルにとらわれている要因は何だろうか（タバコがやめられないのは、ニコチン中毒なのか、タバコの一服が日常の不可欠な要素だからなのか?）。新たなモデルを採用するのに役立つものは何だろうか（タバコをやめる際の禁煙パッチなど）。新たなモデルを支えるために、組織の構造のどの部分を見直す必要があるだろうか。

【共通の基盤を見つけて、適応的断絶を埋める】

周りでメンタルモデルを共有していない人は誰だろうか。なぜ、彼らは変わらないのか。彼らのメンタルモデルは、当人にとってどんな価値があるのか。彼らは、どのようなモデルを基に動いているのだろうか。彼らとの適応的断絶を埋めてくれる「異文化の通訳」（バウンダリー・スパナー）はいないだろうか。あるいは変革を主導してくれる人はいないだろうか。古いモデルと新しいモデルの共通基盤を、どこで見つけられるだろうか。

自分のモデルにアクセスし、素早く効果的に動ける能力を身に付ける。

【直観を発達させる、磨く】

直観を使っているだろうか。使っていないとすれば、直観の「筋肉」を使い、鍛える方法はないだろうか。小さな決断をする際に、分析するのではなく直観を使う。その結果を記録する。直観が特に役立った時があるのではないか。直観を使える精神状態に持っていくにはどうすればいいか。自分の直観は外れていないか。直観を磨くにはどうすればいいだろうか。

【目的は行動の変更にある】

考え方を変えるのは、行動を変えるためである。新たな見方を現実に生かし、新たな考え方を基礎として、生活や組織や社会を変えるにはどうすればいいだろうか。

可能性で終わらせない

世界は通常考えられているより、ずっと柔軟性に富んでいる。自分自身の健康であれ、企業価値の創造であれ、世界平和の実現であれ、新たな機会を狭めている要因は、往々にしてメンタルモデルである。自分自身の心が、自分を取り囲む塀を作り上げている。可能性を狭めることによって、考え方が縛られている。

確かな限界もないわけではない。だが、メンタルモデルの性格を考えれば、塀には穴があるもので、見えていないだけだ。誰かが穴を見つけると、ずっと前からあったように思えるものだが、柔軟な発想で真っ先に穴を見つけられるようにならなければならない。立ち止まって考える。考え方の方向を変えられれば、ビジネスを変え、生活を変える可能性が生まれる。気づきさえすれば、変わるチャンスはいくらでもある。こうした機会を見つけ、つかむには、ありえないと思えることを考える勇気と理解力をもち、それに基づいて行動することが重要なのである。

補論

メンタルモデル論を支える脳科学の進展

脳科学のテーマは幅広く、複雑で、めまぐるしく変わっており、新たな発見が次々と生まれている。中枢神経系の機能については、過去十年の間に、それまでの歴史全体を上回るほど研究が進んだと言われている。それを可能にした最大の要因は、科学・技術の発達により、脳や神経系を直接観察できるようになったことである。もはや思考とは何かについて「考える」必要はない。脳科学のみならず哲学すら、実験に基づいて理論を組み立てることができるようになった。科学が急速に進展し、脳の細部が解明されつつある中で、本書での議論は、確固たる基本概念、すなわち最近の科学の成果によって裏付けられた概念を中心に展開してきた。

このテーマに関する議論は、まだどれも控えめな調子である。脳についての理解が深まるほど、心の根本的な部分は未解明なままであることに気づく。しかしながら、我々はたった今、ビジネスの場面においても、個人の生活においても、そして社会人としても、行動を起こさなければならず、すべての謎が解明されるのを待っている余裕はない（そもそも、謎が解明されるとしての話だが）。我々の知識には限りがあるものの、脳科学の最近の成果は、我々が世界をどう理解しているかを知る手がかりとなり、考え方や行動を変える基礎になる。

メンタルモデルに関するトピック一般については、様々な専門分野の人たちがそれぞれ独自のレンズを通して検証してきた。我々は、こうした多様な資料に当たり、メンタルモデルについて幅広い見方を形作ろうと努めた。競争戦略から文化人類学にいたる幅広い分野で、それぞれのテーマを理解するために、メンタルモデルという概念が使われている。ただ、各専門分野でメンタルモデルに対する見方が異なり、それに伴って見方に固有の限界があることが少なくない。各分野の専門家がメンタルモデルを論じる際に使う言葉は、それぞれの分野の人々が外部世界を理解するために使っている既存のモデルによって決まってくるからである。

本文中でも、またこの補論でも、これらすべての関連性を明らかにしようとはしていないが、我々にとって基礎となる概念を理解しておくこと、また読者にとっては、これらの概念を読者自身の言葉、枠組みと関連付けておくことが重要である。端的に言えば、我々は、メンタルモデルという概念を多様な「言葉」で表現できることは認識しつつも、これらを〝翻訳する〟という複雑で困難な仕事はしていない。

以下の注釈は、本書で取り上げた主な見解の根拠となる議論をより深めたものである。

重要な基本概念

■人はそれぞれ異なる世界に住んでいる

■人は目に見えるものの一部しか使っていない

■現実とは脳と世界が共同で作り上げる物語である

■メンタルモデル

■デカルトの劇場

■ 現実はあるのか、ないのか

人はそれぞれ異なる世界に住んでいる

人が物事を理解する方法は、基本的に同じである。だが、物の見方には、こうした共通の能力に各人の解釈が加わる。ノーベル賞を受賞した分子生物学者、ジェラルド・エーデルマンは、各人の脳はきわめて多様だが、特に感覚経験において共通の「経験、特性、神経パターン」を有していると指摘している。[*1] この共通基盤がなければ、個人の自己完結した世界以外で物事を理解するのは不可能である。

住んでいる世界が同じだとしても、この世界での物理的な対象との相互作用は、各人の経験とその時々の関心によって決まると、エーデルマンは指摘する。例えば、消防車を見たとき、一人は火事にあった人や家を心配し、もう一人は旅程がくるうと思い、三人目は、消防署長だった祖父と過ごした夜を「プルースト風」に思い出す。[*2] 各人が独自の経験で物事を理解するために、我々はみな少しずつ違う方法で物事を理解しているのである。

ウンベルト・マトゥラーナとフランシスコ・ヴァレラは、人は自分の経験を確実で客観的で絶対的なものと見ているが、一般に考えられているより、経験はかなり柔軟性のあるものだとみている。認知とは、世界を見るという受動的なプロセスではなく、経験という世界を作り出す能動的なプロセスであると二人は主張する。[*3]

つまり、物事の理解には、人類共通の神経回路が使われるが、各人に固有の解釈がなされる、ということである。メンタルモデルがいかに現実やコミュニケーションの形成に力をもつかを考えれば、メンタルモデルに大きな危険と大きな可能性があることは容易にみてとれる。

人は目に見えるものの一部しか使っていない

この話の裏返しだが、脳科学の研究から、人間が感覚から取り入れた情報の多くを無視していることがわかってきた。マトゥラーナとヴァレラは、脳神経システムの研究から、人間は入ってくる情報のごく一部しか利用せず、残りは脳内で作り出していることを発見した。そして、脳が知覚と幻覚を区別せず、二つの神経活動のパターンは似通っていることも明らかになっている。

神経生理学者のウォルター・フリーマンは、感覚刺激による神経活動が大脳皮質で消滅することを発見した。[*4] 脳に入った刺激は、内部のパターンが存在する場所を喚起し、そのパターンを使って外部の状況を描写する。外部の現実は、驚くほど多くの処理と活動によって感知され、処理されるが、それらのほとんどが無意識に行なわれる。脳は、内部にある世界の知識を基に、細部を補完し、全体像やコンテクストをつくりだしている。[*5]

人間は、自分が見ているものを意識すらしていないかもしれない。「盲視」という信じがたい現象がまれにあることが確認されている。目の見えない人に、何かモノを取るように頼むと、手を伸ばし、それを取れるのだ。[*6] 「進化的に古い」視覚系があり、これによって意識せずに手を動かすといった実際的な行動ができているとみられる。この人の場合、モノを見るという意識など、進化的に新しい系は損傷を受けていた。視覚系が二つあり、それぞれ進化の時期が異なるという説によって、目は見えないのに、手を伸ばしてモノがとれるというこの奇妙な能力を説明できる。

視覚的な入力はないのに「見る」ことができる盲視の極端な例が、オーストラリアの心理学者、ゾルタン・トレイだ。トレイは二十一歳のとき事故で視力を失ったが、想像で見える世界をつくり、維持して、それを基に行動した。想像の世界が完璧だったため、トレイは独りで梯子を上り、自宅の屋根の雨樋を取り替えることができた。しかも、それは真夜中の暗闇の中だったため、隣人はぞっとしたという。[*7]

脳は目で見たイメージと、脳内で補完した細部を区別していない。視神経が網膜へ突き抜ける部分に盲点があるのに、誰もその点に気づいていない。脳は、そこにあるべきものを推測し、欠けているものを補完し、一貫性のある像にする。

現実とは脳と世界が共同で作り上げる物語である

スーザン・ブラックモアは、脳と世界が共同で物語、あるいは「大それたつくり話」を創作していると主張する。[*8] 現実とは、脳と世界が一緒になって提示する物語なのである。

脳は、ある場面を描いた細かいモデルを積み重ねているわけではない。[*9] 例えば、脳には視覚情報を扱うために長年の間に発達してきた領域が三十ある。外部の視覚情報は分解され、これらの三十の領域に送られる。それから脳は何らかの形で三十の領域の反応を集めて、外部にあるものに関する像を構築する。[*10]

とにかく細部は外の世界に存在しているのだから、心はそうしたものを外部記憶として利用していると論じる人もいる。内部に細かい情報を持つ必要はなく、外部から細かい情報を探し出せるというのだ。[*11]この考え方では、記憶は心の中、現実は心の外にあるのではなく、記憶は心の外、現実は心の中にあることになる。外部の世界を理解するのに、心には全体像をつかむモデルやコンテクストがあり、それを基に、既存の分類などを活用しながら、細かい点を確認するために外部の世界を見ていく。

メンタルモデル

本書では、人間が物事を理解し、取るべき行動を決める際の複雑な神経活動を「メンタルモデル」という短い言葉で表した。「メンタルモデル」という言葉は、様々なグループが、様々なより狭い意味で使っているため、若干の混乱がある。[*12]「心的表象」と同じ意味で使われている例があれば、もっと狭義に、論理学の文脈の中で定義されている例もある。また、情報技術システム開発の方法論の一部として使われるケースもある。

心理学で現実や仮説、想像を表すものとして、メンタルモデルという言葉を最初に使ったのは、スコットランドの脳科学者、ケネス・クレイクだ。一九四三年に、心が現実の「小規模なモデル」をつくって、出来事を予想し、理屈づけ、説明を補強すると書いた。[*13]最近ではMITがメンタルモデルを、心の中に固定された想定や概念、さらには像やイメージのうち、現実をどうとらえ、どう行動するかに影響するものと定義している。

カリフォルニア大学サンディエゴ校の脳認知センターの所長、ヴィラヤナル・ラマチャンドランは、BBCの番組で、人間の脳は「モデルをつくる装置」だと語った。[*14] 脳の動きを仮想現実のシミュレーションになぞらえ、人間は自分自身の心のモデルをつくっている上、他人の行動を予想することができるように、他人の心のモデルもつくっていると指摘している。

デカルトの劇場

脳は、それ以外の器官と同じように、進化の産物であることが研究によって明らかになっている。[*15] 脳の一般的な構造と様々な特徴は、複雑な進化の過程を示しており、長い間信奉されてきた考え方――心身二元論と客観的な現実の存在――に疑問を投げかけている。

ルネ・デカルトは、心と体は哲学原理上、別だとして心身二元論を唱えた。この二元論から、客観的な外部世界という概念が生まれ、人間の思考のモデルを表す「デカルトの劇場」が生まれた。[*16] 映画館の映写技術のように、外部の現象は脳内に忠実に投影され、脳の中の高度な知能――ホムンクルス（ラテン語で「小人」）が、それを客観的に見ている、という考え方である（図A―1の上半分を参照）。この考え方からは、当然ながら、脳内のホムンクルスが実際にどう活動しているのか、ホムンクルスの脳内にさらにホムンクルスがいるのかという過程が無限に続いていくのかという疑問が生まれる。

デカルトの劇場はそれ自体が、人間の思考をどう考えるかを説明する強力なメンタルモデルになってきた。二元論の影響は深く、客観的な現実は外にあって、客観的な観察者にはそれを理解する能力がある、との考え方もそのひとつだ。この説には異論も多く、多くの議論を巻き起こしている。[*17] 現在では、人間が物事を理解するプロセスは、デカルト・モデルほど単純でないとする研究結果が積み上がっている。目などから入った画像や情報は、直接に投影されるのではなく、神経パターンを喚起するようだ。劇場の外の人が星を見て、ラフなスケッチをもって、映写技師のもとに駆け込んでくる。映写技師は手元のフィルムから、絵に近いものを見つけ、それを投影する。我々

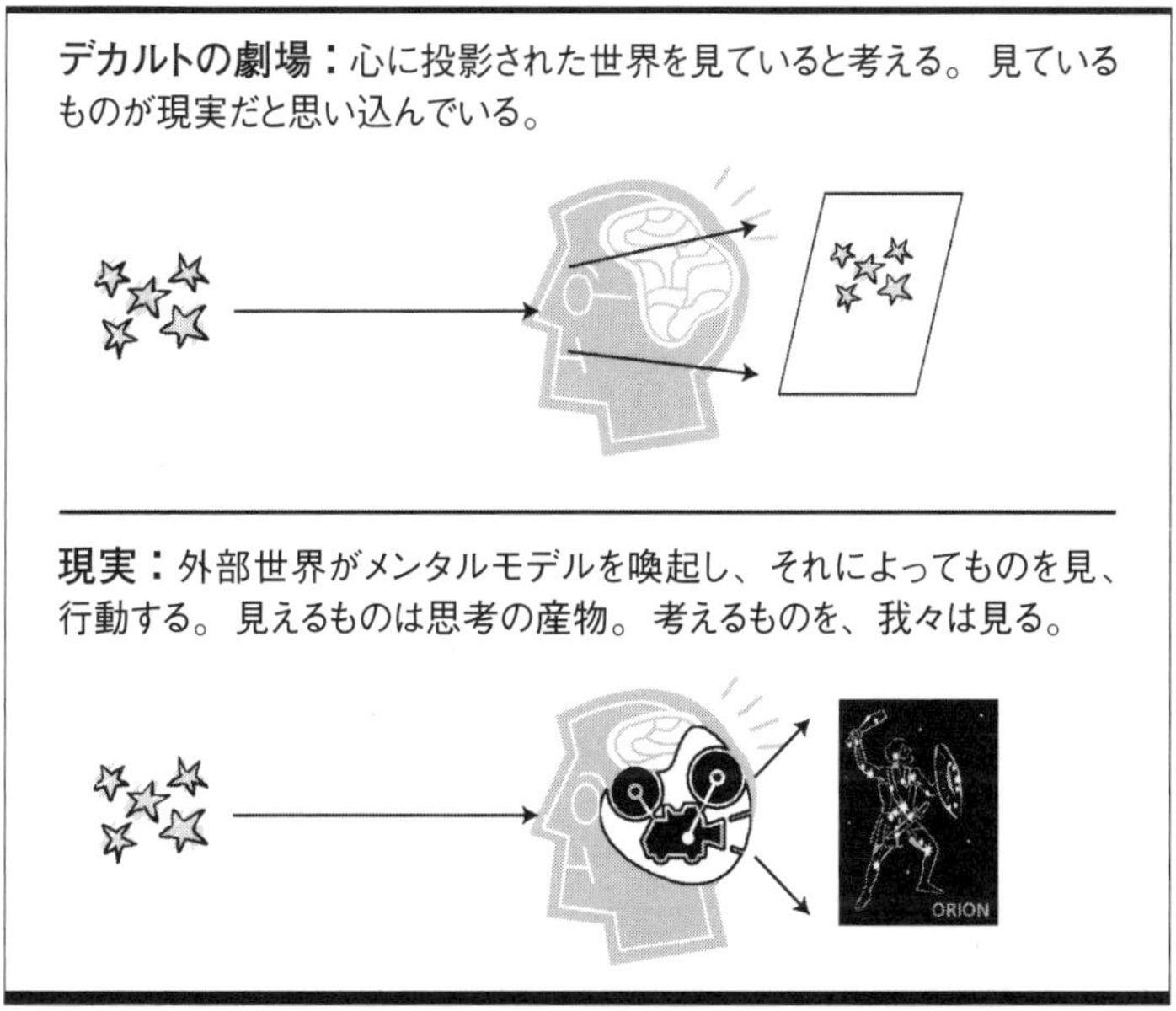
デカルトの劇場：心に投影された世界を見ていると考える。見ているものが現実だと思い込んでいる。
現実：外部世界がメンタルモデルを喚起し、それによってものを見、行動する。見えるものは思考の産物。考えるものを、我々は見る。
ORION

図A-1　我々は「デカルトの劇場」で映画を見ているわけではないようだ

は、外の世界の現実を見ていると思っているが、実は自分が作り上げた世界を見ているのだ（図A—1の下半分を参照）。

だが、この映写機の比喩は、心の中で起こっていることを正確に表しているわけではない。もちろん映写機はない。あると考えると、心の中に映画を見る「小人」がいると考えることになる。心という劇場でホムンクルスが腰掛けて、ポップコーンを食べているわけではない。実際には何が起きているのか。外部の刺激によって、過去の豊かな経験が喚起されるのである。その過去は、プラネタリウムや、天文学や神話学の授業、ゴッホの絵、星空の下のロマンチックな夜など、星と関係のあるあらゆる経験に彩られている。

エーデルマンは、脳は選別システムであり、脳内では膨大で多様なレパートリーの照合が行なわれていると主張する。[*18] また、意識の発達や自己意識には、外部の世界との関わりが重要であると指摘する。外部の世界の信号は、脳で処理されるまで情報ではなく、脳が外にあると考えるものについての独自の像を喚起している点に注意しなければならない。この認識を基礎に模倣と行動が行なわれる。

現実はあるのか、ないのか

だからといって、現実の世界が存在しないわけではない。人間は目にしているものの大部分を無視しているだけだ。現実をまったく経験していないと推定するのはきわめて危険だ。スティーヴン・ピンカーは、現実が「社会的構築物」であり、一般の人々は周りの文化から言葉やイメージなどを受動的に「ダウンロード」することしかできず、「科学者も客観的な現実を把握する手段をもっていない」とする説に異議を唱え、「人間は、現実の世界に関する事実にアクセスできる」と論じている。[*19]
エーデルマンは、動物は目の前で実際に起きた事の「メンタル・イメージ」をつくることができると主張する。しかし、人間は現在に縛られず、意味能力を呼び起こすことができる。つまり、過去と将来の像を構築する能力があり、それによって目の前の現実を豊かにしていると説く。
現実は多くの解釈を必要とする。フランシス・クリックが、こう指摘している。

目に見えるものは実際にそこにあるものではない。脳がそこにあると信じているものだ。……見ることとは能動的な構築のプロセスである。脳は、過去の経験と視覚がもたらす限られたあいまいな情報を最大限に活用して最高の解釈をする。[*20]

我々が経験しているのは「現実」なのか、「幻想」を見ているだけなのか、論争は続いている。ある面、この議論は前提が間違っている。内と外の経験が脳内の複雑な神経パターンに転換されていること、それらのパターンが物事を正確に再現しているわけではないことは明らかだ。どうして正確に再現できるだろう。人間は世界を文字通り心の中に取り込むことはできない。したがって心で理解できる点は、現実をあいまいに反映したものである。現実の細部の概略を使って、心の中の現実を作り上げている。脳は様々な感覚信号を記録し、それを転換し、過去の経験を基にした豊かなパターンを喚起しているようだ。脳内のこうした複雑な神経活動が、現実を構成する。多くの場合、これは正確で効率的なプロセスだ。問題が生じるのは、経験や保管されているパターンが現在の環境にうまく合わなくなったときだ。

したがって、メンタルモデルに関する議論は、人間が現実から遊離していることを意味するものではない。それどころか、生き物や物質、人間から成る現実の世界でうまく生きられるようにできているのである。複雑な環境が脳の発達を促し、脳はそれによって複雑な環境を効率的、効果的に扱えるようになった。だからこそ、あるシーンを見て、その意味を見事に理解しているのだ。必要なのは限界を知ることだ。

追加的な解説

次の項目については、より詳細な説明を加えてみた。

- **深夜に通りを歩く**
- **バックスバーニーと握手する（記憶の特性）**
- **見落とされたゴリラ（非注意性盲目）**
- **人間におけるハードウエア（生まれか、育ちか）**
- **違う見方をする**
- **ズーム・インとズーム・アウトで複雑な現実を整理する**

■自己を内省する世界（認識論的独我論）

■直観

■「執着を手放す」訓練をする

深夜に通りを歩く（巻頭）

夜道で背後から近づく足音に気づく通行人の話は、頭の中のメンタルモデルと、外部環境のあいまいな情報の相互作用を描いたものだ。夜道を独りで歩く例は、沈着を旨とする意思決定理論の練習の場として理想的とはいえないが、人間が、目と耳から入る感覚的な入力を理性的に理解しようとするだけでなく、感情的にも解釈することを示す例になる。

背後から迫る足音は、様々な感情や記憶を呼び起こす。アントニオ・ダマシオは、「ソマティック・マーカー仮説」を提唱し、心は「何も書かれていない石版」ではないと論じている。確かに、心には、過去に夜道で起きた犯罪などのイメージがある。そのときの状況に合わせて一群のイメージがつくられ、意識はこの豊かなショーによって、「楽しみ」「興奮」するという。[*21]

通行人は素早く状況を判断し、どう対処するのか（足を速めるのか、走るのか、助けを求めるのか）を決めなければならない。この状況下での決断を説明するのは簡単ではない。ダマシオが指摘しているように、決断を迫られると、どんな行動をとるべきか、その行動をとると何が起きるのか、数多くの選択肢に関連するイメージを呼び起こし、検討すべきイメージだけでなく、関連する言葉や文章を思い浮かべ、「イメージのきわめて多様な並列」ができる。[*22] こうした実際の刺激と心の中の考えや経験が結びついて、感情的で本能的な反応が生まれるのである。

バックスバーニーと握手する──記憶の特性（巻頭）

現在の経験は過去の経験を基にしたモデルを引き出すため、物事を理解する上では、記憶がカギを握る。だが、我々が思う以上に、記憶が変わりやすいことは、ディズニーランドを訪れた人がバックスバーニーと握手したと思い込んでいることからもわかる。「バックスバーニー」の調査をしたエリザベス・ロフタスは、「一般に認識されている以上に、記憶は間違いやすい」[*23]と述べている。

人間の記憶には自分本位のバイアスがかかっている。つまり、自分に都合良く記憶されている。コード化された記憶の中から、自分に関するものほど、よく思い出せる。テーマパークのキャラクターと握手する、といった個人的で自分が主役になれる体験が重視されることになる。人間は成長し、成熟するにつれて、自己を安定させる方法が変わってゆき、人生や自分自身についての見方も進化し変化していく。政治意識に関する調査では、現在の見方に合わせて、過去の見方を間違えて覚えていることが明らかになっている。[*24]

記憶はゆがみやすいが、[*25] 一般には記憶は信頼できると考えられている。刑事裁判の陪審員は、自信をもって記憶を語る証人を信じる傾向がある。だが、冤罪の九〇パーセント以上は、目撃証言の誤りが原因である。[*26] ゆがんだ記憶のせいで、過去のある経験をきっかけにして、過剰反応することになりかねない。重要なのは、何を記憶し、何を思い出すかに、かなりバイアスがかかるということだ。

現実の記憶と幻想を区別するのも難しい。心理学の研究によって、現実の記憶と想像の産物を区別するのは、ほぼ不可能であることが明らかになっている。[*27] ジェラルド・エーデルマンが指摘するように、記憶は事象の再現ではないので、認識が記憶をゆがめ、記憶が認識をゆがめる。記憶の容量には決まった限界がなく、にぎやかでダイナミックで連想的で、適応的な構築プロセスを活用して情報を生み出している。基本的に、記憶は脳というシステムの特性であり、創意に富み、厳密な再現を演じるものではない。

この点から記憶というものへの信頼を失ってはならないが、記憶の特性を理解し、深刻な状況で物事を思い出そうとするときに、より慎重になることができるはずだ。特に時間がたってから参照するには、記憶に頼るよりも、その場その場で記録を取っておいた方がいいといえる。

見落とされたゴリラ──非注意性盲目（巻頭）

ゴリラの実験──バスケットのボールをパスするビデオを見ていた被験者が、画面を横切るゴリラに気づかなかった実験は、「変化の見落とし」や「非注意性盲目」と呼ばれる現象に関する実験のひとつだ。この現象については、様々な説明が試みられている。[*28] 一般に受け入れられている説明はないが、ひとつだけ確かな点は、脳が、外界のあらゆるものについて細かいイメージを集めているとする一般的な見方が間違っていることである。

被験者がゴリラを見落としたのは、イメージの断片を集め、心の中で細部を補完したためかもしれない。以前から指摘されていることだが、脳は、集めたイメージと、脳が補完した細部の区別をしていない。細部を補完する過程で、ゴリラのように現実の中の大きな部分が、塗りつぶされることがある。

知覚は関心によってゆがむ。被験者は、白いシャツの選手がボールをパスした回数を数えるよう求められていたので、ゴリラのように色の黒い物体は無視する下地があった。興味の方向が知覚を形成する。変化するものは、視野の中にあっても見えにくい。また、知覚は見ている場面の〝核心〟と関わっている。場面の〝核心〟が変わると、気づきやすい。

人間におけるハードウエア――生まれか育ちか（第1章）

脳は、ハードウエア的といえるほどではないにしろ、総じて決まった構造をもっている。エーデルマンは、脳の全体の設計図とその後の発達の過程は、遺伝子が決めているようだと指摘している。人間の脳の構造がきわめて似かよっているのはこのためだ。[*29] しかし、世界をどう理解するかは、遺伝と経験などの組み合わせに基づいて決まる。脳は発達を続けるので、個人の脳は固有な発達の仕方をする、一卵性双生児ですら脳の発達は異なる、とエーデルマンは指摘している。

ピンカーは、人類全体の本能が発達するには至らない新しい知識の分野では、教育が直観力を磨くため役立つと主張する。[*30] 脳科学者のジャン・ピエール・シャンジューは、教育とは単にデータを集めるだけでなく、再現し、仮説を立て、モデルをつくり、経験と照らし合わせる複合的なプロセスだと述べている。[31]

違う見方をする（第5章）

違う見方をする基礎は、脳が何か「面白い」ことを考えようとすることである。そして何が面白いと思うかは、過去の経験に左右される。美術の鑑定家は、「自分が鑑定している作品が、記憶しているほかの作品と比較してどうなのか[32]」に注意する。生まれつき、あるいは組織の中の役割として、興味の幅が広い人もいる。IBMの研究者は新しいアイデアを探していたからこそ、オープン・ソースのソフトウエアの進展を受け入れやすかった。

物事を見るとき、過去の知識や経験に照らそうとする傾向はきわめて強い。通常の見方に「引き込まれ」ないようにする方法を見つけるのは簡単ではない。カギとなるのは、即断を避け、効用がわからなくても「面白いこと、目新しいこと」をいつも探そうとする姿勢である。

ズーム・インとズーム・アウトで複雑な現実を整理する（第6章）

ズーム・インとズーム・アウトを支える方法論や論理は、目や脳（実際には脳の様々な部分）が複雑な環境を理解するために進化してきた経路を基礎にしている。通常、人間の視野には複雑な光景が映る。目や脳は、その一部に焦点を絞り、細部を調べる。視野のそれ以外の部分は、「ピンボケ」の状態の背景になる。細部は、目の中心にあり、円錐体の密度の高い中心窩に集められる。視点はどのようなものにも長くとどまるのではなく、面白いものに切り替えられ、関心がある方向に眼球が動く。これを断続性運動と呼ぶ。

興味深いことに、目と脳が一つのものに長時間とどまると、脳はその意味が理解できなくなる。焦点を絞り過ぎると、視点が固まりボーッとした状態になる。単調な高速道路を運転しているときに催眠状態になるのと同じだ。一方、焦点が広過ぎると混乱する。意味を理解するためには、眼球は絶えず動き、視野の中を移動して、コンテクストの意味を積み上げる。コンテクストができると、脳は欠けている部分を補完して、視野全体について一貫性のある意味を作り上げる。[*33]

自己を内省する世界——認識論的独我論（第9章）

フリーマンは、脳が様々な感覚入力を内部の自己完結した世界で解釈することを、「認識論的独我論」と呼んだ。フリーマンとピンカーはともに、人間の脳は社会組織に対応した器官として進化してきたものなので、自己を超えて幅広い協力と共有ができると論じている。[*34]

ヴァレラは、自己の意味について興味深い見方をしているが、これは仏教思想の影響を受けたものである。自らの内側で経験する「仮想自己」「無我」という概念を提唱している。[*35]

直観（第10章）

直観は、学ぶことのできない本能とは違うが、本能が直観を磨き、行動を決めるのに貢献している。

人間の本性は複雑で、動物としての進化の過程から強い影響を受けている。例えば、人間は相手の目を見て、意図を推察できるが、これは太古の動物から受け継いだ能力であり、それを状況への対応に使っている。脳幹には、逃避、闘争、摂食、そして生殖を調整する機能がある。こうした機能によって、素早く判断し、必要とあれば大胆な行動をとる能力、傾向が備わっている。[*36]

人間の直観は自然界との交流によって発達してきた。[*37] ダマシオとポアンカレは、意思決定プロセスを検証し、問題を解決するときは、あらゆる選択肢を検討するのではなく、あらかじめ選択肢を絞っていると指摘している。最終的な選択は分析に基づいて行なうにせよ、予備的な選択は、意識的であれ無意識的であれ、直観に基づいて行なわれるのが普通である。[*38]

「論理的意思決定プロセス」の基礎としては、情動は否定される傾向が強かったが（例えば、「君は感情的だ」などと非難される）、研究によって情動が重要であるとの認識が高まりつつある。意思決定プロセスにおいて情動が重要で不可欠な役割を果たしていると主張する学者もいる。情動は感情になる認知的評価を引き出す。感情や情動は物事を理解し、意思を決定する上で基本となる。認知のほかの面と同様、感情は対象や出来事の意味を構成するイメージのネットワークに貢献している。[*39]

「執着を手放す」訓練をする（第10章）

フランシスコ・ヴァレラは、個人的経験に接近するプロセスを説明している。この方法は、内省、現象学、瞑想から生まれたという。ヴァレラはこうした伝統と理論を研究し、共通性を見いだそうとする。目覚め、経験に近づくには、習慣的な見方を保留し、意識を転換し、執着を手放すことが必要だと説く。[*40]

ブライアン・アーサーはインタビューで、「意識の深い領域」に到達することについて語っている。[*41]この深い知識に近づくには、没頭し（ひたすら見る）、後ろに下がって内省しつつ（内なる知恵が浮かび上がる）、身体が即応する（浮かび上がろうとしている新しいものを浮かび上がらせる）ことが必要であると説く。このプロセスは、「執着を手放す」鍛錬と両立する。

以上はすべてを網羅しているわけではないが、本書の主要な柱を記したものだ。巻末には、さらに詳しく知りたい読者のために資料を紹介している。

注

1. Edelman, Gerald. *Universe of Consciousness: How Matter Becomes Imagination.* New York: Basic Books, 2000.
2. 前掲
3. Maturana, Humberto, and Francisco Varela. *The Tree of Knowledge: The Biological Roots of Human Understanding.* Boston: Shambhala, 1987.（『知恵の樹』管啓次郎訳　ちくま学芸文庫）
4. Freeman, Walter J. Societies of Brains: *A Study in the Neuroscience of Love and Hate.* Hillsdale, NJ: Lawrence Erlbaum Associates, 1995.
5. 前掲
6. "Synapses and the Self." *Reith Lecture Series* 2003: The Emerging Mind. By Vilayanur S. Ramachandran. BBC Radio 4. 9 April 2003.

7. Sacks, Oliver. "The Mind's Eye: What the Blind See." *The New Yorker*. 28 July 2003. P.51.
8. Blackmore, Susan. *New Scientist magazine*, 18 November 2000.
9. Clark, Andy. "Is Seeing All It Seems? Action, Reason and the Grand Illusion." *Journal of Consciousness* Studies 9:5-6 (2002). pp.181-202.
10. "Synapses and the Self." *Reith lecture Series* 2003: The Emerging Mind. By Vilayanur S. Ramachandran. BBC Radio 4. 9 April 2003.
11. Clark, Andy. "Is Seeing All It Seems? Action, Reason and the Grand Illusion." *Journal of Consciousness* Studies. 9:5-6(2002).pp.181-202.
12. 例えば以下を参照。Johnson-Laird, Phil, and Ruth Byrne.Mental Models. May 2000. </Psychology/Ruth-Byrne/mental-models/>; Senge, P. *The Fifth Discipline* & various articles; psychology.org definitions. *Encyclopedia of Psychology*. 17 September 2003.
13. Craik, K. *The Nature of Explanation*. Cambridge: Cambridge University Press, 1943.
14. "Neuroscience: The New Philosophy." *Reith Lecture Series* 2003: The Emerging Mind. By Vilayanur S. Ramachandran. BBC Radio 4. 30 April 2003.
15. Churchland, Patricia. *The Self: From Soul to Brain: A New York Academy of Sciences Conference*. New York City. 26-28 September 2002.
16. Dennett, Daniel. *Consciousness Explained*. Boston: Little, Brown and Co., 1991. Explains & rejects the Cartesian theater model of phenomenal consciousness.（『解明される意識』山口泰司訳　青土社）
17. Weinberg, Steven. "Sokal's Hoax." *The New York Review of Books*. 43:13 (1996). pp.11-15.
18. Edelman, Gerald. *Universe of Consciousness: How Matter Becomes Imagination*. New York: Basic Books, 2000.
19. Pinker, Steven. The Blank Slate: *The Modern Denial of Human Nature*. New York: Viking, 2002.（『人間の本性を考える―心は「空白の石版」か―』山下篤子訳　ＮＨＫ出版）
20. Crick, Francis. *The Astonishing Hypothesis: The Scientific Search for the Soul*. New York: Simon & Schuster Adult Publishing Group from *The Astonishing Hypothesis* by Francis Crick. Copyright©1994 by The Francis H. C. Crick and Odile Crick Revocable Trust.（『ＤＮＡに魂はあるか―驚異の仮説』中原英臣、佐川峻訳　講談社）

21. Damasio, Antonio R. *Descartes' Error: Emotion, Reason and the Human Brain*. New York: G.P Putnam, 1994.（『生存する脳―心と脳と身体の神秘』田中三彦訳　講談社）
22. 前掲
23. Loftus, Elizabeth. "Our Changeable Memories: Legal and Practical Implications." *Neuroscience* 4 (2003).pp.231-234.
24. Schacter, Daniel L. *The Self: From Soul to Brain: A New York Academy of Sciences Conference*. New York City. 26-28 September 2002.
25. 前掲
26. Loftus, Elizabeth. "Our Changeable Memories: Legal and Practical Implications." *Neuroscience* 4 (2003). pp.231-234.
27. Loftus, Elizabeth. "Memory Faults and Fixes." *Issues in Science & Technology*. Summer 2002. pp.41-50.
28. Clark, Andy. "Is Seeing All It Seems? Action, Reason and the Grand Illusion." *Journal of Consciousness Studies* 9:5-6 (2002).pp.181-202.
29. Edelman, Gerald. *Universe of Consciousness: How matter Becomes Imagination*. New York: Basic Books, 2000.
30. Pinker, Steven. The Blank Slate: *The Modern Denial of Human Nature*. New York: Viking, 2002.
31. Changeux, Jean Pierre. *L'Homme de Verite*. Paris: Odile Jacob, 2002.
32. Gardner, Howard. "Mind and Brain: Only the Right Connections." *Project Zero*. July 2000. <Harvard.edu/PIs/HG-Changeux.htm>.
33. Crick, Francis. *The Astonishing Hypothesis: The Scientific Search for the Soul*. New York: Simon & Schuster, 1995.
34. Freeman, Walter J. Societies of Brains: *A Study in the Neuroscience of Love and Hate*. Hillsdale, NJ: Lawrence Erlbaum Associates, 1995.
35. Varela, F., and J. Schear, eds. *The View from Within: First Person Approaches to the Study of Consciousness*. Exeter: Imprint Academic, 1999.
36. Churchland, Patricia. *The Self: From Soul to Brain: A New York Academy of Sciences Conference*. New York City. 26-28 September 2002.
37. Pinker, Steven. The Blank Slate: *The Modern Denial of Human Nature*. New York: Viking, 2002.

38. Damasio, Antonio R. *Descartes' Error: Emotion, Reason and the Human Brain.* New York: G.P Putnam, 1994.

39. 前掲 P.149.

40. 以下から抜粋。Brockman, John. *The Third Culture: Beyond the Scientific Revolution.* New York: Simon & Schuster, 1995. Francisco, Verela. Interview. "Three Gestures of Becoming Aware." *Dialogues on Leadership.* 12 January 2000. < http://www.dialogonleadership.org/Varela-2000,pdf>　このインタビューでは、ヴァレラらが目覚める過程が興味深く語られている。

41. Arthur, W. Brian. Interview. "Three Gestures of Becoming Aware."*Dialogues on Leadership.* 16 April 1999. <http://www.dialogonleadership.org/Varela-2000,pdf> ブライアン・アーサーのインタビューは、世界的に知識やリーダーシップの議論をリードする二十五人へのインタビュー・プロジェクトの一環。このプロジェクトは、マッキンゼーと組織学習協会（以前のＭＩＴ組織学習センター）の支援で行なわれた。

主な参考文献

脳科学、意識、心と脳、ニューロフィロソフィーに関して、一般読者向けに書かれた本が多数あり、その数は増え続けている。以下に、これらに関連するテーマの代表的な文献を紹介する。

1. Carter, Rita. Mapping the Brain. Berkeley: University of California Press, 1998; *Exploring Consciousness*. Berkeley: University of California Press, 2003.（『脳と心の地形図』藤井留美訳　原書房）脳の構造と機能に関する発見を概観し、意識に関する研究の多様な見方を検証している。

2. Crick, Francis. *The Astonishing Hypothesis: The Scientific Search for the Soul*. New York: Simon & Schuster, 1995.（『ＤＮＡに魂はあるか――驚異の仮説』（中原英臣、佐川峻訳　講談社）視覚の神経学を活用して、意識と自由意志などの根本的な問題を検討している。

3. Damasio, Antonio R. *Descartes' Error: Emotion, Reason and the Human Brain*. New York: G.P. Putnam, 1994; *The Feeling of What Happens: Body and Emotion in the Marketing of Consciousness*. New York: Harcout Brace, 1999; *Looking for Spinoza: Joy Sorrow and the Feeling Brain*. Orlando: Harcourt, 2003.（『生存する脳――心と脳と身体の神秘』田中三彦訳　講談社）情動、論理、人間の脳について論じ、理性に関する従来の見方を批判し、意識を説明する上で肉体と情動の役割について論じている。

4. Dennett, Daniel. *Consciousness Explained*. Boston: Little, Brown and Co., 1991; *Darwin's Dangerous Idea: Evolution and the Meanings of Life*. New York: Simon & Schuster, 1995; *Freedom Evolves*. New York: Viking, 2003.

5. Edelman, Gerald. *Universe of Consciousness: How Matter Becomes Imagination*. New York: Basic Books, 2000. エーデルマンは、代表的な三部作、"*Neural Darwinism*", "*Topobiology*", "*The Remembered Present*"で紹介した大胆なアイデアを下敷きに、初めて実験をベースにした本格的な意識理論を提示した。エーデルマンと神経生物学者のジュリオ・トノーニは、精巧な技術で脳の微弱な血流をとらえ、特定の意識と関係する脳波を検出した。この先駆的な研究の結果は、意識に関する常識を覆すものである。

6. Goldman, Daniel. *Emotional Intelligence: Why It Can Matter More Than IQ*. New York: Bantam, 1995.（『ＥＱ　こころの知能

指数』 土屋京子訳）
人生の大半では、ＩＱよりも、自己認識、自律、忍耐、共感性などの能力が重要であり、これらの能力の低下を放置するのがいかに危険かを論じている。

7. Hogan, John. *The Undiscovered Mind: How the Human Brain Defies Replication, Medication, and Explanation.* New York: Free Press, 1999.
議論を巻き起こしたベストセラー『科学の終焉』の著者であるホーガンは、心と脳の科学によって人間の意識や行動の合理的な説明を目指す同時代の科学者や心理学者、哲学者、医学者らに疑問の目を向けている。

8. LeDoux, Joseph. *The Emotional Brain: The Mysterious Understanding of Emotional Life.* New York: Simon & Schuster, 1996.（『エモーショナル・ブレイン—情動の脳科学』松本元、小幡邦彦、湯浅茂樹、川村光毅、石塚典生訳　東京大学出版会）
情動と認知を分けるべきではなく、両者を合わせて「脳の中の心」の諸相として研究すべきと主張している。

9. Manturana, Humberto, and Francisco Varela. *The Tree of Knowledge: The Biological Roots of Human Understanding.* Boston: Shambhala, 1987.（『知恵の樹』管啓次郎訳　ちくま学芸文庫）
人間の知覚や理解に関する哲学的問いに、神経システムをはじめとする科学を応用する。生命の誕生から言語の発達まで、系統立てて論じられている。

10. Pinker, Steven. The Blank Slate: *The Modern Denial of Human Nature.* New York: Viking, 2002.（『人間の本性を考える—心は「空白の石版」か—』山下篤子訳　ＮＨＫ出版）
人間の本性に関する遺伝子の役割について論じ、人間はみな「空白の石版」として生まれて、環境が石版に書き込むとの見方に異議を唱えた。

11. Sealre, John R. *The Rediscovery of the Mind.* Cambridge: MIT Press, 1992.
心に関する哲学の常識を批判し、意識を検討していないことが、心理学、哲学、認知科学の弱点になっていると論じている。

謝辞

時間をかけて濾過された多くのプロジェクトがそうであるように、我々もこのテーマに関する考えをまとめる上で数え切れない方々のお世話になった。特に早い段階で我々の考えに耳を傾け、貴重なヒントと励ましをくれたウォートン・スクールのフェローの人たちに感謝したい。物事を理解するプロセスに関する議論に参加するその積極性、個人としてあるいは組織として変革に取り組む知的好奇心と勇気には敬意を表したい。アルフレッド・ウェストとSEIセンターの支援、センターの評議員のクリエィティブな意見にも助けられた。

推敲を重ねる過程で、多くの方々から貴重な意見をいただいた。ポール・クラインドルフ、J・アレン・コゾウスキー、ビジェイ・マハヤン、ニック・プーダー、キャスリーン・レヴィンソン、ボブ・ウォレス、リー・ウィンド、キャサリン・マクダーモット、ジャスティン・ルイス。本書に間違いがあれば、その責任は当然我々にあるが、多くの助言のおかげで内容が充実し、格段に読みやすくなった。

プロセス全体を通して、我々が「意味を理解」する上で、ラス・ホールの的確な助言と編集の手腕に大いに助けられた。粗削りなアイデアの段階から、出版できる原稿にまとめることができたのは、ティム・ムーアの熱意があったからこそだ。さらに原稿が本として完成したのは、パッティ・ゲリアリのおかげだ。これだけのプロジェクトになると管理が重要になるが、その手助けをしてくれたトリシア・アーデルマンにも感謝したい。調査を手伝ってくれたディークシャ・ヘバルにもお礼を申し上げる。

最後に、夜と週末をこの本が邪魔することを許し、励ましてくれた、それぞれの妻、ディナとドロシー、そして家族に感謝を捧げたい。

ジェリー・ウインド
コリン・クルック

■著者紹介

ヨーラム“ジェリー”ウインド（Yoram “Jerry” Wind）

ペンシルベニア大学ウォートン・スクールのローダー冠講座教授（マーケティング）。ウォートン・フェローズ・プログラムおよびウォートン・スクールのシンクタンク、ＳＥＩセンターの創立責任者。世界的なマーケティングの権威であり、『Convergence Marketing』や『Driving Change』をはじめ、著書は20冊以上、マーケティング関連の主要な賞を数多く受賞している。フォーチュン500社や米国以外の多国籍企業、政府の他、金融サービスから消費財メーカーまで幅広い業種のベンチャー企業に助言を行なっている。

コリン・クルック（Colin Crook）

ペンシルベニア大学ウォートン・スクールのシニア・フェロー。レイン・キャピタルのアドバイザリー・ボード・メンバー。『Emergence』誌の編集委員。数多くの学会やアドバイザリー・グループの委員に名を連ね、各国の政府や企業に助言を行なっている。英国王立工学アカデミー会員、シティコープで最高技術責任者を務めた。

■訳者紹介

高遠裕子（たかとお・ゆうこ）

翻訳家。主な訳書に『経営は「実行」』（日本経済新聞社）『巨象も踊る』（共訳、日本経済新聞社）『80対20の法則　生活実践篇』（阪急コミュニケーションズ）『ジョン・コッターの企業変革ノート』（日経ＢＰ社）などがある。

インポッシブル・シンキング

発行日　二〇〇六年五月一日　第一版第一刷発行

著者　ヨーラム〝ジェリー〟ウインド
コリン・クルック

訳者　高遠裕子

発行者　斎野　亨

発行所　日経ＢＰ社

発売所　日経ＢＰ出版センター
郵便番号　一〇八―八六四六
東京都港区白金一―一七―三
ＮＢＦプラチナタワー
電話　〇三―六八一一―八六五〇（編集）
〇三―六八一一―八二〇〇（販売）
http://store.nikkeibp.co.jp/

装丁　加藤俊二

本文デザイン　内田隆史

製作　クニメディア株式会社

印刷・製本　株式会社シナノ

Printed in Japan
ISBN 4-8222-4503-9